監修　東雲輝之＋外川英樹

はじめての狩猟

免許の取り方から痕跡探しまで、
知りたいことを完全網羅！

山と溪谷社

はじめに

ここ数年で、狩猟免許を所持する人が増えている。なかでも東京などの大都市圏では、狩猟免許試験を受けるための抽選があるほどの人気で、20～30代の若い人や女性が多いのが特徴といわれる。

しかし、「ハンターの減少・高齢化」が進む狩猟を取り巻く状況はというと、相変わらず楽観できるものではない。狩猟免許を取得した人の多くが、3年目の初更新で免許を失効させており、なかには免許は取ったものの、一度も狩猟にいかなかったという人も少なくない。

では、なぜそうなってしまうのか？

私は狩猟に関する情報が、不足していることに尽きると考えている。情報がないために実猟に出ることもなく、狩猟の醍醐味や奥深さにも気づかずに、「狩猟ってつまらない」と見切りをつける。これではあまりにも寂しすぎるし、日本の狩猟に未来はない。

狩猟業界（狩猟をテーマにライターをやっ

ている自分も含めて）は、この「ペーパーハンター」と呼ばれる人たちや、狩猟に興味を持っている「ハンター予備軍」に対して、狩猟にはさまざまな楽しみ方があるということを、もっと情報発信していく必要があると思う。

事実、本書でも紹介している「わなシェアリング」では、狩猟をやってみたいという人や、ジビエに興味のある人、毛皮をなめしてみたい人など、いろいろな人が集まり、思い思いに狩猟を楽しみながら、同時に知識やスキルを高めている。これは狩猟の裾野を広げるという意味でも、とてもユニークな取り組みだ。

そんな想いもあって、本書では狩猟を始めるためのハウツーだけでなく、ほかのハンターたちが「どんなふうに狩猟を楽しんでいるのか」ということも意識して、事例を数多く取り上げるようにした。あなたがイメージしている狩猟のスタイルに近いものが見つかれば、これほどうれしいことはない。これから狩猟を始める人はもちろん、すでに狩猟免許を持っているという人にも、参考にしていただきたい。

東雲輝之

Contents

ハンティングへ、ようこそ。

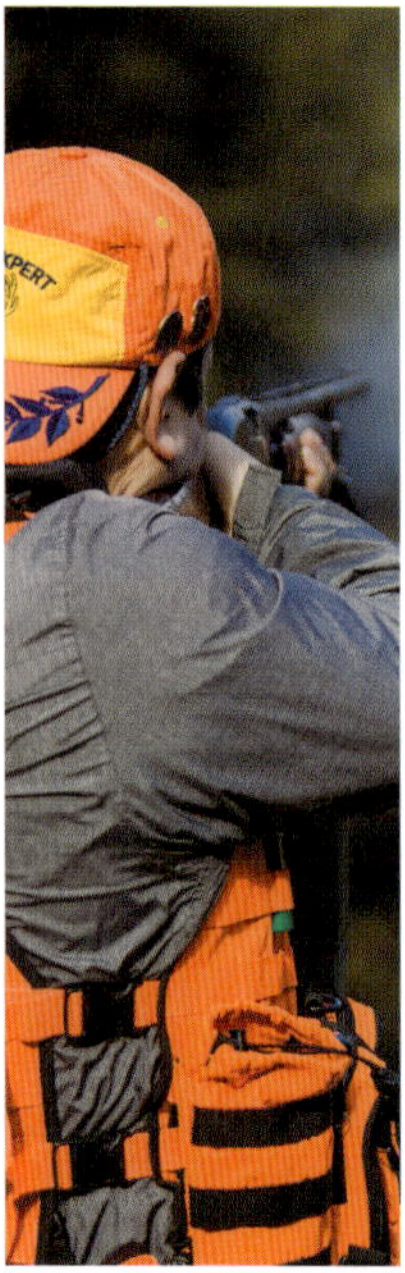

第3章 狩猟のカタチ

第4章 銃猟の基本

Contents

ハンティングへ、ようこそ。

狙う。

日本で狩猟が許されているのは、
秋から冬にかけてのわずか数カ月と短い。
しかし、国内で獲れる狩猟鳥獣は
なんと48種類もいる。
さて、今日は何を狙おうか？

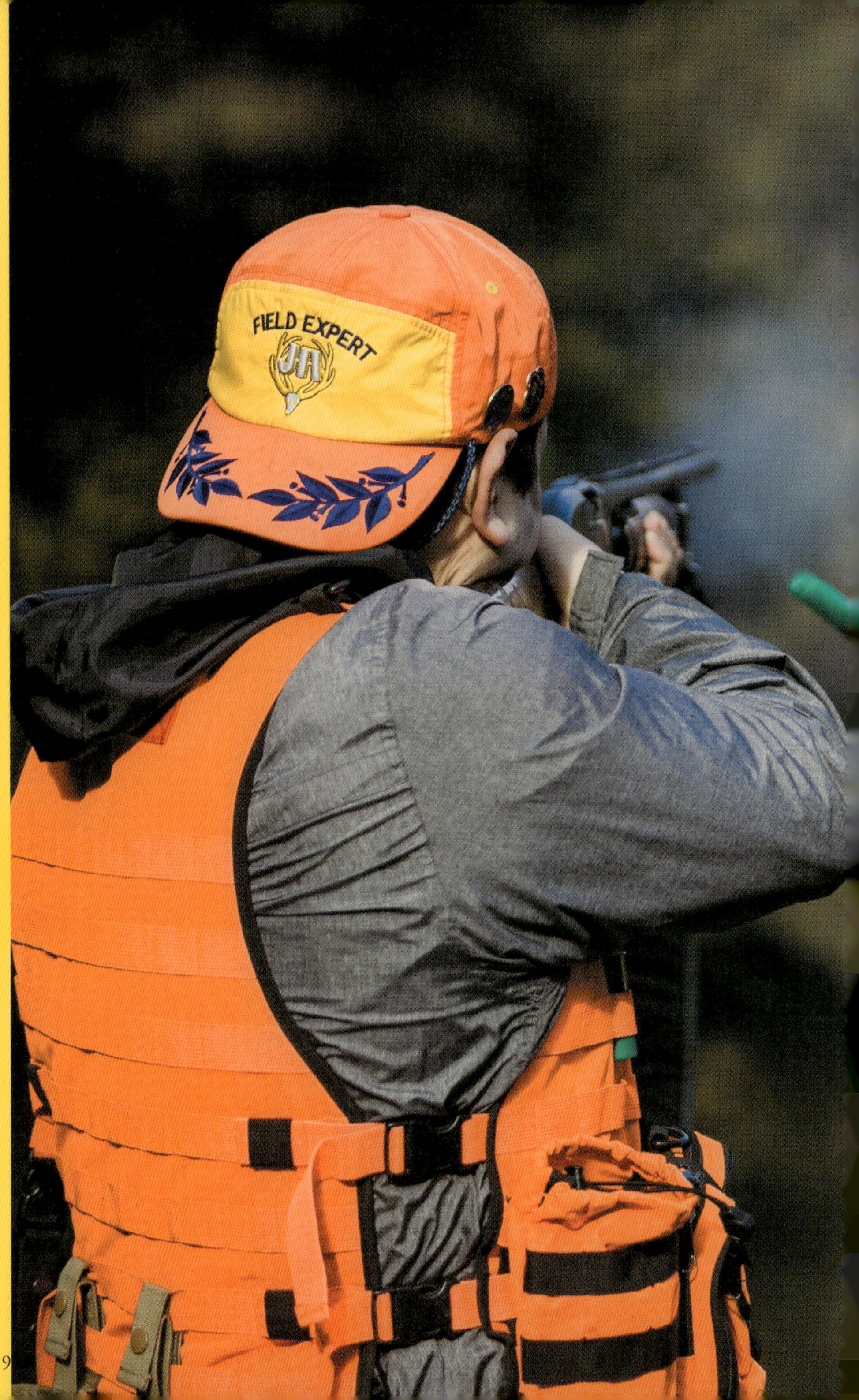
FIELD EXPERT

対峙。

シカ笛で呼び続けること2時間。
突然、現れたオスジカと目が合う。
シカとの距離はおよそ80m。
息を潜めて銃をかまえたその瞬間、
獲物はサッと走り去ってしまった。

知恵くらべ。

わな猟は、動物との知恵くらべだ。
獣道を見つけ、わなを仕掛ける。
不自然に感じたら獲物は近づかない。
いかにして裏をかくか、
毎回が真剣勝負。
だから、わな猟はやめられない。

猟果。

狩猟の大きな目的のひとつ、
それは猟果を得ることだ。
自分で仕留めた命を、
感謝しながらいただく。
それがハンティングの醍醐味。

カバーデザイン／緒方修一
帯写真／早崎太郎

第1章

狩猟の基本

Chapter 1

狩猟に興味があるが、
ハードルが高そうで
自分にできるかどうか不安……。
そんなふうに感じている人のために、
狩猟に関する基礎知識と
狩猟を取り巻く
状況についてまとめた。

あなたもハンターになれる

鳥獣保護管理法で定められている決まりごと	
狩猟鳥獣	捕獲することができる野生動物の種類 一日に捕獲できる数
猟期	狩猟ができる期間 銃猟ができる時間（夜間発砲の禁止）
猟場	野生鳥獣が保護されている場所（鳥獣保護区） 狩猟が休止されている場所（休猟区） 猟具が制限されている場所（特定猟具使用禁止区域） 狩猟ができない場所（公道、公園、寺院など）
猟法	禁止猟具・猟法 ライセンスが必要な法定猟法
ライセンス	狩猟免許（第一種銃猟・第二種銃猟・わな猟・網猟） 狩猟者登録制度

狩猟の基本ルールが鳥獣保護管理法

狩猟の決まりごとは、国や歴史によってさまざまだ。たとえば、アフリカや東南アジアの国のなかには、原住民族を除いて狩猟が全面的に禁止されている国もある。一方、アラスカのようにスーパーで売っているライセンスを買えば、外国人でも狩猟を楽しめるような国もある。また、イギリスでは野生動物は土地権利者の所有物とされているため、狩猟のルールは国家ではなく地主が決めることになっている。

これに対して、日本における狩猟は近世以前まで、肉や毛皮を生産する生業の者、権力者の娯楽、野生動物の農業被害を防ぐための駆除がおもな目的だった。その後、明治6年に狩猟の秩序やルールを定めた鳥獣猟規制が制定されると、趣味としての狩猟（遊猟）が実質的に認められるようになった。そして幾度もの改正が加えられながら、平成26年に現在の『鳥獣の保護及び管理並びに狩猟の適正化に関する法律』（鳥獣保護管理法）となり、現在この法律が日本で狩猟制度を形づくる基本となっている。

鳥獣保護管理法において核となっているのが、「日本に生息するすべての野生鳥獣は保護されている」という考え方だ。すなわち、日本では公園に群がるハト1羽であっても捕まえることはできない。

狩猟できる鳥獣とは？

狩猟鳥獣は5年ごとに見直される。たとえば、ウズラは代表的な狩猟鳥だったが、平成24年に絶滅危惧種に指定されたため、翌年に狩猟鳥獣の指定が解除された。逆に、近年全国で害獣化が激しくなっているアライグマやハクビシンは、平成6年に新しく狩猟鳥獣に指定されている。鳥獣保護管理法では、ドブネズミ、クマネズミ、ハツカネズミのネズミ3種は、衛生環境に悪影響を及ぼすため例外として保護されていない。よって、ネズミ捕りなどで捕獲しても、鳥獣保護管理法違法にはならない

ハトに限らずスズメでもタヌキでも、野生鳥獣を捕まえているのが見つかれば、1年以下の懲役または100万円以下の罰金という、非常に重い罪に問われる。

しかし、野生鳥獣のなかには、増えすぎると人間社会に害をなすものや、生態系を狂わせてしまうもの、また伝統的・文化的に狩猟が親しまれてきたものがいる。そのため鳥獣保護管理法では、「特定の期間に、特定の場所以外で、特定の鳥獣」だけ、保護が解除されるようになっている。

この保護が解除される期間を猟期、狩猟ができない場所を保護区、そして保護が解除される鳥獣を狩猟鳥獣と呼び、この決まりの範疇であれば狩猟が可能となっている。

一日に獲っていい数が決められている

ツキノワグマは狩猟鳥獣だが、個体数が多い地域と少ない地域、また生息していない地域が分かれているので、自分が狩猟をする地域の捕獲規制を必ず確認しておこう

狩猟鳥獣は亜種まで対象になる

狩猟鳥獣は分類学上の「種」で指定されており、その下位の「亜種」まで含まれる。たとえば、狩猟獣の「ニホンジカ」は、シカ科シカ属ニホンジカ種を指しており、北海道のエゾジカ、本州のホンシュウジカ、九州や四国のキュウシュウジカなどの亜種も含む。このように狩猟鳥獣は基本的に亜種まで対象になるが、例外もある。

5つの亜種が存在する「ヤマドリ」のなかで、九州中南部に生息する亜種「コシジロヤマドリ」は、絶滅危惧種なので狩猟鳥ではない。また、個体数を維持するためにメスが狩猟鳥獣からはずされている種もいる。

狩猟鳥獣のなかには、1日に捕獲してよい頭数が決められているものもいて、これらの捕獲制限は、都道府県によって規制が強化、または緩和されている場合がある。ニホンジカは1日1頭までだが、現在、ほとんどの都道府県では規制が解除され無制限というのが実情。アナグマには捕獲頭数の制限はないが、絶滅が危惧される都道府県では捕獲数が0に設定されている。

わなや網で狩猟鳥獣を捕獲する際は、特定外来種の取り扱いに注意しなければならない。これらの野生鳥獣は捕獲した場所以外で逃がしたり、家で飼ったりすると、特定外来生物法に抵触する。

狩猟鳥獣と注意事項（平成30年度時点）

獣類	大型獣	ヒグマ	北海道に生息
		ツキノワグマ	一部の地域で捕獲規制あり
		イノシシ	ブタとの混血種イノブタを含む
		ニホンジカ	捕獲制限１日１頭まで
	中型獣	タヌキ	
		キツネ	一部の地域で捕獲規制あり
		テン	亜種ツシマテンを除く
		イタチ	メスを除く
		チョウセンイタチ	長崎県対馬市での捕獲禁止
		ミンク	特定外来生物
		アナグマ	一部の地域で捕獲規制あり
		アライグマ	特定外来生物
		ハクビシン	
		ヌートリア	特定外来生物
		ユキウサギ	
		ノウサギ	
		ノイヌ	山野で自活するイヌ。野良イヌとは異なる
		ノネコ	山野で自活するネコ。野良ネコとは異なる
	小型獣	タイワンリス	特定外来生物
		シマリス	北海道に生息する亜種エゾシマリスを除く
鳥類	水鳥類	マガモ	銃猟の場合、１日５羽まで。猟期を通じて200羽まで。網猟は狩猟期間を通じてカモ類合計200羽まで。
		カルガモ	
		コガモ	
		ヨシガモ	
		ヒドリガモ	
		オナガガモ	
		ハシビロガモ	
		ホシハジロ	
		キンクロハジロ	
		スズガモ	
		クロガモ	
		バン	捕獲制限１日３羽まで
		ヤマシギ	捕獲制限タシギとの合計１日５羽まで
		タシギ	捕獲制限ヤマシギとの合計１日５羽まで
		カワウ	
		ゴイサギ	
	陸鳥類	ヤマドリ	放鳥獣猟区以外ではメスを除く、亜種コシジロヤマドリを除く、捕獲制限キジとの合計１日２羽まで
		キジ	放鳥獣猟区以外ではメスを除く、捕獲制限ヤマドリとの合計１日２羽まで。コウライキジ含む
		コジュケイ	捕獲制限１日５羽まで
		キジバト	捕獲制限１日10羽まで
		ヒヨドリ	一部の地域で捕獲規制あり
		ニュウナイスズメ	
		スズメ	
		ムクドリ	
		ミヤマガラス	
		ハシボソガラス	
		ハシブトガラス	
		エゾライチョウ	北海道に生息。捕獲制限、１日２羽まで

ハンターマップでこれだけのことがわかる

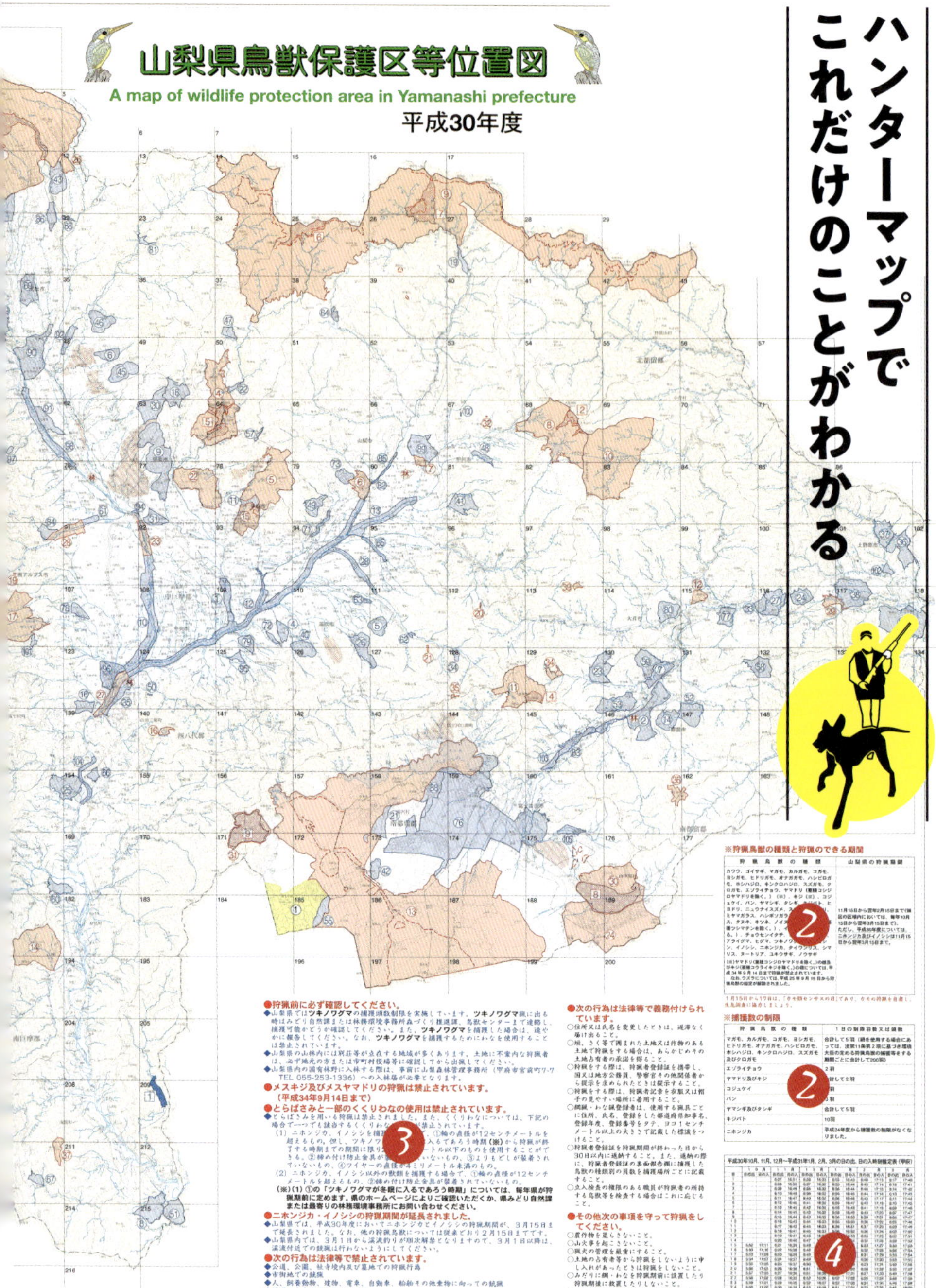

出典／山梨県HP（http://www.pref.yamanashi.jp/midori/documents/h30zentai.pdf）

毎年変わる狩猟情報がまとめられている

鳥獣保護管理法には、「鳥獣保護区」と呼ばれる規定がある。これは野生鳥獣の重要な繁殖地になっている場所などを、国や都道府県が狩猟禁止に指定できる制度だ。また、狩猟鳥獣の減少が激しい区域では、都道府県知事が3年間を上限に、その地域を休猟区に設定できる制度もある。

さらに、銃器やわな、鉛弾など特定の道具を使う狩猟を禁止する「特定猟具使用禁止（制限）区域」というのもあり、特に銃を使ってはいけない区域は〝銃禁エリア〟と呼ばれる。

これらの情報は毎年更新され、『鳥獣保護区等位置図（ハンターマップ）』として一般公開されている。この情報は都道府県のHPで閲覧・ダウンロードできるほか、役場にいけば冊子が有料（200円程度）で手に入る。

①禁猟区がひと目でわかる

ハンターマップには、鳥獣保護区などが表示されている。基本的に表記の仕方は都道府県によって若干違いがあるが、赤枠が狩猟できないエリア、青枠は銃が使えないエリア、または鉛弾が使えないエリアだと覚えておこう

凡　例	
①	鳥獣保護区 Wildlife Protection Area
1	鳥獣保護区特別保護地区 Special Protection Area
	自然公園特別保護地区 Special Protection Area according to Natural Park Law
1	指定猟法禁止区域 Designated Hunting Prohibited Area
①	特定猟具使用禁止区域 Certain Hunting Equipment Prohibited Area
①	猟区 Paid Game Hunting Area
林	林務環境事務所 Forestry and Environment Department
	発砲注意箇所

（注意）平成18年度までに設置した「銃猟禁止区域」の標識は、「特定猟具使用禁止区域（銃）」に読み替え、規制に従ってください。

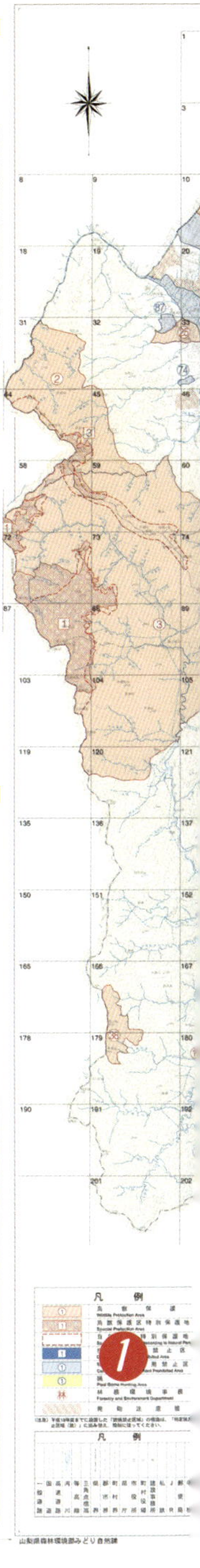

②狩猟鳥獣の種類、狩猟期間および捕獲数

狩猟鳥獣の種類	山梨県の狩猟期間
カワウ、ゴイサギ、マガモ、カルガモ、コガモ、ヨシガモ、ヒドリガモ、オナガガモ、ハシビロガモ、ホシハジロ、キンクロハジロ、スズガモ、クロガモ、エゾライチョウ、ヤマドリ（亜種コシジロヤマドリを除く。）（※）、キジ（※）、コジュケイ、バン、ヤマシギ、タシギ、キジバト、ヒヨドリ、ニュウナイスズメ、スズメ、ムクドリ、ミヤマガラス、ハシボソガラス、ハシブトガラス、タヌキ、キツネ、ノイヌ、ノネコ、テン（亜種ツシマテンを除く。）、イタチ（オスに限る。）、チョウセンイタチ、ミンク、アナグマ、アライグマ、ヒグマ、ツキノワグマ、ハクビシン、イノシシ、ニホンジカ、タイワンリス、シマリス、ヌートリア、ユキウサギ、ノウサギ （※）ヤマドリ（亜種コシジロヤマドリを除く。）の雌及びキジ（亜種コウライキジを除く。）の雌については、平成34年9月14日まで狩猟が禁止されています。 なお、ウズラについては、平成25年9月15日から狩猟鳥獣の指定が解除されました。	11月15日から翌年2月15日まで（猟区の区域内においては、毎年10月15日から翌年3月15日まで）。ただし、平成30年度については、ニホンジカ及びイノシシは11月15日から翌年3月15日まで。

1月15日から17日は、「カモ類センサスの日」であり、カモの狩猟を自粛し、生息調査に協力しましょう。

狩猟鳥獣の種類	1日の制限羽数又は頭数
マガモ、カルガモ、コガモ、ヨシガモ、ヒドリガモ、オナガガモ、ハシビロガモ、ホシハジロ、キンクロハジロ、スズガモ及びクロガモ	合計して5羽（網を使用する場合にあっては、法第11条第2項に基づき環境大臣の定める狩猟鳥獣の捕獲等をする期間ごとに合計して200羽）
エゾライチョウ	2羽
ヤマドリ及びキジ	合計して2羽
コジュケイ	5羽
バン	3羽
ヤマシギ及びタシギ	合計して5羽
キジバト	10羽
ニホンジカ	平成24年度から捕獲数の制限がなくなりました。

③特記事項

●ニホンジカ・イノシシの狩猟期間が延長されました。
◆山梨県では、平成30年度においてニホンジカとイノシシの狩猟期間が、3月15日まで延長されました。なお、他の狩猟鳥獣については従来どおり2月15日までです。
◆山梨県内では、3月1日から渓流釣りが順次解禁となりますので、3月1日以降は、渓流付近での銃猟は行わないようにしてください。

●次の行為は法律等で禁止されています。
◆公道、公園、社寺境内及び墓地での狩猟行為
◆市街地での銃猟
◆人、飼養動物、建物、電車、自動車、船舶その他乗物に向っての銃猟
◆捕獲した鳥獣を放置すること

④日の出・日の入り時間

平成30年10月、11月、12月～平成31年1月、2月、3月の日の出、日の入時刻推定表（甲府）

	10月		11月		12月		1月		2月		3月	
日	日の出	日の入	日の出	日の入	日の出	日の入	日の出	日の入	日の出	日の入	日の出	日の入
1			6:07	16:51	6:36	16:33	6:55	16:43	6:46	17:13	6:17	17:40
2			6:08	16:50	6:37	16:32	6:55	16:44	6:45	17:14	6:15	17:41
3			6:09	16:49	6:38	16:32	6:56	16:44	6:45	17:15	6:14	17:42
4			6:10	16:48	6:39	16:32	6:56	16:45	6:44	17:16	6:13	17:43
5			6:11	16:47	6:40	16:32	6:56	16:46	6:43	17:17	6:11	17:44
6			6:12	16:46	6:41	16:32	6:56	16:47	6:42	17:18	6:10	17:45
7			6:13	16:45	6:42	16:32	6:56	16:48	6:41	17:19	6:09	17:46
8			6:14	16:45	6:42	16:32	6:56	16:49	6:40	17:20	6:07	17:47
9			6:15	16:44	6:43	16:32	6:56	16:50	6:39	17:21	6:06	17:47
10			6:16	16:43	6:44	16:33	6:56	16:50	6:38	17:22	6:05	17:48
11			6:17	16:42	6:45	16:33	6:56	16:51	6:37	17:23	6:03	17:49
12			6:18	16:41	6:45	16:33	6:56	16:52	6:36	17:24	6:02	17:50
13			6:19	16:41	6:46	16:33	6:55	16:53	6:35	17:25	6:00	17:51
14			6:20	16:40	6:47	16:33	6:55	16:54	6:34	17:26	5:59	17:52
15	5:52	17:11	6:21	16:39	6:48	16:34	6:55	16:55	6:33	17:27	5:58	17:53
16	5:53	17:10	6:22	16:39	6:48	16:34	6:55	16:56	6:32	17:28	5:56	17:54
17	5:53	17:08	6:23	16:38	6:49	16:34	6:54	16:57	6:31	17:29	5:55	17:54
18	5:54	17:07	6:24	16:37	6:49	16:35	6:54	16:58	6:30	17:30	5:53	17:55
19	5:55	17:06	6:25	16:37	6:50	16:35	6:54	16:59	6:29	17:31	5:52	17:56
20	5:56	17:05	6:26	16:36	6:51	16:36	6:53	17:00	6:28	17:32	5:50	17:57
21	5:57	17:03	6:27	16:36	6:51	16:36	6:53	17:01	6:27	17:33	5:49	17:58
22	5:58	17:02	6:28	16:35	6:52	16:36	6:52	17:02	6:25	17:34	5:48	17:59
23	5:59	17:01	6:29	16:35	6:52	16:37	6:52	17:03	6:24	17:35	5:46	17:59
24	6:00	17:00	6:30	16:35	6:53	16:38	6:51	17:04	6:23	17:36	5:45	18:00
25	6:01	16:59	6:31	16:34	6:53	16:38	6:51	17:05	6:22	17:37	5:43	18:01
26	6:01	16:58	6:32	16:34	6:53	16:39	6:50	17:06	6:20	17:38	5:42	18:02
27	6:02	16:56	6:33	16:34	6:54	16:39	6:50	17:07	6:19	17:38	5:40	18:03
28	6:03	16:55	6:34	16:33	6:54	16:40	6:49	17:08	6:18	17:39	5:39	18:04
29	6:04	16:54	6:34	16:33	6:54	16:41	6:48	17:09			5:38	18:04
30	6:05	16:53	6:35	16:33	6:55	16:41	6:48	17:10			5:36	18:05
31	6:06	16:52			6:55	16:42	6:47	17:12			5:35	18:06

※　上記表の時刻は推定ですので出猟の際は新聞等で確認してください。

狩猟ができる場所・できない場所

公園や公道などでは狩猟は行えない

東京都のハンターマップを見ると、渋谷区周辺は鳥獣保護区ではないので狩猟ができる区域だ。しかし、だからといって代々木公園の池でカモを手づかみで獲ってもいいわけではない。たとえそこが狩猟をしてもよい区域であっても、狩猟をしてもよい〝場所〟であるかは別問題となる。

保護区や休猟区以外で狩猟ができない場所とは、たとえば車や人が往来する公道上や、公園、神社仏閣だ。このような場所は誤射などを防止するだけでなく、動物の悲鳴や流血で人に不快感を与えないために狩猟は禁止されている。

銃器を使う場合は、人や車、家などの人工物に当たる危険性のある場所では狩猟ができ

狩猟が禁止されている土地

- ●公道（農道、林道を含む）
- ●区域が明示された都市公園など人が集まる土地
- ●神社境内、墓地など神聖さを保持すべき土地

銃による狩猟が禁止されている土地

- ●銃弾が人や人工物、家畜などに到達する危険性がある土地
- ●銃弾が道路（公道、私道問わず）をまたいで飛翔する危険性がある土地
- ●人家密集地（200m以内に10軒が目安とされている）

わなによる狩猟が禁止されている土地

- ●罠にかかった獣が道路に出る危険性がある土地

狩猟をする際に許可が必要な土地

- ●国有林（入林手続き等が必要。調査等がある場合は、入林を拒否されることもある）
- ●垣、柵に囲まれた土地（土地所有者の許可が必要）
- ●作物が植えられている土地（土地所有者の許可が必要）

公道とは?

公道に接する法面からの発砲や、道路を越える発砲は違法。「道路」という言葉は法律上あいまいだが、林道や農道はもちろん、ハイキング用の遊歩道など、基本的に人が整備した道はすべて道路に含まれる

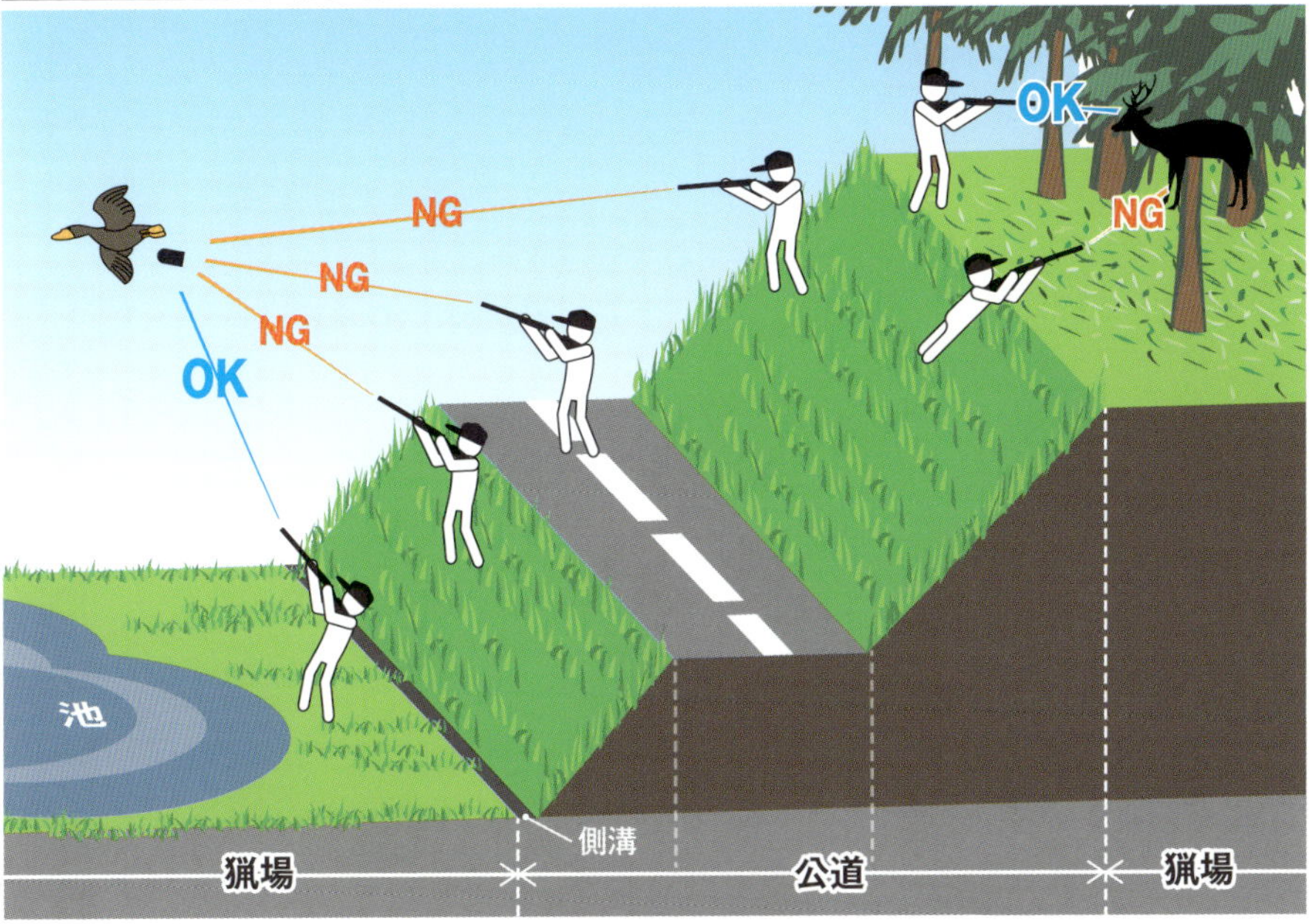

column

情報発信社会だからこそ確実な法律知識を

猟場は人目につかない場所がほとんどなので、違法行為が仲間内で黙認され、常習されていることもある。しかし、最近は狩猟風景をSNSや動画サイトに投稿する人も多いため、とんでもない違法行為が映し出されてしまうケースもあり、その写真や動画が動かぬ証拠となって検挙されているケースも起こっている。

鳥獣保護区では狩猟だけでなく、保護区から獲物を"追い出す"行為も禁止されている

銃器を使うハンターが最も気をつけておかなければならないのが銃禁エリアだ。必ず毎年ハンターマップで確認しておこう

ず、弾が人や人工物に命中しなくても、車道や家の上を通過しただけで違法になる。また、人家が密集している場所では銃を使った狩猟はできない。わなを使う場合は、わなにかかった獲物が道路上に飛び出す場所では狩猟できない。

最後に、狩猟をする場合は、必ずその土地の所有者の同意を得ておこう。土地の所有者から「不法侵入」を指摘されれば、反論の余地なく、狩猟行為が違法になってしまう。

猟期と時間帯

銃猟は日の出から日の入りまで

基本的な猟期は冬場の3カ月間

鳥獣保護管理法には、狩猟をしてもよい鳥獣の種類と、狩猟をしてはいけない場所のほかに、狩猟をしてもよい時期が決められている。この時期は「猟期」と呼ばれ、日本では伝統的に農耕の終わりから、次の年の農耕準備が始まる農閑期に狩猟が行われていたため、近世に入ってからも「晩秋から立春ごろ」が猟期とされてきた。

現在の鳥獣保護管理法では、猟期を11月15日から2月15日の3カ月間、北海道では10月1日から1月31日の4カ月間、東北3県のカモ猟は11月1日から1月31日の3カ月間と定められている。これは南北に長い国土をもつ日本においては、渡り鳥の季節や獣の冬眠時期などが違うための調整である。

また、猟期は都道府県により細かく調整できるようになっている。たとえばイノシシやシカによる食害被害が多い市町村では、これらの猟期が3月末ごろまで延期されている。銃を使った狩猟の猟期はそのままで、わなを使った狩猟の猟期は延びる場合もある。逆に狩猟鳥獣の減少が著しい地域では、猟期が短縮されるケースもある。これらの情報はハンターマップに「特記事項」として記されているので、必ず目を通しておこう。

狩猟において銃を発砲でき

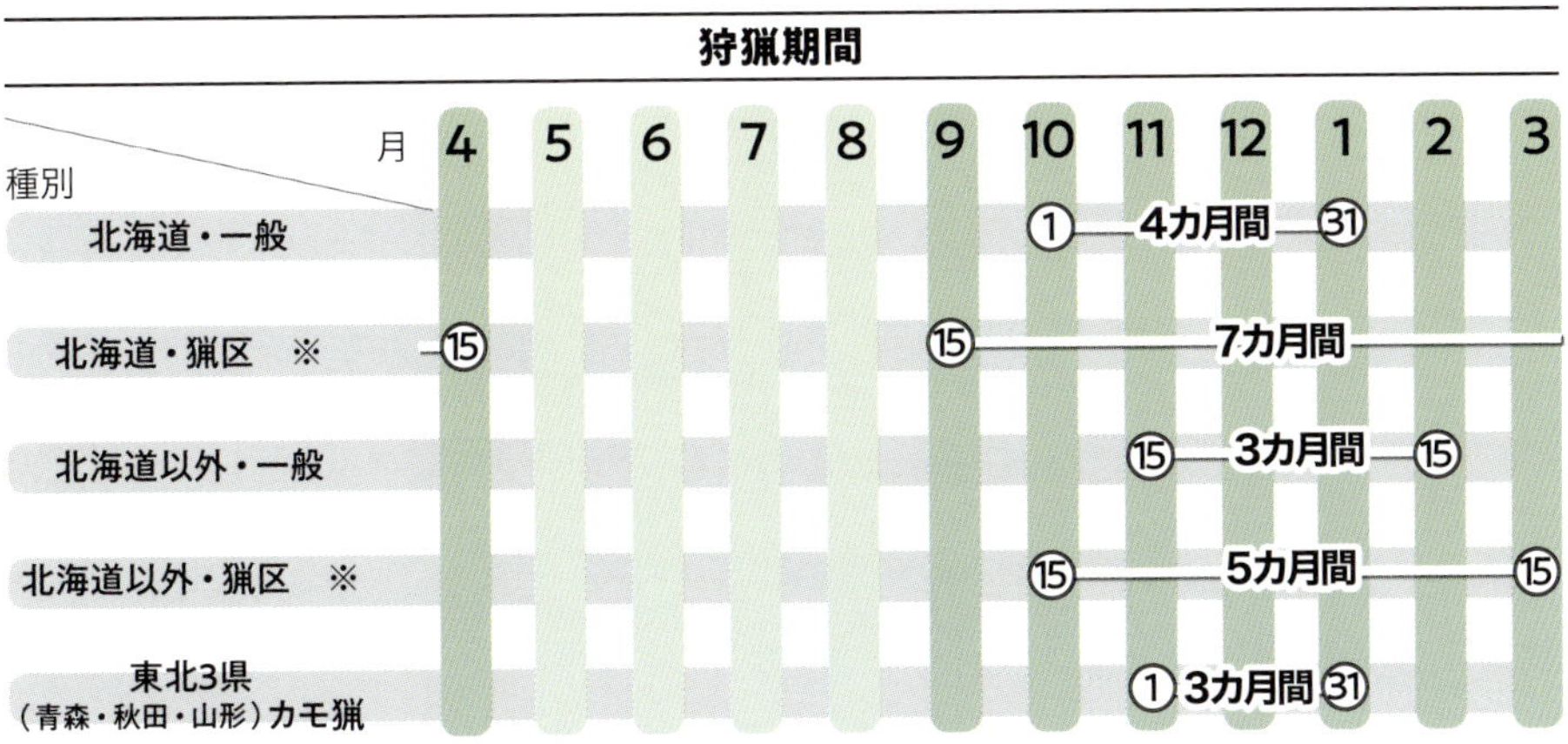

※猟区とは、捕獲調整猟区及び放鳥獣猟区のこと ※猟区の猟期は延長される場合がある

このほかにも狩猟鳥獣の保護を図るといった目的のために、環境大臣または都道府県知事により狩猟鳥獣の種類や場所を定めて、狩猟期間が延長または短縮されることがあるので注意が必要だ

●ニホンジカ・イノシシの狩猟期間が延長されました。

◆山梨県では、平成30年度においてニホンジカとイノシシの狩猟期間が、3月15日まで延長されました。なお、他の狩猟鳥獣については従来どおり2月15日までです。

◆山梨県内では、3月1日から渓流釣りが順次解禁となりますので、3月1日以降は、渓流付近での銃猟は行わないようにしてください。

出典/山梨県HP(http://www.pref.yamanashi.jp/midori/documents/h30zentai.pdf)

るのは、「日の出から日の入りまで」という時間的な決まりがあるということを、覚えておく必要がある。これは、獲物と間違えて人や狩猟鳥獣ではない動物を誤射してしまうのを防止するための決まりで、獲物が獲れるかどうかに関係なく、銃の発砲自体が違法だという点を認識しておこう。

日の出・日の入りの基準は、「もう明るい」とか「まだ明るい」といった感覚的な基準ではなく、日本の国立天文台が発表している暦《こよみ》によって地域ごとに細かく決まっている。暦は新聞やテレビの天気情報のほか、国立天文台HP暦計算室ページで調べることができるので、日の出・日の入りの時間を、あらかじめ時計やスマートフォンにアラーム設定しておけば、間違いがない。

ハンターマップに猟期中の暦が載っている都道府県もあるので、もし調べるのを忘れたときは確認してみよう。

column

日の出・日の入りは場所でこんなに違う!

	日の出	日の入り
札幌	6時15分	16時45分
福岡	7時15分	17時45分

(2019年2月1日の時刻/国立天文台 暦計算室サイトより)

南北に長い日本では、日の出・日の入りの時間に差がある。猟期解禁日の朝、SNSで「初猟果ゲットです♪」という北海道のハンターの書き込みを見て、九州のハンターが焦って銃を発砲してしまい、鳥獣保護管理員に通報されたケースもある。

狩猟の方法は「銃」と「わな」が主流

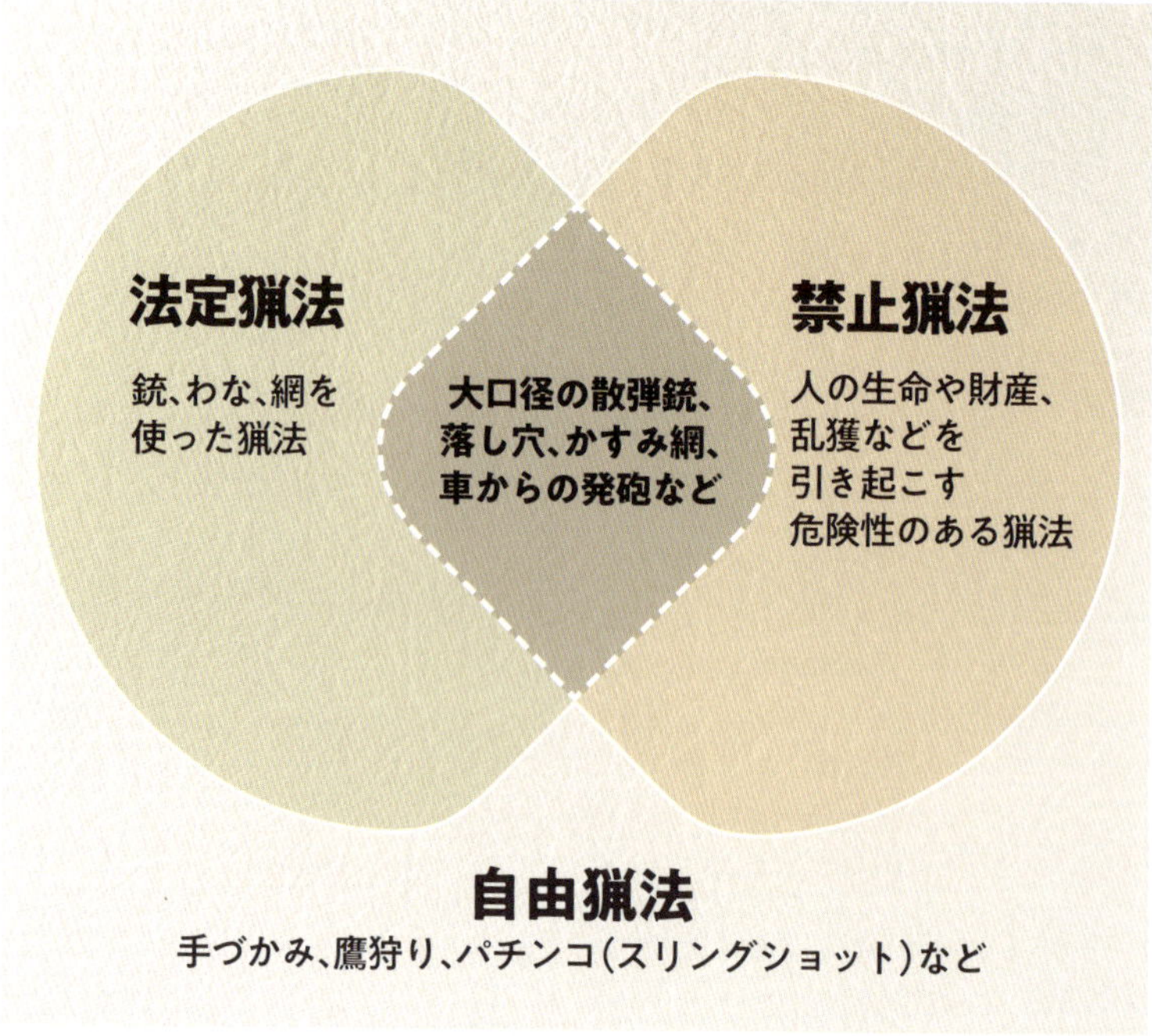

法定猟法と禁止猟法を知っておこう

猟期、狩猟鳥獣、狩猟ができる場所の3点がそろっていたら、狩猟は年齢、性別、国籍に関係なく、誰でも自由に行うことができる。ブーメランやスリングショットでヒヨドリやキジバトを仕留めたり、虫取り網でスズメを捕獲してもいい。あなたにネコ並みの身体能力があるのなら、身を潜めて獲物に近づき、手づかみで獲ってもいい。

狩猟で使う道具は挙げればきりがないほど数多いが、なかには使用を禁止されているものもある。たとえば、爆発物や毒薬は、他人の命や財産を傷つける可能性があるため狩猟に使うことはできない。

また、とりもち、釣り針といった道具は、狩猟鳥獣以外も無差別に死傷させる危険性があるため使用できない。これら狩猟に使ってはいけない道具は「禁止猟具」、これらを使用した狩猟は、「禁止猟法」と呼ばれている。

装薬銃、空気銃、わな、網という4種類の道具を狩猟に使用するためには、それぞれに対応した免許が必要になり、さらに狩猟を行う都道府県に対して、狩猟税を支払って狩猟者登録も受けなければならない。このように狩猟に免許と登録が必要な道具を「法定猟具」といい、法定猟具を使った狩猟を「法定猟法」という。なお、装薬銃・空気銃・

	装薬銃猟	空気銃猟	わな猟	あみ猟
猟具	散弾銃、ライフル銃、ライフル銃及び散弾銃以外の猟銃（サボット銃）	エアライフル銃	くくりわな、箱わな、箱おとし、囲いわななど	むそう網、はり網、つき網、なげ網など
特徴	火薬の燃焼ガス圧を利用して金属製弾丸を発射して獲物を仕留める	空気圧や炭酸ガス圧を利用して金属製弾丸を発射して獲物を仕留める	わなを設置し獲物を捕縛し、刃物などで仕留める	網を設置または稼動させ獲物を捕縛して、刃物などで仕留める
ターゲット	スズメからヒグマまですべての狩猟鳥獣に対応可	おもに鳥類、または中小型哺乳類	哺乳類（ツキノワグマ、ヒグマを除く）	おもに鳥類、哺乳類も可
免許区分	第一種銃猟免許	第二種銃猟免許（第一種銃猟免許でも可）	わな猟免許	あみ猟免許
年齢制限	20歳以上		18歳以上	

わな・網に分類される道具にも、禁止猟具に分類されるものもあるので注意が必要だ。

法定猟法を行うには免許を取得する必要があるが、受験にはいくつかの欠格事項がある。たとえば、覚せい剤や麻薬の常習者は受験できず、一度狩猟免許が取り消された人も3年間再受験できない。銃を使った狩猟免許は20歳以上、わな・網猟免許は18歳以上と、年齢による欠格事項もあるが、詳しくは112ページを参照してほしい。

なお、日本では民間人が銃を持つためには、公安委員会の許可を受けなければならない。よって、銃猟をするためには、後述するように公安委員会で猟銃等講習会などを受講して、猟銃・空気銃所持許可を受ける必要がある。

農業被害の拡大とハンターの高齢化

シカとイノシシが爆発的に増える!?

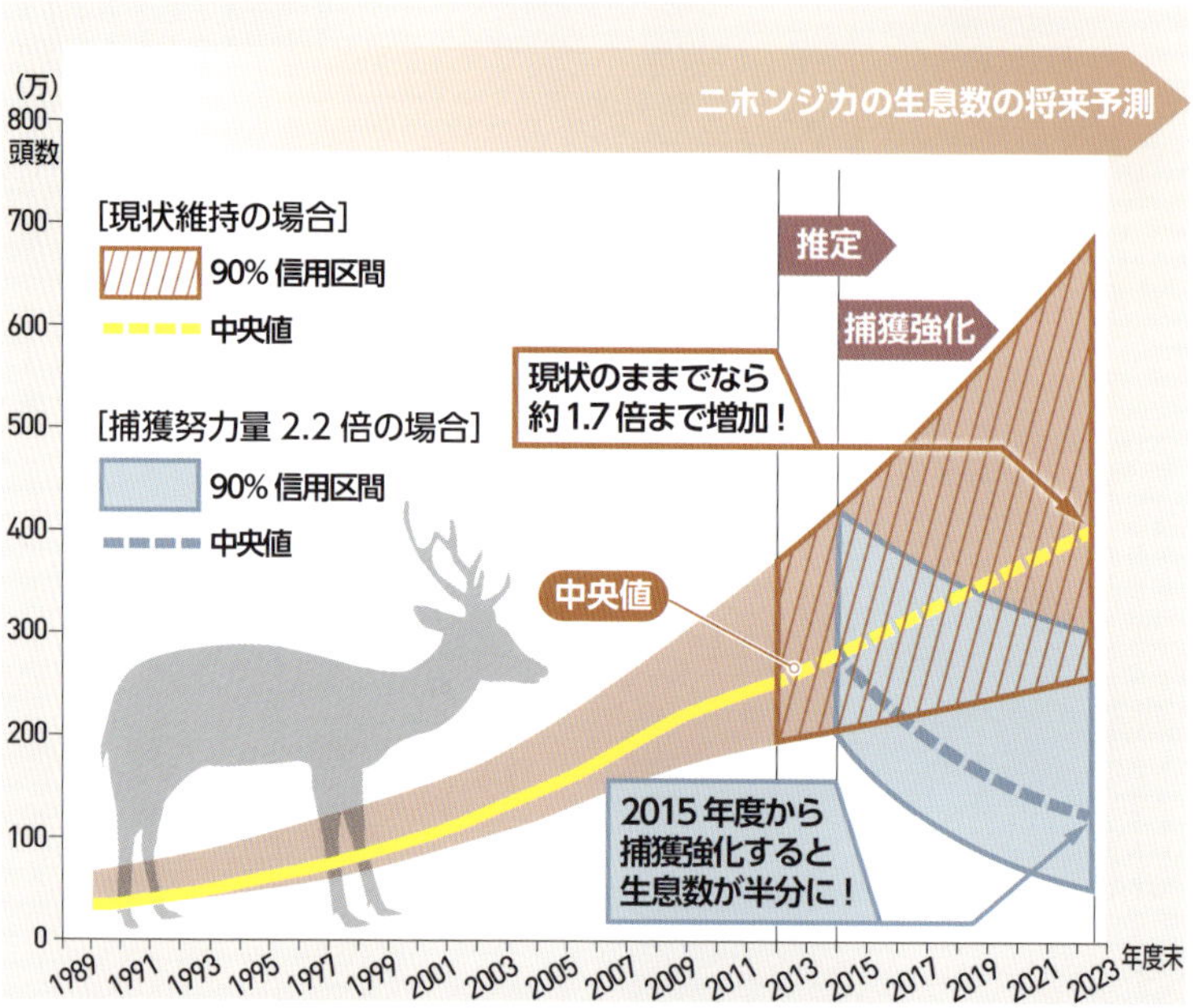

全国のニホンジカ（北海道を除く）の推定生息数の中央値は249万頭で、同じくイノシシは89万頭と推定（2012年度）。ニホンジカの将来の生息数を試算したところ、2013年度の対策のままだと2023年には約1.7倍まで増加する結果となり、現状の2倍以上の捕獲を行う必要があることがわかった
※数値には幅があることに注意（出典／ 2015年11月発表の環境省による資料をもとに作成）

管理者としての人間の役割を考える

人間が狩猟をし続けるひとつの理由が、「生態系の維持」だ。捕食者と非捕食者の連鎖が生み出す生態系は、一度バランスが崩れると特定の種の大増殖を引き起こす。そして、その個体数が許容量を超えると、食料不足や伝染病の蔓延などが起こり、一転して大量死（ブレイクアウト）が発生する可能性もある。

そして、自然界の許容量を超えた野生動物は、それまでの生息域のなかだけで充分な食べものを確保することができなくなり、人間の生活圏である農地に侵入する。その結果、農作物や木々の苗などが食い荒らされてしまうわけだ。

こうした「農業被害」は、

野生鳥獣による農作物被害金額の推移

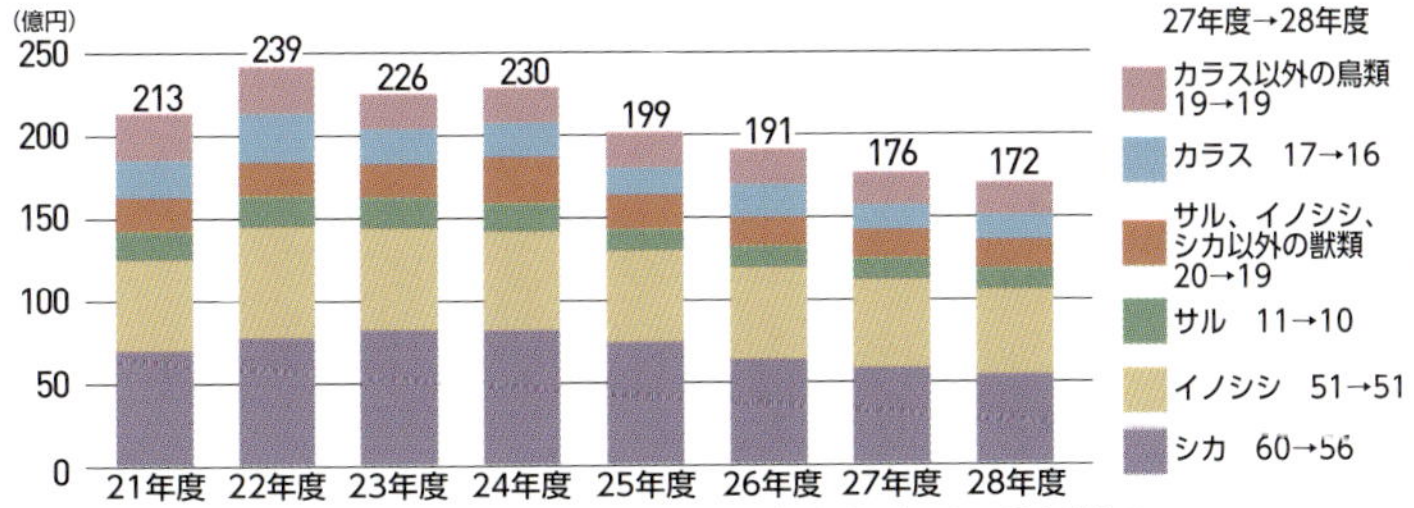

注1：都道府県からの報告による。 注2：ラウンドの関係で合計が一致しない場合がある

自然界の許容量を超えた場合、野生動物は自然界と人間界の境界線にある農地に出没する。つまり生態系維持は自然界のなかだけの問題ではなく、農林業にも大きな影響を与えることになる。平成25年に環境省と農林水産省は共同で捕獲強化に向けた対策室を立ち上げた。その結果、農作物被害総額は近年減少傾向にある

狩猟免許所持者数（免許種別）の推移

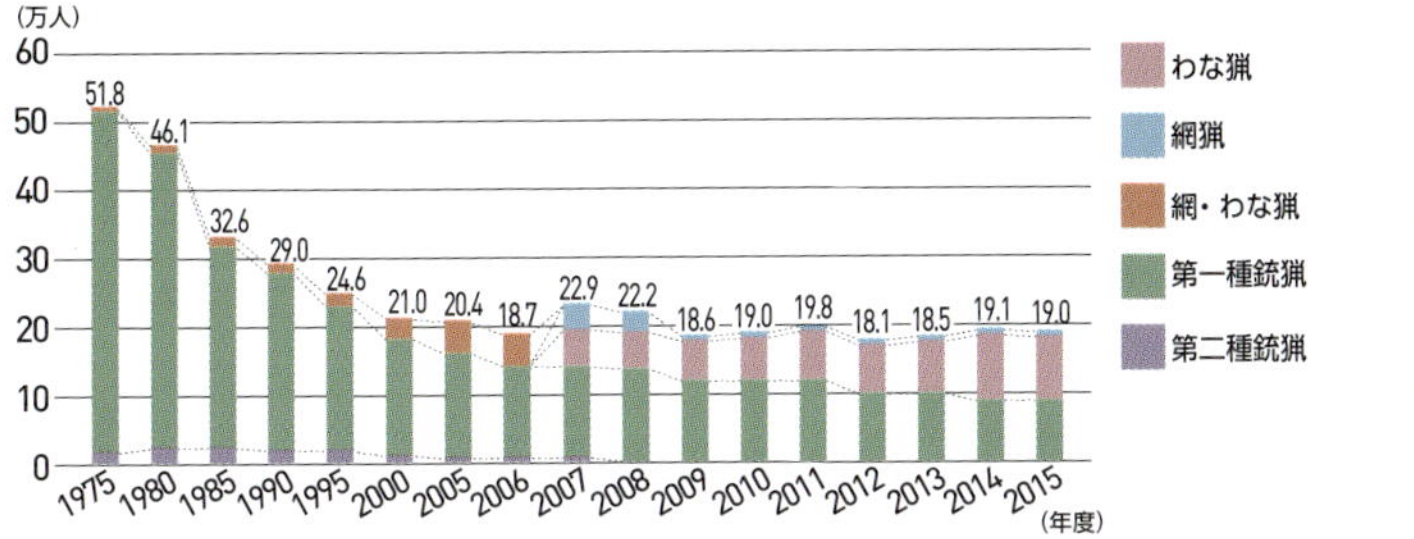

2007年に狩猟免許制度が改正され、網・わな猟免許が網猟免許、わな猟免許に分かれて現在に至る。近年は銃猟者よりもわな猟者の数が多くなっているが、これは農林業従事者が防衛のためにわな免許を取得した要因が大きい。第二種銃猟免許のシェアが小さいのは、第一種銃猟所持者が空気銃と猟銃をふたつ持つケースが多いためだ

狩猟免許保持者数（年齢別）の推移

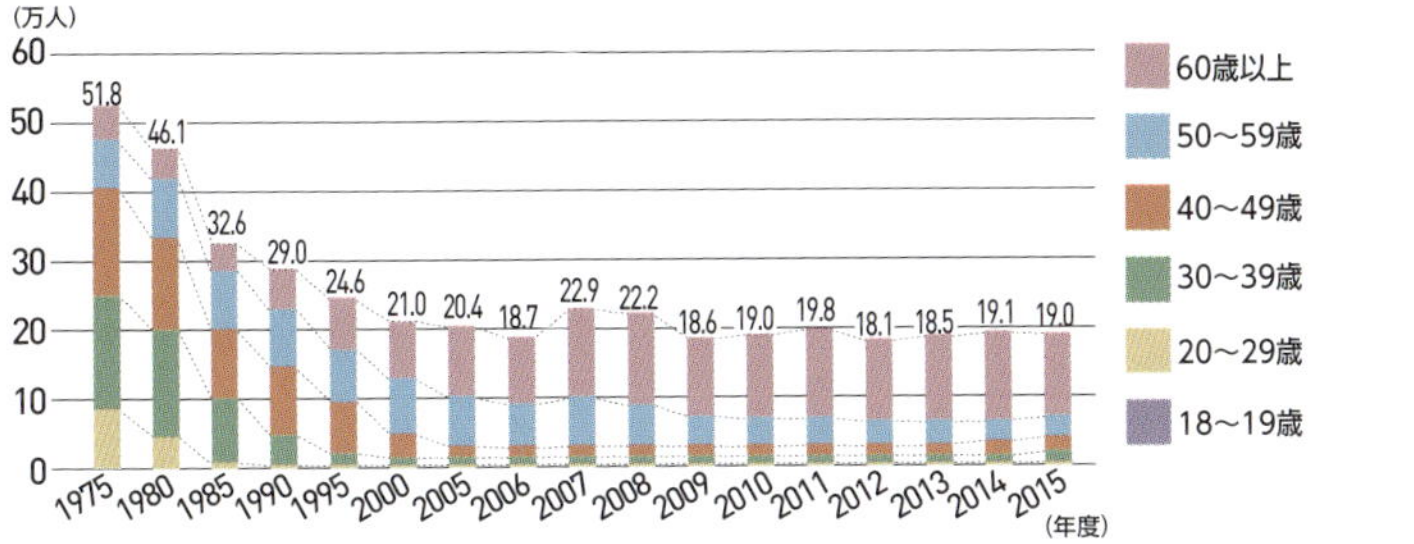

狩猟免許所持者の数はピーク時に比べて半数以下だが、これは1970年代に狩猟ブームが起こったためで、過密が解消されたともいえる。問題なのは“高齢化”のほうで、現在では狩猟人口の6割近くが60代以上で、その半数は70代を超えている。狩猟の知識の継承のためにも、30代から40代の若手確保が狩猟業界の急務だ

いま全国的な社会問題となっており、まるで人間が電柵に囲まれて暮らしているような場所も少なくないという、笑えない現実がある。

シカやイノシシがここまで増えたのは、ニホンオオカミという頂点捕食者の絶滅が大きな理由と考えられている。かつてはハンターがオオカミに代わる役割を担ってきたが、この数十年でハンターの数は減り続けてしまった。しかも、高齢化の進行は著しく、巻き狩りというグループ猟を行うハンターの平均年齢が、70歳超えという猟隊も珍しくない。

日本の自然界の生態系を回復させ、農林業の未来を守っていくためにも、新たに狩猟の世界に足を踏み入れる若年層を拡大することが、喫緊の課題となっている。

有害鳥獣対策は「捕獲許可制度」

おもな鳥獣の狩猟と有害捕獲等による捕獲数

	平成28年度			平成29年度		
	狩猟	その他	計	狩猟	その他	計
ニホンジカ	156500	418100	**574600**	149800	439900	**589700**
イノシシ	147400	457700	**605100**	130400	406300	**536700**
ツキノワグマ	313	3231	**3544**	428	3083	**3511**
ヒグマ	70	615	**685**	70	781	**851**

出典／平成29年度鳥獣関係統計

野生鳥獣で困ったときは役場に相談

狩猟は生態系保全と、農林業の保護という点で重要な役割を担う活動だが、狩猟制度はあくまでも「遊猟を楽しむ」ためのものであり、その影響力にはおのずと限界がある。

たとえば、ニホンザルやカモシカといった野生獣は、被害額こそイノシシやニホンジカに及ばないが、農林業に大きな被害を与えている。しかし、これらは狩猟鳥獣ではないので、狩猟制度の枠組みのなかでは、いかなる対策も打つことができない。

もう少し身近な話をしよう。たとえば、ドバトがあなたの家の軒先に巣をつくったとしても、ドバトは保護されている鳥獣なので、手を出すことはできない。相手が狩猟鳥のカラスであっても、野鳥の卵は保護の対象となるため、たとえ自宅であっても巣を撤去すれば違法ということになる。

このように、狩猟で解決できない問題に対処するために設けられたのが、「捕獲許可制度」だ。これは野生鳥獣が社会生活や農林業などに悪影響を及ぼす場合、都道府県知事の許可を受けることで自由に捕獲できる制度。都道府県庁は許可捕獲の権利を市町村に委託しているため、もし野生鳥獣に関する困りごとがあれば、まず役場の鳥獣被害窓口に相談することになる。

捕獲許可は狩猟制度とは関

有害鳥獣駆除では例外的に捕獲が認められることもある

イノシシ、ニホンジカ以外の野生鳥獣による農林業被害が急増しており、特にニホンザルの食害は深刻な問題になっている。ニホンザルは大きな群れで移動するため、わずか一夜で果樹園が全滅することもある。

また、かつては「幻の動物」と呼ばれ、特別天然記念物に指定されているカモシカも、近年は生息数が増加。農林業被害が報告されている。

本来、ニホンザルやカモシカは狩猟獣ではないが、有害鳥獣による農業被害の拡大を防ぐために、例外的に駆除を許可し、報奨金制度を設けている自治体もある。

サル
23200頭
（平成29年度捕獲数）

カモシカ
600頭
（平成29年度捕獲数）

係ないため、捕獲許可の審査が通れば猟期、保護区などに関係なく、問題となっている野生鳥獣やその卵を許可の枠内で捕獲することができる。自分自身で捕獲することが困難な場合は、狩猟免許所持者に委託することも可能だ。

捕獲対象がイノシシやニホンジカの場合、多くの市町村は地元の猟友会などに捕獲事業（指定管理鳥獣捕獲等事業）を委託しており、捕獲事業を行う実行メンバーは〝駆除隊〟を組んで活動している。猟期以外も狩猟に携わりたいという人は、志願するというのも一案だ。都道府県が主体となって行う捕獲事業は、平成27年より、他の都道府県から認定を受けた法人（認定鳥獣捕獲等事業者）でも入札に参加できるようになっている。

column

駆除と報奨金

都道府県（委託されている市町村）の行う許可捕獲の事業には、捕獲報奨金が設定されている。報奨金は鳥獣の種類や捕獲時期、または市町村によって異なるが、イノシシやニホンジカで1頭8000～18000円、カラスやカワウなどは1羽3000～5000円程度が支給される。捕獲の証拠として、役場への持ち込み確認や、証明写真の撮影、耳や尾を切って提出などの手続きが必要。捕獲した鳥獣を使い回して、報奨金を水増し請求する問題なども起きている。

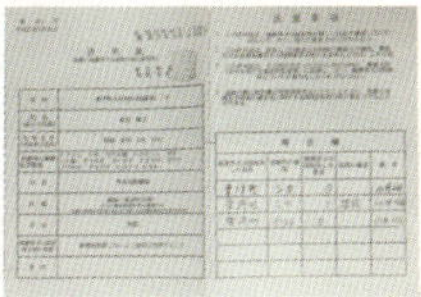

捕獲許可が下りると許可証が付与される。捕獲対象となる鳥獣は市区町村によってまったく異なり、離島ではノヤギ、沖縄ではクジャクが対象になっていたりする

「猟友会」ってどんな組織？

狩猟を行ううえで、数々のサポートをしてくれるのが「猟友会」という組織だ。そもそも猟友会は、軍に毛皮を安定供給するための組織として、職業猟師の連合体が元になって発足したが、戦後は「狩猟の事故・違反の防止、野生鳥獣の保護、狩猟者の共済」を組織のおもな目的として、再出発を図った。

現在は地方の連合体を統括する「一般社団法人大日本猟友会」のもと、都道府県の狩猟関連の事業を行う「都道府県猟友会」、その末端組織である「支部猟友会」によって構成されている。

猟友会への入会窓口となるのが支部猟友会で、ここに入会すると、自動的に上層組織である都道府県猟友会と大日本猟友会に加入する仕組みになっている。支部の所在地は都道府県猟友会のHPなどに記載されているので、電話で連絡をとればいい。各支部は市町村単位で区切られているが、居住地以外の支部に所属することもできるので、活動のしやすさなどを考慮して支部を選ぼう。

「猟友会に入る＝猟隊に入る」と勘違いしている人もいるが、猟友会はあくまでも狩猟者の共済事業等を行っている団体であり、狩猟活動自体を行っているわけではない。ただ、地区猟友会では地元で長年狩猟をしている人が窓口になっていることが多いので、狩猟を始めるための猟隊を探している旨を伝えれば、多くの場合は斡旋してくれるはず。まずは相談してみよう。

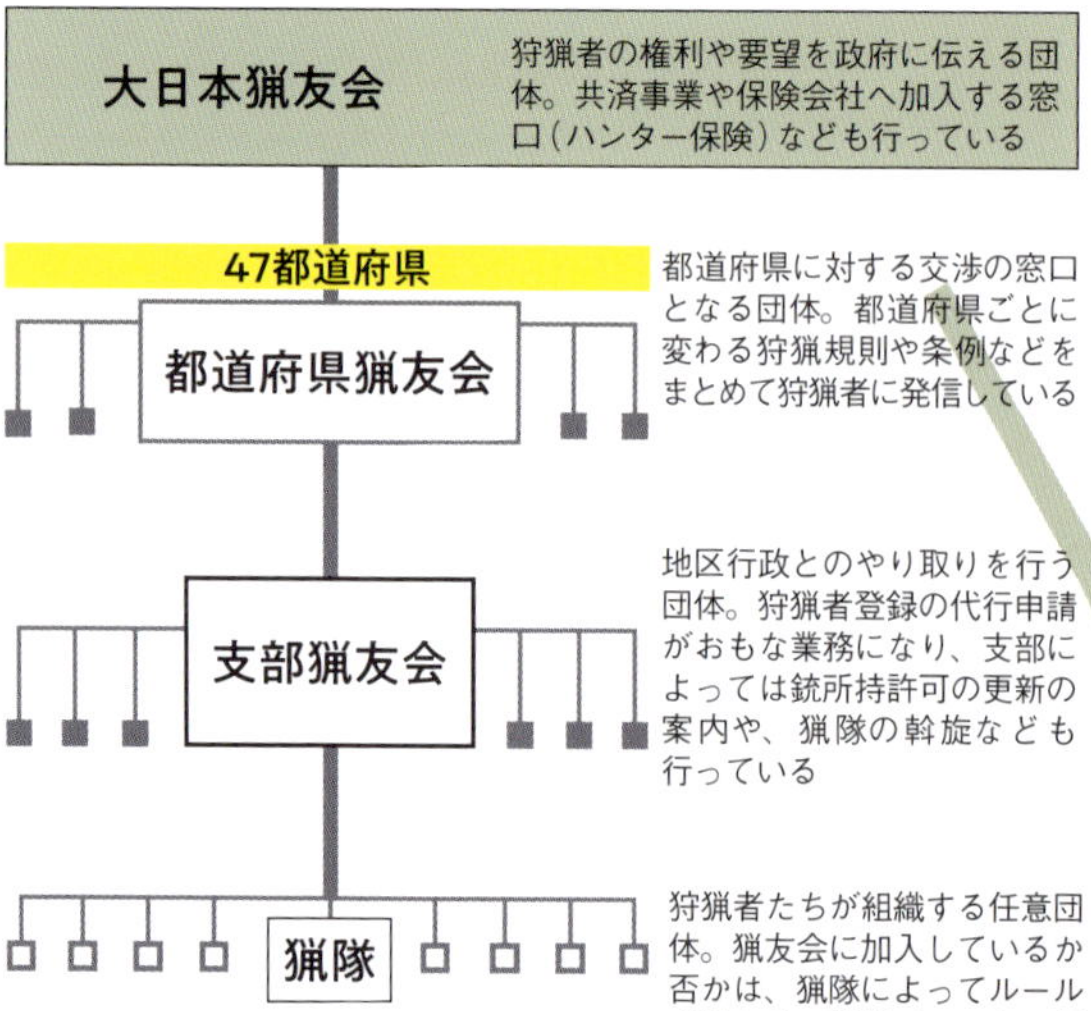
都道府県に対する交渉の窓口となる団体。都道府県ごとに変わる狩猟規則や条例などをまとめて狩猟者に発信している
地区行政とのやり取りを行う団体。狩猟者登録の代行申請がおもな業務になり、支部によっては銃所持許可の更新の案内や、猟隊の斡旋なども行っている
狩猟者たちが組織する任意団体。猟友会に加入しているか否かは、猟隊によってルールが異なる。猟隊でハンター保険に加入している場合もある

狩猟者の権利や要望を政府に伝える団体。共済事業や保険会社へ加入する窓口（ハンター保険）なども行っている
47都道府県

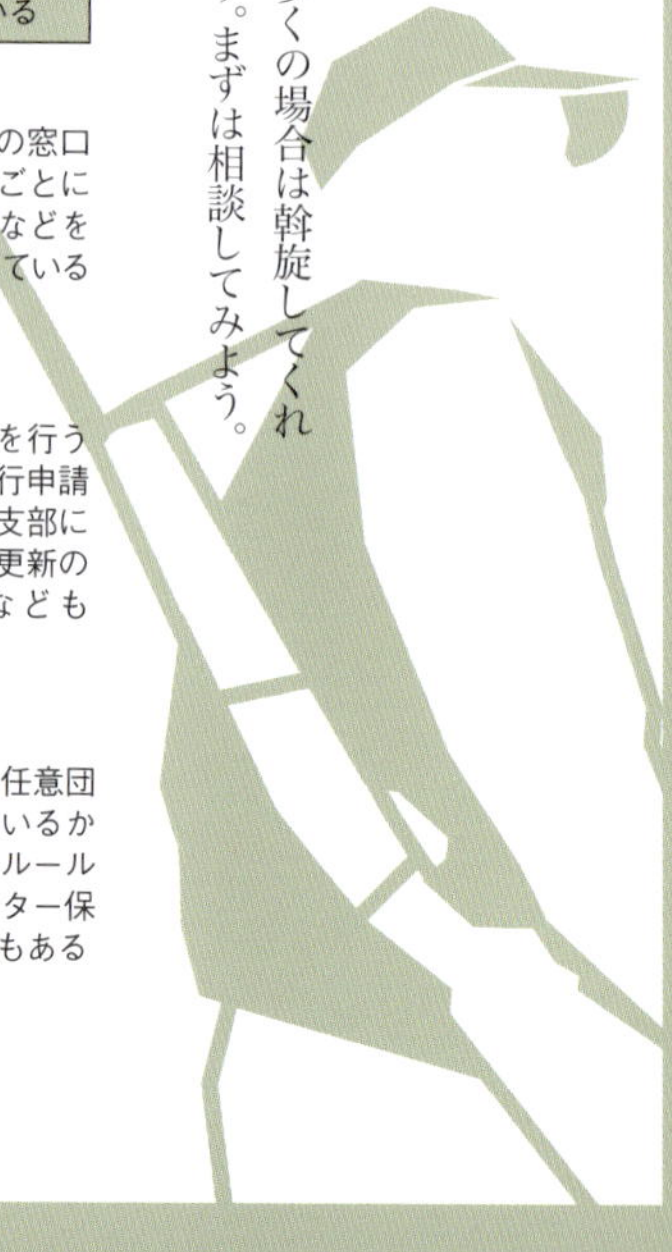

第2章

狩猟免許

Chapter 2

狩猟を始めるには
どんな免許が必要で、
銃を所持するためには
どんな許可が必要なのか?
ハンターになるために
やるべきことと、
その費用を押さえておこう。

免許は猟具によって4つに分かれる

自分がやってみたい狩猟免許区分を選ぶ

狩猟の第一段階として、まずはどんな狩猟がしたいかのか、自分のイメージを固めよう。銃を使った狩猟がしたいのであれば、「第一種銃猟免許」を取ろう。豊富な種類の弾が込められる散弾銃が使えるので、スズメからヒグマまで何でも狙うことができる。ライフルは免許取得から10年経たなければ所持できないが、ハーフライフル（サボット銃）と呼ばれる銃なら、遠距離射撃も楽しめる。

銃を使った狩猟がしたいが、都会暮らしで山にいく時間がないという人は、「第二種銃猟免許」がおすすめだ。エアライフルと呼ばれる銃は発射音が小さいので、比較的近い場所でキジバトやヒヨドリといった鳥を狙うことができる。

なお、銃猟免許を取るつもりなら、事前に本当に銃を所持できるのかどうかを検討し

第一種銃猟免許（猟銃）

- 散弾銃猟、ライフル銃猟のほか、空気銃猟を行うことができる
- 取得年齢：20歳以上

二種銃猟免許（空気銃）

- 空気銃猟だけを行うことができる
- 取得年齢：20歳以上

わな猟免許

- わな猟を行うことができる
- 取得年齢：18歳以上

網猟免許

- 網猟を行うことができる
- 取得年齢：18歳以上

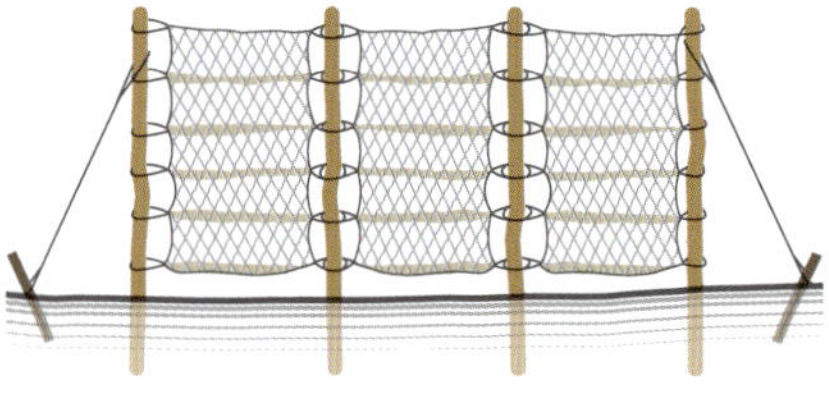

狩猟免許取得の流れ

1 受験申請
住んでいる都道府県のホームページで申請用紙をダウンロードして申請する。申請時には医師の診断書、写真、申請手数料として5200円分の収入印紙などが必要

Point!
最近は受験者数の多い都道府県では申込者が増えているため、すぐに定員に達してしまうこともある。受験可能な試験日を確認して、なるべく早目に申し込もう

2 予備講習
各都道府県猟友会が実施。試験の注意点や猟具の取り扱いも学べる

3 知識試験
→P.38
法令、猟具、鳥獣などに関する三者択一の問題が30問出題され、70%以上の正答率で合格。制限時間は90分で、午前中に行われる

4 結果発表
昼の休憩後に採点結果が発表され、合格者は午後からの試験に進む

5 適性試験
→P.38
狩猟に最低限必要とされる視力、聴力、運動能力について、適性を確認

6 技能試験
→P.40
- 鳥獣判別試験
- 猟具の取り扱い
- 目測試験

免許の種類によって試験内容が異なる。減点方式で31点の減点で失格（70%以上の得点で合格）

7 結果発表
→P.40
合格者は即日、もしくは後日、インターネットや郵送で結果を発表

8 免許取得
後日、自宅か入会予定の地区猟友会に免許が送付される

9 銃砲所持許可
→P.42
※銃猟免許の場合
猟銃等講習会初心者講習、教習射撃を受講後、公安委員会から銃砲所持許可を受ける

10 狩猟者登録
→P.48
狩猟を行う都道府県に狩猟税を支払い、狩猟者登録を受ける

11 狩猟開始
狩猟者登録証とハンターバッヂを身につけて、猟場に飛び出そう！

たほうがいい。銃猟を始めることへの家族の理解や、銃の購入費用など、先に銃砲所持の段取りをつけてから、狩猟免許を受験すべきだ。

銃は持ちたくないが狩猟がしたい人や、有害鳥獣から自分の農地を守りたいという人は、わな猟免許が向いている。銃猟にくらべると始めるハードルは低いが、わなを仕掛ける場所探しや毎日の見回りにいけるかなど、自分のライフスタイルで狩猟に対応できるかどうか、一度シミュレーションしてほしい。

網猟免許は簡単そうに思えるが、非常に難しい猟法だ。猟を行える場所の選定だけでなく、野生動物の習性の理解なども必要になるため、網猟に詳しい先輩ハンターを見つけるのが先決かもしれない。

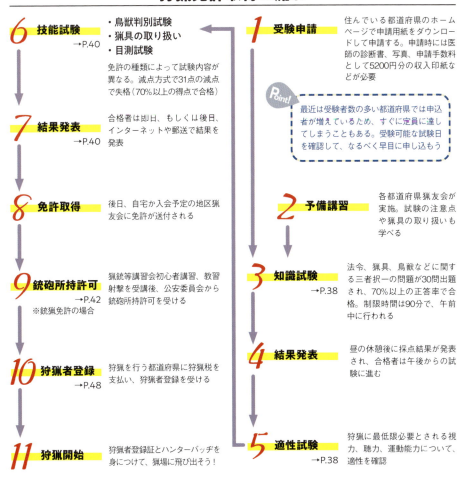

予習さえしておけばほぼ合格できる

『狩猟読本』で予習する
大日本猟友会が発行しており、知識試験や技能試験のテキストとして活用できる。都道府県猟友会や支部猟友会で購入できる。1500円（税別）

筆記・適正試験は落とす試験ではない

狩猟免許は国家資格なので、一度取得すればすべての都道府県で効力を発揮する。しかし、自動車運転免許の学科試験と同じで、狩猟免許試験は住民票を置いている都道府県でしか受けられない。住民票を実家に残したまま上京している人は、注意が必要だ。

試験日程は都道府県によって異なるが、年に3、4回で土日祝日開催というところが多い。数年前までは年に1回、平日開催というパターンが多かったが、狩猟人口確保のため、日程は増加傾向にある。

試験の情報を得るには、当該自治体のHPで調べるのが手っ取り早い。そのほか、市役所の鳥獣担当部署や、県内の銃砲店などでも情報を得ることができる。

希望する試験日程が見つかったら、受験の申請書、医師の診断書、住民票、写真1枚と試験手数料（1免許区分につき5200円の収入証紙）を添付して、都道府県の担当窓口に送付する。申請書類や診断書の様式はHPからダウンロードしよう。

狩猟免許試験では、知識試験、適性試験、実技試験の3科目が、半日かけて行われる。第一種、第二種、わな、網で、それぞれの科目で出題される項目が違うため、猟法に対応した対策をする必要がある。

知識試験は三者択一式のマー

知識試験

問題数：**30問（三者択一式）**
制限時間：**90分**
合否基準：**正答率70%以上**

設問の内容

・法令や狩猟免許制度などに関する知識
・猟具の種類や取り扱いなどに関する知識
・狩猟鳥獣や狩猟鳥獣と誤認されやすい鳥獣の生態などに関する知識
・個体数管理の概念など、鳥獣の保護管理に関する知識

適性試験

［視力］

わな猟、網猟　**両眼0.5以上**
（片方の眼が見えない場合は、もう片方の眼の視野が左右150度以上で、視力0.5以上とする）

第一種 第二種銃猟　**両眼0.7以上、片眼0.3以上**
（片方の眼が見えない、または視力0.3に満たない場合は、もう片方の眼の視野が150度以上で、視力0.7以上とする）

［聴力］
※補聴器の使用可
10mの距離で90デシベルの警音器が聞こえる

［運動能力］
※補助具の使用可
四肢の屈伸、挙手及び手指の運動などが可能

クシート形式で行われる。内容は、共通科目として、鳥獣保護管理法などの法律的な知識。免許区分に応じた専門問題として、猟具の取り扱いに関する知識や狩猟鳥獣の知識が出題される。勉強せずに通るほど甘くはないが、近年の合格率は98%以上と〝落とす試験〟ではない。『狩猟読本』というテキストをしっかり読みこんでおけば、難なく突破できるはずだ。

筆記試験は午前中に行われ、合格者は午後からの適性試験と実技試験に臨む。適性検査は視力検査、聴力検査、運動能力検査の3種目。聴力については10m先で大声を出す人の声が聞こえるぐらいの能力があればOK。運動能力は全屈伸、指をグー・パーできればOKだ。

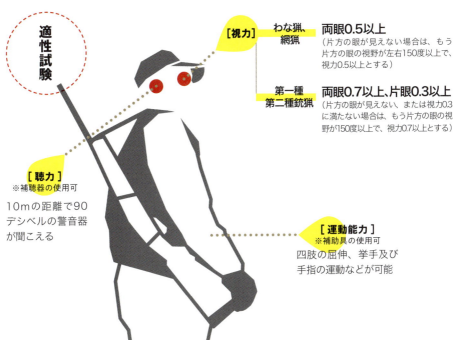

実技対策は予備講習で

鳥獣判別

鳥獣判別で出題される動物は決められている。狩猟読本の1ページ目にイラストが載っているので、丸暗記してしまおう

時間制限があるので答えられなければ減点となる。ならばいっそのこと、わからない場合は全部「×」と答えるのもテスト対策だ

猟具の取り扱い

使用される模擬銃やわなは都道府県によって微妙に異なる。予備講習で取り扱い方をマスターしておこう

銃口を人に向けたりすると10点の大減点となる。試験時間は決められてないので、焦らずゆっくりと確実に動作を行おう

対策しなければ実技試験は通らない

実技試験の項目は免許区分によって違い、第一種・第二種銃猟では、わな・網猟にはない「距離の目測」が行われる。猟具取り扱いでは、第一種は模擬散弾銃を使って、「点検・分解・結合・射撃姿勢・団体行動時の取り扱い・休憩時の取り扱い」を行う。第二種ではエアライフルを使って、「点検・エアの圧縮操作・射撃姿勢」を行う。なお第二種のエアライフルの取り扱いは、第一種でも行う。わな・網では、6種類用意された猟具のなかから、「違法猟具か法定猟具かを判別」し、法定猟具のなかから1種類を選んで実際に「架設」を行う。

鳥獣判別は、野生鳥獣の絵や写真、剥製を見て、それが狩猟鳥獣であるか否か、狩猟鳥獣であればその名称を答える。出題数は共通して16問だが、わな猟は獣類のみ、網猟は鳥類のみ、第二種は鳥類と小型獣類、第一種は鳥獣すべてと、免許区分によって出題対象が異なる。制限時間は5秒程度なので、考え込む時間はない。

実技試験は１００点からの減点方式で、試験終了時に70点以上残していれば合格となる。たとえば、鳥獣判別項目では1問間違えると2点減点、距離の目測では1問間違えると5点減点というぐあいに、各項目に減点数が設定さ

実技試験の内容

合格基準：70％以上の得点
（減点方式、31点減点で失格）

鳥獣判別
※全猟具共通

狩猟鳥獣と非狩猟鳥獣について16種類を判別。
ただし、わな猟は獣類のみ、網猟は鳥類のみ

猟具の取り扱い
※免許の種類によって試験内容が異なる

●わな猟、網猟
・法定猟具と禁止猟具の判別
・法定猟具1種類について捕獲可能な状態に組み立てを実施

●第一種銃猟
・銃器の点検、分解および結合
・模造弾の装填、射撃姿勢、脱包操作
・団体行動時の銃器の保持、受け渡し
・休憩時の銃器の取り扱い
・空気銃の操作（圧縮操作、装填、射撃姿勢）

●第二種銃猟
・圧縮操作、装填、射撃姿勢

目測試験
※第一種、第二種銃猟のみ実施

●第一種銃猟 300m、50m、30m、10mを目測
●第二種銃猟 300m、30m、10mを目測

れており、試験を通して累積されていく。細かなミスは仕方がないが、最も注意すべきなのが「31点減点」となる項目だ。銃の分解組立ができない、銃の正しい射撃姿勢が取れない、わな・網の架設ができない、といったミスはそれだけで31点減点となり、その場で不合格となる。

つまり、狩猟免許の実技試験は、あらかじめ猟具の取り扱い方を知っていることが前提となるため、一度も猟具に触れたことのない人が試験を受けるのは、一度も車を運転したことのない人が、自動車免許の一発試験を受けにいくようなもの。実技試験対策として、試験前に各都道府県猟友会が主催する予備講習会に参加すれば、実際に猟具に触れて練習できる。

銃猟をするために絶対に必要な許可

銃を所持するには最低でも半年かかる

日本は銃に対して、非常に厳しい社会だ。しかし、ひと口に「銃」といっても、その種類は無数にある。ピストルやマシンガンをはじめ、屠殺銃、建設用鋲打ち銃、海難救助用信号銃、もちろん射撃スポーツや狩猟に使われる猟銃や空気銃も銃に含まれる。

つまり、日本では銃の用途が明確であれば、たとえ民間人でも銃の所持を「許可する」という制度になっている。

銃の所持許可は公安委員会が管理することになっており、申請するためにはいくつかの書類を提出しなければならない。まずは住所を管轄する警察署の生活安全課へ出向いて、講習会（猟銃等講習会初心者講習）に参加し、その講習会の考査にパスして講習修了証明書を手に入れることが、銃猟の第一段階になる。

講習会の考査は50問の○×式で、45点以上で合格だ。「10人受けて1人しか受からない」というほど難易度の高い都道府県もあったが、平成27年に新基準ができたため、現在は難易度も平準化しているという。

とはいえ、銃刀法などの法律に関する問題では、かなり細かいところまで出題されるし、引っかけ問題も混じっているので、講習会申請時に配布される教科書で、しっかりと予習しておこう。

銃砲所持の流れ

猟銃等講習会受講申請	所轄警察署の生活安全課で猟銃等講習会の受講申請を提出する。銃所持には欠格事項があるので、ここでは担当官との面接も行われる
猟銃等講習会初心者講習・考査（合格後、講習修了証明書交付）	講習会は都道府県内の警察署で、半日かけて行われる。最後の考査をクリアすれば講習修了証明書が交付。意外と難関なので予習は必須
教習射撃受講申請	猟銃を所持したい場合は、クレー射撃による銃取り扱いの講習を受けなければならない。講習の申請は、猟銃等講習会と同じく生活安全課で行う
教習射撃資格調査（身辺調査）（申請通過後、教習射撃資格認定書交付）	教習射撃では、射撃場備えつけの実銃を扱うため、欠格事項がないか身辺調査が行われる。調査は犯罪歴調査や同居親族への聞き込み等が行われる
猟銃用火薬類等譲受許可申請（申請通過後、猟銃用火薬類等譲受許可証交付）	教習射撃の資格が下りたら、生活安全課へ書類を受け取りに行ったついでに、"弾"を購入するための許可申請を行う
射撃教習受講・考査（合格後、教習修了証明書交付）	指定された日にちに射撃場でクレー射撃の教習を受ける。最後の考査に合格したら、教習修了証明書が交付される
所持予定の銃砲の仮押さえ（銃砲店、また譲り受け先から、譲渡等承諾書発行）	所持したい銃を決めて、所持している個人や銃砲店から、譲渡等承諾書を書いてもらう。様式や書き方はインターネットで手に入る
所持許可申請	これまでそろえた証明書類に、申請書類、誓約書などの書類をそろえて、生活安全課へ提出する
所持資格調査（身辺調査）	教習射撃資格調査と同様の身辺調査が行われる。調査の進捗は一定ではなく、1カ月ほどで終わるときもあれば、半年近くかかることもある
銃砲所持許可証（仮）交付	所持許可が下りたと連絡を受けたら、生活安全課へ銃砲所持許可証を受け取りにいく。ただしこの時点ではまだ正式な許可証ではないので注意
所持する銃砲を公安委員会に提示	所持する銃を持って14日以内に生活安全課へ、銃の検査を受けに行く。申請書類と同一であることが確認されたら、正式な所持許可証が交付される
銃砲検査	所持している銃砲は、年に1回（4月～6月ぐらいにかけて）銃の検査が行われる。これは違法改造などがされていないかをチェックするため
銃砲所持許可証の更新	所持許可証の有効期限は3年目の誕生日まで。更新したい場合は、同様の必要書類を準備し3年目の誕生日の2カ月前から1カ月前までに申請を行う

エアライフル銃（猟銃等講習会初心者講習・考査 → 所持予定の銃砲の仮押さえ）

申請、交付など

講習、調査など

クレー射撃で2発当たれば合格

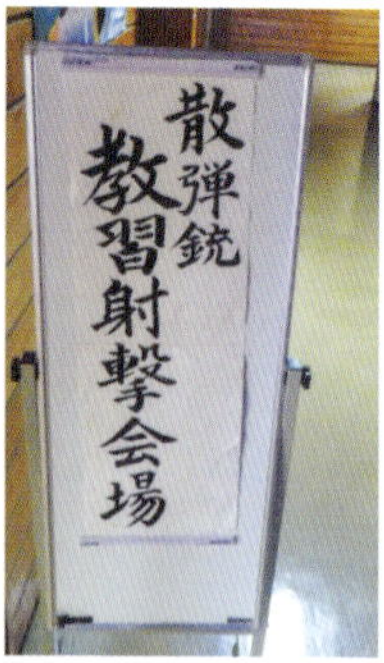

クレー射撃は射撃指導員の指導によって上達するので、心配は要らない。むしろ弾が当たることよりも、銃を人に向けないといったマナー習得のほうが重要だ

緊張せずに射撃にのぞもう

第二種銃猟でエアライフルを所持したいのであれば、「猟銃等講習会初心者講習」修了後に、その他の必要書類をそろえて公安委員会に所持許可申請を行う。第一種銃猟で猟銃を所持したいのであれば、後日、クレー射撃による「教習射撃」を受けて、教習射撃修了証明書が必要になる。

教習射撃の申請は、再び所轄の生活安全課で行う。申請書類を提出すると、それから1週間から1カ月ほどかけて、犯罪歴の確認や家族への聞き込み調査などが行われる。

これは教習射撃では実銃を撃つため、あなたに〝銃を撃たせても大丈夫なのか〟を審査するためで、過去に起こした犯罪から日が浅かったり、家族へのDV、他人へのストーカー行為などの欠格事項が発覚した場合、教習射撃の申請は棄却される。

これら欠格事項は、最初に生活安全課へ猟銃等講習会の受講申請をしにいくと、面接の際に説明がある。つまり、面接で嘘の報告や証言をしても、この身辺調査によって裏を取られるので、見逃されることはない。

無事に教習射撃の申請が下りたら、教習射撃の具体的な日程を決めるために、三たび生活安全課へ足を運ぶ。このとき、あわせて弾の購入許可を申請する。日本では銃と

教習射撃申請時に用意するもの

顔写真	縦3cm×横2.4cmを2枚
住民票の写し	本籍地および家族全員の記載があるもの
市区町村長発行の身分証明書	本籍地の市区町村長が発行する自己破産中でないことを証明するための証明書
教習資格認定申請書	申請人の本籍や現住所などを記した申請書。各警察署のHPにフォーマットあり
経歴書	職歴、猟銃等所持歴、犯罪歴などを記入する。各警察署のHPにフォーマットあり
同居親族書	同居人の氏名、職業、生年月日、続柄などを記入する。各警察署のHPにフォーマットあり
診断書	精神保健指定医などが統合失調症やてんかんがないことを証明する診断書
講習修了証明書	猟銃等講習会初心者講習の終了時に交付された証明書
印鑑	
申請手数料	8900円

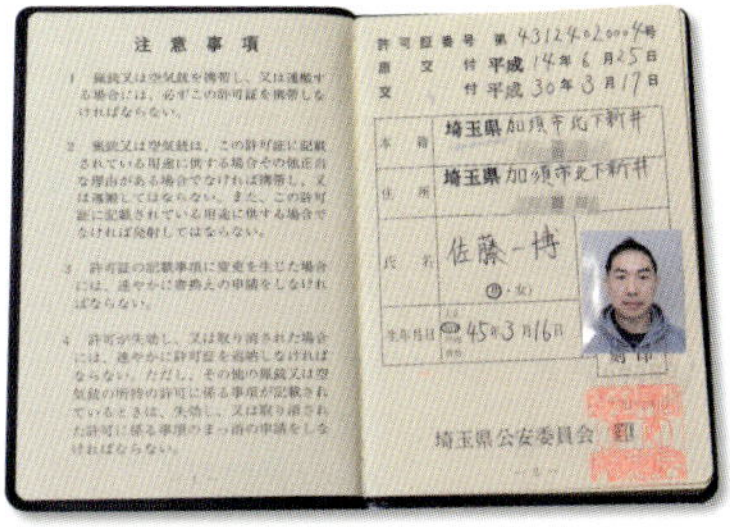

column

クレー射撃とは？

狩猟は猟期中にしかできないが、クレー射撃であれば通年を通して射撃が楽しめる。合図とともに高速で飛び出すクレー。それに素早く狙いを定め、散弾銃で撃ち落す爽快感は、粉々に砕けるクレーとともに日ごろのストレスをも粉砕してくれる。「お金持ちの趣味」と思われがちだが、費用は半日遊んで弾代込みでおよそ1万数千円。ゴルフならパブリックコース1回分とほぼ同じだ。

同じように、銃の弾（銃用火薬）も自由に買うことはできない。よって、この時点で教習射撃に使う弾を買うための申請が必要になるのだ。

指定された日時にあわせて射撃場へいき、教習射撃を受講する。教習射撃では射撃場備えつけの銃（上下二連式散弾銃）が貸し出されるので、教官の指示に従って安全な銃の取り扱い方、銃の構え方、発射の仕方などを学んでいく。

クレー射撃はトラップ、またはスキートと呼ばれる競技ルールで行われ、25～50発の練習と、25発の考査が行われる。考査では2発命中させれば合格だ。はじめての実銃体験で緊張するかもしれないが、リラックスをして挑もう。教習射撃が終了後、教習修了証明書が発行される。

選ぶポイントは狩猟スタイル

惚れた銃を選べば愛着も湧いてくる

　教習修了証明書を手に入れたら、次に自分が所持したい銃を選ぼう。日本の銃砲所持許可制度は「一銃一許可制」と呼ばれ、銃一丁一丁に公安委員会が所持の許可を出す仕組みになっている。よってこの時点で、あなただけが所持できる銃を選んでおかなければならないのだ。

　銃選びのコツは、まず〝惚れた銃〟であることだ。銃砲店にたくさん並ぶ銃のなかには、映画やゲームに登場したものも数多くある。そのなかで好きだった銃があれば、それを選ぶのがいい。銃砲店や先輩ハンターには「あれはダメ、これはダメ」と言う人も多いが、狩猟はあくまでも趣味。やはり自分の気に入ったものを選んだほうが、愛着も湧くし使っていて楽しい。

　また、銃は補修部品が入手しやすいものを選ぼう。銃のなかには製造中止になっていて、故障すると修理できないタイプもある。銃は簡単に買い替えることができないので、なるべく補修部品の多い有名な銃や、新しいタイプの銃を選ぶといい。特にこだわりがなければ、散弾銃は半自動式、空気銃はプレチャージ式を選べば、間違いない。

銃の重さは平均すると3.5kgほどだが、3kg程度の軽量タイプもある。軽くなると反動が激しくなるため、自分の狩猟スタイルに合った銃を選ぶようにしたい

散弾銃

山を歩き回って狩猟がしたい人は、なるべく軽めの散弾銃がおすすめだ。逆にカモ撃ちなど鳥猟がしたい人は、反動の少ない重たい銃が向く。イノシシやニホンジカといった大物だけを専門にやりたい人は、ハーフライフルを選ぶのも手だ。弾代は1発400円と少々値が張るが、精密性はライフルに匹敵する

エアライフル銃

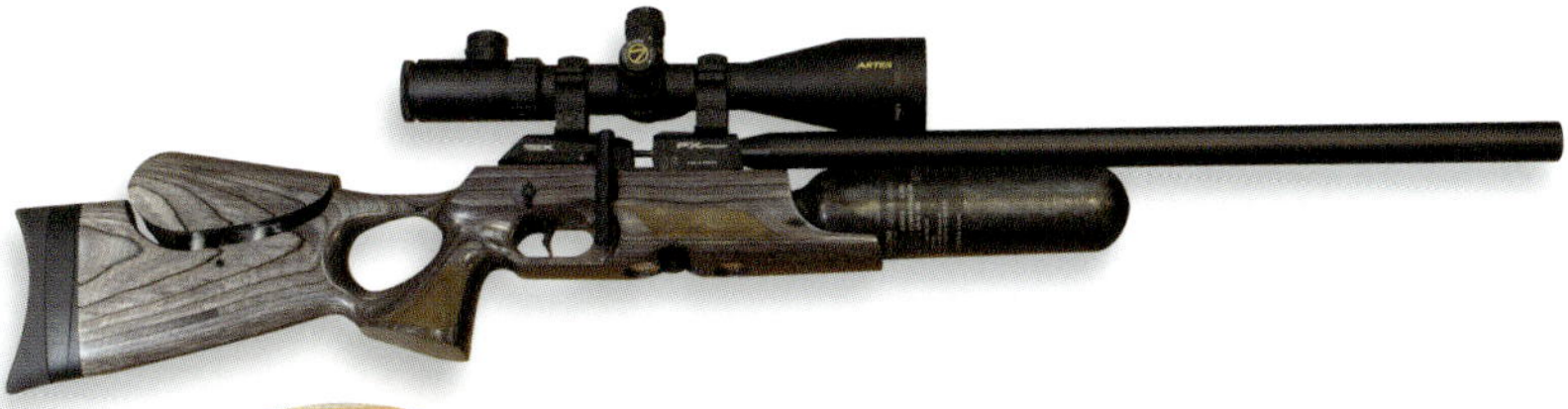

エアライフルは高威力で長射程のPCP（プレチャージ式）がおすすめだ。新品のPCPエアライフルは総じて高額だが、安い中古を買っても威力や精度に難があり、エア漏れなどのトラブルも発生しやすい。獲物をキジバトやヒヨドリといった小鳥に限定するなら、スプリングピストン式も扱いやすい

column

ハードルが高いライフル銃

日本の法律では、散弾銃を10年所持していなければライフルを所持できない。これは国土が狭い日本のような土地で、長射程のライフルを撃つと、流れ弾による事故が発生するリスクがあるからだ。

都道府県ごとに必要な狩猟税

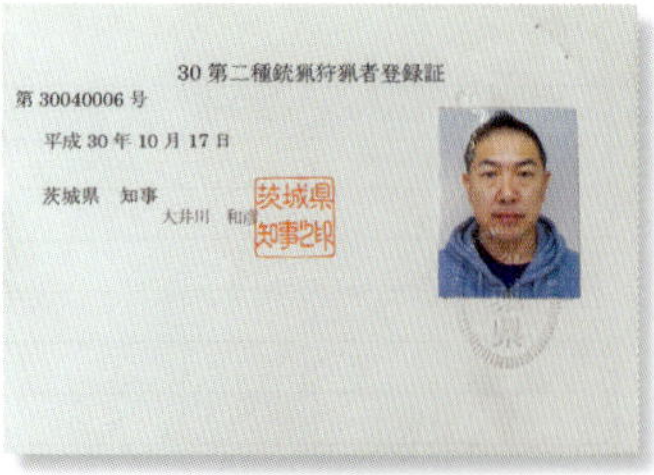

ハンターバッヂは都道府県によってデザインも違う。捨てずにコレクションで集めている人も多い

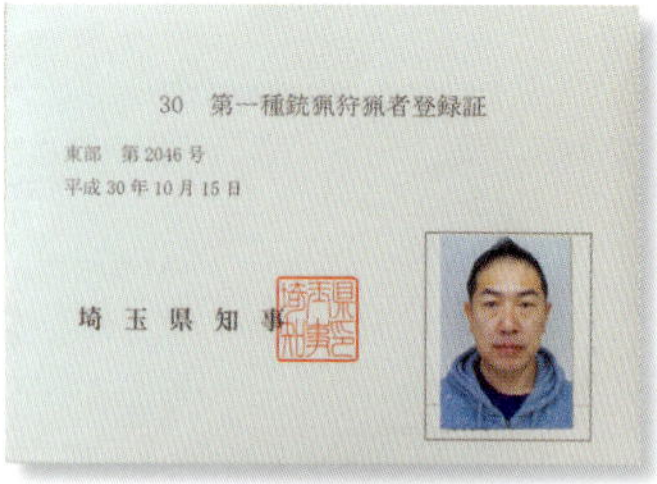

ハンターバッヂは免許区分に応じて色が違う。青が第一種銃猟、緑が第二種銃猟、赤がわな猟、黄色が網猟

猟友会に狩猟者登録を代行してもらうことも

9月ごろになると、各都道府県から当年度の「狩猟者登録」の案内が交付されるので、猟期開始から狩猟に出たい人は、早めに登録手続きを行おう。狩猟者登録の手続きは、猟期が始まってからでもできるが、狩猟ができる日数が短くなったとしても、支払う狩猟税は変わらない。渓流釣りのように〝1日券〟のような狩猟制度があればいいのだが、残念ながら日本にはない。

狩猟者登録は、狩猟をしたい都道府県に対して、狩猟したい免許区分ごとに登録する。たとえば、あなたが茨城県で第二種銃猟を、埼玉県で第一種銃猟をしたい場合、茨城県と埼玉県にそれぞれ狩猟税を支払って、別々に狩猟者登録しなければならない。もし埼玉県でわな猟もしたいのであれば、埼玉県には第一種銃猟とは別に、わな猟の免許区分の狩猟税も支払うことになる。

狩猟者登録の申請用紙は都道府県のHPから入手できる。提出する書類は全国共通……のはずなのだが、各都道府県で微妙な違いがある。提出する狩猟免許はコピー可のところもあれば、原本の提出を要求するところもある。また、提出した書類が返ってくるところもあれば、返却されないところもあるというぐあいだ。損害賠償能力を証明するものについても、都道府県によっ

狩猟者登録申請に必要なもの

1 狩猟者登録申請書

住所、氏名、生年月日のほか、狩猟免許の種類、使用する猟具の種類、狩猟をする場所などを記入して都道府県の狩猟担当窓口に提出する

2 狩猟免許

狩猟免許の原本または写しの提出が必要となるため、詳細は都道府県の担当窓口に確認

3 損害賠償能力（3000万円以上の保証が可能であること）**を証明するもの**

狩猟中の事故による損害賠償支払いが可能であることを証明する、以下のいずれかを提出

- 一般社団法人大日本猟友会の共済事業被共済者であることの証明書
- 損害保険会社の被保険者であることの証明書
- 上記に準ずる資金信用を有することの証明書（3000万円以上の資産証明書や残高証明書など）

4 写真

縦3cm×横2.4cmを２枚

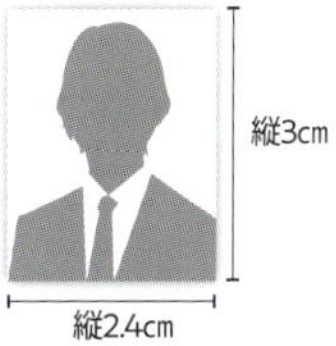

5 登録手数料・狩猟税

狩猟を行うためには狩猟区分によって、以下のような狩猟税がかかるほか、狩猟者登録にかかる手数料として別途1800円が必要。なお、狩猟税は狩猟を行う都道府県ごとに必要となる

狩猟税

第一種銃猟	第二種銃猟	わな・網猟
16500円	5500円	8200円

て提出する書類などのフォーマットが違ったりする。

こうした煩わしさを考えると、はじめて狩猟者登録をする人は、猟友会に入会して狩猟者登録を依頼するという手もある。猟友会に申請代行をしてもらえば、煩雑な書類の手続きや、保険関係の処理などをすべて代行してくれるので手間が省ける。

狩猟者登録の申請書類を送ったら、３日〜２週間ほどで狩猟者登録証とハンターバッヂ、ハンターマップなどが送られてくる。狩猟中はこの狩猟者登録証を必ず携帯し、ハンターバッヂは帽子や上着のよく見える位置に装着する。銃猟をする人は銃の所持許可証も携帯しなければならないので、防水ケースなどにまとめて入れておくといい。

ハンターになるにはいくらかかる？

初期費用＋猟具代＋毎年の狩猟登録費

実際に狩猟を開始するまで

いくらかかるのか、大まかな見積もりを表にまとめてみた。第一種銃猟の場合は、銃の購入費として、安い中古で3万円、新品で20万円と考えると、20～40万円がスタートアップに必要となる。第二種銃猟は射撃教習が必要ないが、高性能のPCPエアライフは新品で20～50万円ほどかかるため、初期コストは第一種銃猟よりも高くなる。

わな猟は狩猟免許取得だけで済むので、4万円ほどで猟を始められるが、猟具をそろえることを忘れてはいけない。わなの相場は、大型箱わなが1基10万円、小型箱わなは2万円程度。くくりわなは種類によって違うが、10基用意すれば5万円程度必要になる。ただし、わなは自作すれば費用はかなり抑えられる。

網猟で使うカモ用の大型網などは市販されていないので、自作するしかない。スズメを捕まえる無双網と呼ばれる種類の網は、3万円程度で売られている。

毎年の狩猟者登録料は、猟友会に入会しなければ1万円

第一種銃猟免許
総額164450円

狩猟免許取得費用

■狩猟免許講習会（2日間）
- 受講料……10000円　※埼玉県の場合は無料
- 講習資料……1000円

■狩猟免許試験
- 試験料……5200円
- 証明写真……500円

合計　16700円

銃砲所持許可取得費用

■初心者講習会
- 申込料……6800円
- 証明写真……500円

■教習資格認定申請
- 申込料……8900円
- 証明写真……500円※1
- 診断書……3000円※2
- 身分証明書……150円
- 戸籍抄本……450円
- 火薬譲受許可証……2400円

■射撃教習受講
- 受講料……32000円
- 弾代……3000円（75発）

■所持申請
- 証明写真……500円※1
- 診断書……3000円※2
- 戸籍抄本……450円
- 住民票……100円
- 身分証明書……200円
- 申請料……10500円

■保管
- ガンロッカー……30000円
- 装弾ロッカー……9500円

■銃
- 本体……さまざま※3
- 弾代……さまざま※4
- 火薬譲受許可証……2400円

合計　114350円（銃本体除く）

※1　1回に複数枚撮れば不要　※2　診断書の料金は病院によって異なる
※3　申請の面倒を考えると気に入った銃を買ったほうが後悔しない
※4　クレー用1発40円～、狩猟用1発250円～

狩猟者登録費用

- 市猟友会費……3000円
- 県猟友会費……5000円
- 共済金……3000円
- 狩猟登録料……18300円
- 火薬譲渡票作成費……500円
- 募金……100円
- 県猟ハンター保険……3000円
- 証明写真……500円

合計　33400円

わな・網猟免許 **総額39800円**	第二種銃猟免許 **総額89150円**
■狩猟免許講習会（2日間） ・受講料……10000円 ※埼玉県の場合は無料 ・講習資料……1000円 ■狩猟免許試験 ・試験料……5200円 ・証明写真……500円 **合計　16700円**	■狩猟免許講習会（2日間） ・受講料……10000円 ※埼玉県の場合は無料 ・講習資料……1000円 ■狩猟免許試験 ・試験料……5200円 ・証明写真……500円 **合計　16700円**
	■初心者講習会 ・申込料……6800円 ・証明写真……500円 ■所持申請 ・証明写真……500円※1 ・診断書……3000円※2 ・戸籍抄本……450円 ・住民票……100円 ・身分証明書……200円 ・申請料……10500円 ■保管 ・ガンロッカー……30000円 ■銃 ・本体……さまざま※3 ・弾代……さまざま※4 **合計　52050円（銃本体除く）** ※1 1回に複数枚撮れば不要　※2 診断書の料金は病院によって異なる ※3 中古のエアライフルは故障することも多い ※4 500発入りで3000円～4000円
市猟友会費……3000円 県猟友会費……5000円 共済金……1500円 狩猟登録料……10000円 募金……100円 県猟ハンター保険……3000円 証明写真……500円 **合計　23100円**	市猟友会費……3000円 県猟友会費……5000円 共済金……1500円 狩猟登録料……7300円 募金……100円 県猟ハンター保険……3000円 証明写真……500円 **合計　20400円**

ほど節約できる。ただし、ほかの免許区分や都道府県と併願すると、手続きや書類集めに時間と費用がかかるため、入会して代行してもらったほうが手間はかからない。

狩猟税にはさまざまな減免制度があり、狩猟をする場所を猟区（法人や団体が狩猟のために整備した区域）に限る場合は、狩猟税が1/4に減額。道府県民税の所得割の納付を要しない者（収入から所得控除を引いた額が98万円以下の人）は、第一種銃猟が1万1000円、わな・網猟は5500円に減額される。当年度に有害鳥獣捕獲に従事していた人は、狩猟税が1/2に減額。認定鳥獣捕獲等事業者や対象鳥獣捕獲員（市町村から鳥獣被害対策実施隊に任命されている人）は、全額免除される。

路上で裸の銃を持っていると違法!?

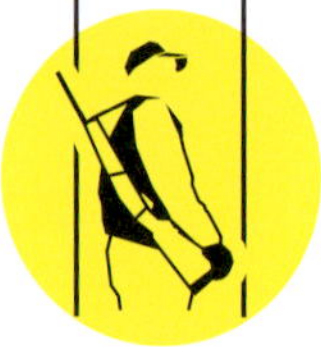

出猟前に違法行為を再度確認しておこう!

狩猟者登録証とハンターバッヂを身につけたら、いよいよ念願のハンターとしてデビューするわけだが、初猟に出かけるその前に、もう一度、狩猟に関する法律を再確認しておく必要がある。

狩猟は鳥獣保護管理法をはじめ、銃刀法や火薬類取締法など、さまざまな法律の規制を受けており、ハンターはいかなる場合もそれを厳守しなければならない。特に銃猟においては、誤射による死亡事故なども毎年のように起きているので、銃の携行や取り扱いには、細心の注意を払わなければならない。くどいようだが、初猟の前に「何が違法なのか」ということを、頭のなかで整理しておこう。

重大な法律違反は、狩猟免許や銃所持許可の取り消しだけでなく、罰金刑や懲役刑といった重い罪に問われる可能性もある。もしあなたの周囲にモラルの低い人がいれば、たとえそれが先輩ハンターであっても、勇気をもって注意してほしい。その行為によって誰かにケガさせたり、殺めたりしてしまっては、加害者、被害者だけでなく、狩猟業界全体の大きな不利益となってしまう。

狩猟において最低限覚えてほしい違反例を左表にまとめたので、ぜひ参考にしてもらいたい。

裸銃で路上を歩くのは禁止。獲物を見つけて焦る気持ちはわかるが、必ず猟場に足を踏み入れてから銃を取り出そう

これってOUT！

猟銃関連

裸銃で公道を移動する
路上で裸銃（引き金などをむき出しの状態で運搬）の状態で移動した場合、20万円以下の罰金

不適切な装填
猟場内で、射角の安全性が確保できた状態以外で、銃に弾を装填すると20万円以下の罰金

不適切な銃の保管
自宅内で銃を管理するとき、ガンロッカーに保管しないなどのずさんな管理をした場合、20万円以下の罰金

銃砲所持許可証の不携帯
20万円以下の罰金

目的のない銃の携帯
銃を正当な理由なく携帯すると、2年以下の懲役又は30万円以下の罰金。正当な理由とは、狩猟やクレー射撃、銃の修理などであり、「護身のため」や「人に見せびらかしにいくため」といった理由は、正当な理由とは認められない

所持許可を持たない者の銃の携帯
所持許可を受けていない人が、その銃を携帯した場合、5年以下の懲役または１００万円以下の罰金。これは、銃を持った人だけでなく、持たせた人も罪に問われる可能性がある

許可を受けた区分以外で発砲する
銃の所持許可を受けたときに申請した用途以外で発砲した場合、5年以下の懲役または１００万円以下の罰金

火薬類関連

火薬類の不適切な管理
猟銃用火薬類を違法に所持、譲渡、廃棄等した場合、1年以下の懲役または50万円以下の罰金

鳥獣保護法関連

狩猟者登録証、狩猟者記章の不携帯
狩猟者登録証、狩猟者記章を携帯せずに狩猟を行うと、30万円以下の罰金

狩猟禁止区域での狩猟行為
鳥獣保護区や休猟区、銃禁エリアでの銃猟、公道上での発砲、狩猟が禁止・制限されているエリアで狩猟鳥獣を捕獲した場合、1年以下の懲役または50万円以下の罰金

密猟行為
狩猟鳥獣以外を捕獲、または発砲するなどの捕獲を試みる行動（たとえ獲れなくても）をした場合、1年以下の懲役または１００万円以下の罰金

運行中の乗り物からの発砲
5ノット以上で航行中のモーターボートや、運行中の自動車からの発砲は1年以下の懲役または50万円以下の罰金。ちなみに、自動車は車庫から出た時点で運行中とみなされるため、停車していてもＮＧ

禁止猟法
キジ笛やとりもち、毒物、爆薬、落とし穴などを併用して銃猟を行った場合、6カ月以下の懲役または50万円以下の罰金

ナイフ関連

刃渡り6㎝以上の刃物の携帯
刃渡りが6㎝を超える刃物を、業務その他正当な理由による場合を除いて携帯していた場合、2年以下の懲役または30万円以下の罰金。たとえ狩猟中であっても、たとえば腰にナイフをさしたままコンビニに入るなどした場合、正当な目的のない所持と判断されてしまう

刃渡り6㎝以下の刃物の携帯
刃渡りが6㎝以下のバードナイフのような刃物であっても、目的がなく持ち歩いていた場合、拘留または科料

デジタル簡易無線機を活用する

山に数人で狩猟に出かけるとき、特に巻き狩りをするときに必ず持っておかなければならないのが、無線機（トランシーバー）だ。無線機は携帯電話とは違い、範囲にいる人全員に同時に音声が届くため、獲物が出たという情報を知らせる際などに重宝する。また、携帯電話は電波塔からの電波が届く範囲でしか通信できないことが多いが、無線機は機器自体から強力な電波を発するため、どんな山奥でも使用可能だ。

狩猟ではアマチュア無線機が最も多く利用されているが、現実的には運用方法を遵守したアマチュア無線機の利用は難しい。これまでは〝おめこぼし〟に近い状態で放置されてきたが、近年の電波需要の高まりもあり、違法無線の取り締まりは確実に強まっている。

そこでおすすめするのが、デジタル簡易無線機だ。これは〝簡易〟という名の通り、アマチュア無線機の複雑なルールや規制に関係なく使うことができる。たとえば、アマチュア無線機は使用に際して「アマチュア無線従事者免許」という資格が必要だが、デジタル簡易無線機は免許が必要なく、総務省に1年間の利用料（600円）を支払えば自由に使うことができる。

また、アマチュア無線機は情報を発信する際に「こちら○○、応答願います」のようにコールサインのあと、相手からの応答があったら会話を始めるというルールだったが、デジタル簡易無線機にそんなルールはないので、「イノシシが出た！」といきなり会話を始めることができて便利だ。

第3章

狩猟のカタチ

Chapter 3

散弾銃猟、エアライフル猟、
くくりわな猟、箱わな猟……。
狩猟の方法はいろいろあるが、
自分に向いているのは
どんな猟法なのだろう?
それを知ってもらうために、
9つの〝狩猟のカタチ〟を
紹介しよう。

狩猟のカタチ

01

巻き狩り

人間と犬のチームワークで獲物を追い込み 猟果はメンバー全員で分け合う

[三重県・三重県猟友会尾鷲《おわせ》支部]

初心者ハンターにとって、「巻き狩り」というグループ猟は狩猟の基本を覚えるのにうってつけの方法だ。ハンターにとって必須となる山歩きの知識から、獲物の痕跡の探し方、銃を扱うマナーやルール、獲物の解体など、実戦を通して先輩ハンターから学ぶことができる。

先輩ハンターから狩猟のイロハを学べる

オオカミなどの肉食動物は、狩りの方法を親や仲間から学んで成長する。これは人間もしかりで、狩猟の方法は学ばなければ身につかない。狩猟免許や銃の所持許可は、ただの〝ライセンス〟であり、狩猟の能力を認定するものではない。

ハンターがグループ(猟隊)を組んで狩猟を行うスタイルは、「巻き狩り」と呼ばれる。これは猟隊を勢子《せこ》とタツマのふたつに分け、勢子は山の中を動き回って獲物を追い立て、タツマは追い立てられた獲物を銃で捕獲する。獲物の種類はイノシシやニホンジカ、ツキノワグマといった大型獣で、ひと昔前まではウサギの巻き狩りもよく行われていた。

ここで紹介する三重県猟友会尾鷲支部の猟隊をはじめ、多くの猟隊が勢子として使うのが猟犬だ。猟犬は獲物を見つけると声高に吠えながら追い立てるので、ハンターはその声を頼りに逃げてくる獲物の位置などを把握することができる。

猟隊のルールはその地域性や、猟場となる山の地形によって千差万別だ。獲物を待ち伏せするポイント、仕留めた獲物を解体する場所などは、猟隊の先輩ハンターから学び取るしかないし、それが猟の基本を覚える近道でもある。

猟隊はひとつだけでなく、複数の猟隊に所属してもいい。最近はSNSを通じて、新しい猟隊が結成されるケースも増えているので、自分に合った猟隊が見つかるまで、いくつか参加してみるのもいいだろう。

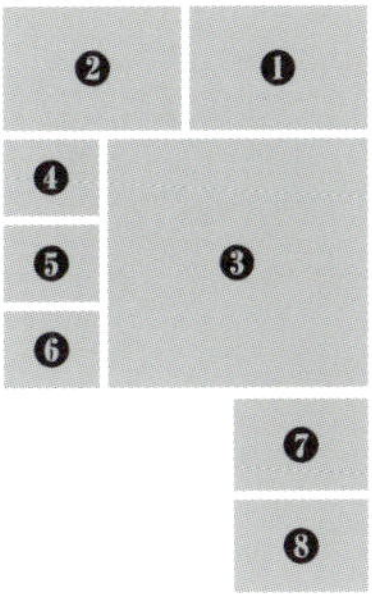

❶木の陰に潜み獲物を待つタツマ。手にするのはライフルを代表する名銃ブローニングAボルト ❷「獲物が出たぞ！ イノシシだ！」無線から連絡が入り、猟犬が吠えながら近づいてくる ❸「タァン！」猟犬に追われ山を猛スピードで下るイノシシに、一発の銃弾が命中した ❹100kg近くあるイノシシを山から引き出す。力仕事は若手が中心になって行う ❺山の中では解体できないので、きれいな水を汲める近くの沢へ獲物を運ぶ ❻沢の水に浸けて獲物の体温を下げる。体温が残ったままだと腐敗が進行しやすいからだ ❼屠体をよく冷やしたら解体を始める。ベテランハンターの指導のもと、獲物をばらしていく ❽収穫は 山分けが基本。狩猟採取の時代から変わらない平等分配が狩猟の原則だ

狩猟のカタチ

02

大型箱わな

地元の農業被害を減らしたい！ クラウドファンディングも活用する若き集団

［佐賀県・嬉野狩部《うれしのかりぶ》］

地方の人口減少が進み、野生動物と人間のパワーバランスが崩れた結果、農林業への食害や交通事故など、野生動物と人間のあいだでトラブルが続出している。そんな状況を打開すべく、最新の技術を駆使して鳥獣保護管理に取り組む若者たちが注目を集めている。

狩猟を楽しみながら地元にも貢献する

本来、野山に生息する野生動物たちは、人間のテリトリーである農地や林地に入ってくることはなかった。しかし、急速に進む少子高齢化、過疎化によって、農林業の担い手が不足し、耕作放棄地も増え続けている。

自然界と人間界の境界があいまいになった結果、野生動物が農林業地へ侵入するケースが激増し、野生動物による農業被害は、いまや全国的な社会問題となっている。

そんな農家が困っている状況を見かねて、有害鳥獣対策に立ち上がったのが、佐賀県嬉野市の太田政信さんだ。自身も地元の農家出身という太田さんは、有害鳥獣対策の専門家として、自作の箱わなを近隣の農地に設置して、農地に出没したイノシシの捕獲を行っている。

もちろん、こうした捕獲には人手、時間、そしてカネもかかる。太田さんは捕獲したイノシシに国と市から支払われる捕獲報奨金と、箱わなの販売などで活動資金を捻出する一方で、クラウドファンディングも活用した。「地元の農林業を守りたい」という思いに共感した人たちから集まった資金は、箱わなの様子を遠隔で確認できるトレイルカメラの購入に充てたそうだ。

さらに太田さんは、初心者ハンターや地元で狩猟に興味を持つ人たちを集めて、「嬉野狩部」という狩猟サークルを立ち上げた。現在、メンバーは10名ほどで、女子が過半数を占める。そのひとりが、佐賀市在住の

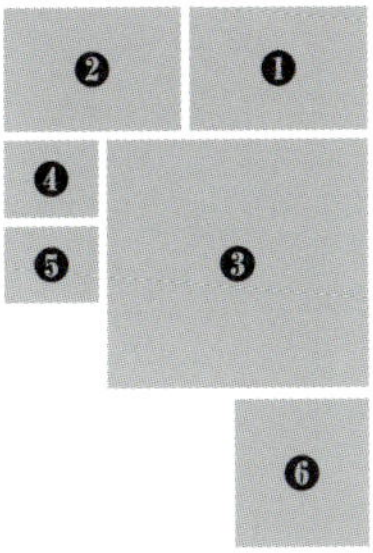

❶嬉野狩部が活動する佐賀県嬉野市。平地では米、山地で茶を生産する農業地帯だ　❷嬉野狩部代表の太田政信さん。実家は茶農家で、現在は夫婦で有害鳥獣対策事業を行っている　❸佐賀市在住の福島扇子さん。狩猟の基本を学ぶために、休日は嬉野狩部でわな猟の指南を受ける　❹嬉野狩部の箱わなはすべて手づくり。溶接のやり方なども太田さんが細かく指導し、自分の箱わなを完成させる。単純そうだがイノシシの突撃にも耐える頑丈な設計でなければならない　❺完成したマイ箱わなに満足げな福島さん　❻新米ハントレス（女性狩猟者）の初出猟に密着！　嬉野狩部の箱わなは、軽トラに収まるサイズだ

あらかじめ下調べをしておいた場所に、箱わなを設置する。有害鳥獣対策を兼ねるため、設置場所は被害が出ている農地に近い、イノシシが好む薄暗いヤブの横が多い

福島扇子《みこ》さんだ。以前から狩猟に興味はあったものの、なかなか踏み出せずにいたが、嬉野狩部の活動をYou Tubeで知り、すぐに参加。2018年秋にわな猟の免許を取得し、念願の箱わなデビューを果たした。

嬉野狩部では、箱わなの制作や仕掛け方の指導をはじめ、狩猟に関する情報をYou TubeやSNSなどを通じて発信。多くの人に狩猟の現実を知ってもらう活動を展開している。

獲物を獲り、食べるだけが狩猟ではない。自然界で野生動物と人間が住み分けるためのバランスをとるのも、狩猟の重要な役割だ。そんな大役を担う若きハンターたちの活動に、期待したい。

column

クラウドファンディングで12台のIoTトレイルカメラを購入

嬉野狩部では箱わなの見回り用にIoTトレイルカメラを活用している。これはSIMカードを利用して自動的に撮影した写真をパソコンに転送する仕組みになっているため、自宅にいながらわなの状況を確認できるのだ。嬉野狩部では、このIoTトレイルカメラの購入資金をクラウドファンディングで募り、予定額を上回る112万円もの資金を集めた。狩猟にIoTを活用するという新しい取り組みを、応援したい人が想像以上に多かったということか。

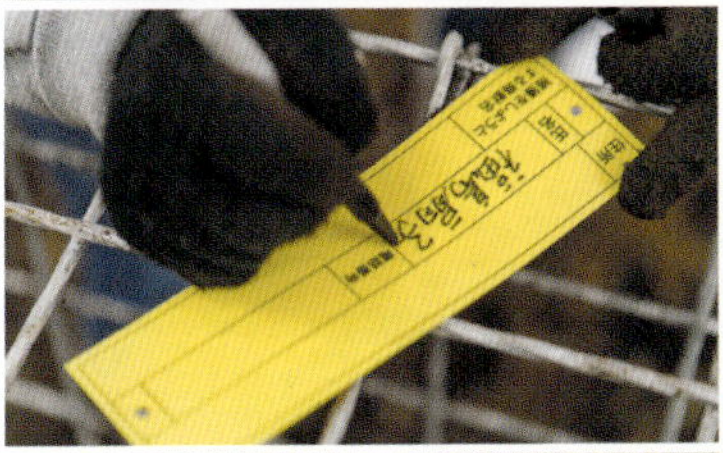

❼獲物に警戒心を与えないように箱わな下部を地面と同化させる。通称〝ベッドメイキング〟 ❽大型箱わなのギロチン扉。箱わなが溶接で歪んでいると扉がうまく落ちない ❾撒き餌には廃米を使用。最初は箱わなの入口付近に撒いて警戒心を解く ❿福島さんの友人の西川彩菜さんが手伝ってくれた ⓫設置が完了すると、記念写真をパチリ ⓬準備が整ったら標識に自分の名前と連絡先を記入する。わなに獲物がかかっていたときに、連絡を受けるためだ ⓭わなにかかったイノシシの止め刺しは新米にはまだ荷が重いため、まずは太田さんのやり方を見て覚えていく

狩猟のカタチ
03
狩りガール

自分の腕と技術で獲物を仕留め 銃猟の奥深さを極める女子

[東京都・阿佐ヶ谷みなみさん]

いま、狩猟をする女性が増えている。その最も多い理由が、ジビエ料理への興味といわれる。それまでは「食べること」にまったく興味がなかったのに、狩猟によって「食のおもしろさ」に目覚める。そんな逆説的な漫画家のリアルが、若者にウケている。

"食べる"ことっておもしろい!

〝山ガール〟ならぬ〝狩りガール〟と呼ばれる女性狩猟者の数が増え続け、1978年度をピークに減り続けていた大日本猟友会の会員数にも、歯止めがかかったという。古くは女人禁制といわれた狩猟の世界にも、いま新たな波が押し寄せつつある。

そんな狩りガールたちが狩猟をする最大の動機が、「ジビエを食べたい」というものであり、ジビエがきっかけで狩猟の世界にハマってしまったのが、マンガ家の阿佐ヶ谷みなみさんだ。最初はマンガの参考資料として銃が欲しかったが、日本の法律では「参考資料」という目的で銃を所持することはできないため、しかたがなく狩猟免許を取って銃猟を始めることにした。

もともと偏食が激しく、夕食も菓子パンひとつで済ますほど食に興味がなかったが、はじめて食べたジビエに衝撃を受けた。自分で苦労して肉を得て、それを食べる。シンプルな行為だが、そこにはスーパーに並べられた肉を買うのとはまったく異なる〝食のドラマ〟が凝縮されていた。

動物を殺して食べるという行為を、どのように受け止めるのか、人それぞれ意見があるだろう。しかし、彼女は銃猟を通して知った「食べるおもしろさ」を、自身の持つ表現力によってマンガという形にして昇華させ、多くの人から支持を集めている。これも間違いなく、ひとつの狩猟のカタチといえるだろう。

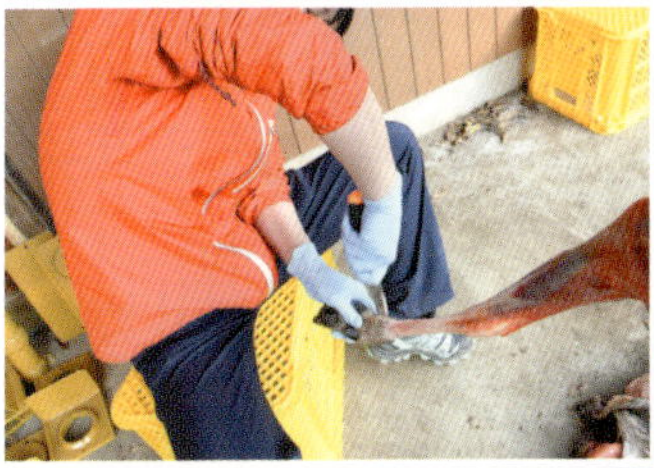

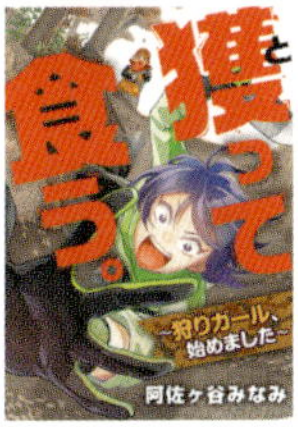

©阿佐ヶ谷みなみ／アムコミ

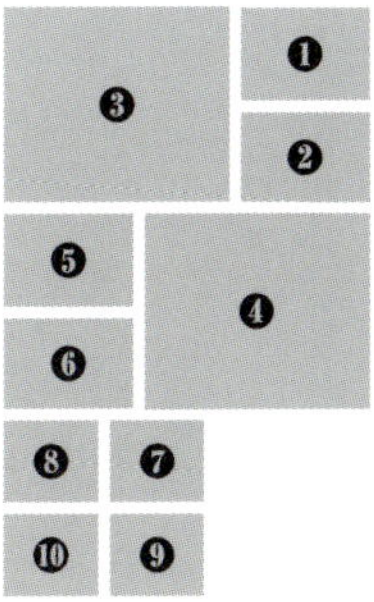

❶東京都あきる野市在住。猟場は車で1時間ほどの距離にある檜原村　❷今日は忍び猟スタイル。愛銃はレミントンM1196　❸軽量な銃なので女性でも扱いやすい　❹一人で回収が難しいときは、ご主人に手伝ってもらうことも　❺シカの皮を慎重に削いでいく　❻銃を撃つ瞬間よりも解体をしている時間が好きだとか　❼上着ポケットには銃砲所持許可証が　❽暖かなオレンジ色のニットを愛用　❾ジビエ料理を漫画で紹介　❿阿佐ヶ谷さんの作品『獲って食う。』（アムコミ）

狩猟のカタチ 04 くくりわな

動物との知恵くらべに勝つ！ 週末はわな猟師に変身するサラリーマン

［福岡県・佐藤隆之さん］

平成27年度には銃猟者の人口を抜き、狩猟免許所持者のなかで最も多くなったのが、わな猟だ。免許を取ったものの一度も実猟に出たことがない「ペーパーハンター」も増えているといわれるが、サラリーマンが仕事と狩猟を両立させるコツを探った。

週末だけのハンターも工夫すれば難しくない

わな猟にペーパーハンターが多い理由は、ふたつある。ひとつは仕掛けていい場所がわからないこと。もうひとつが、毎日の見回りが大変だということだ。自宅の裏にわなを仕掛けられるような住環境や、退職して時間に余裕がある人なら話は別だが、わな猟を想像以上にハードルが高いと感じる人も少なくない。

ここで紹介する佐藤隆之さんは、〝9時5時〟で会社勤めをしながら、休日だけわな猟を楽しむサラリーマンハンターだ。猟法はくくりわな専門。前述した大型箱わなは設置に場所をとるため、農地など広い土地を提供してもらわなければ設置は難しい。

しかし、佐藤さんが扱うくくりわなら設置や撤去が簡単なので、ちょっと農家にお願いして、農地の隅に仕掛けさせてもらうこともできる。

さらに、佐藤さんは仕事で見回りができない日は、わなに安全装置をかけておくという工夫をしている。これにより平日はわなに獲物がかからないため、見回りにいく必要がない。休みはカレンダー通りなので、金曜の仕事帰りに安全装置を解除し、週末はまたわな猟師に変身する。

わな猟は銃猟に比べて資格取得のハードルは低いが、場所や時間の制約が大きい猟法だ。しかし、佐藤さんのようにくくりわなを使い、仕掛け方などを工夫すれば、仕事と狩猟を両立させて楽しむことも、充分可能なのである。

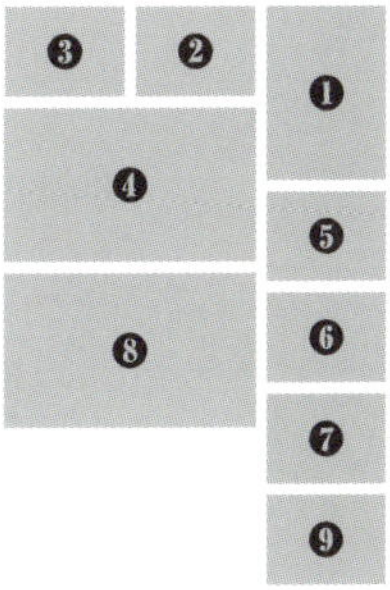

❶段差の下はくくりわなの好ポイント　❷使用するトリガーは踏板式と呼ばれるタイプ。塩ビ管の大きさに合わせて穴を掘る　❸獲物がトリガーを踏むとバネが起動し、ワイヤーが獲物の足を締めあげる　❹くくりわなを仕掛けた場所は、落ち葉などで入念に隠す　❺米ぬかを撒いて獲物をおびき寄せる　❻法定の標札以外に、わな設置の注意を喚起する張り紙を独自に掲示　❼平日はトレイルカメラを仕掛けて猟場を観察　❽止め刺しした獲物を運ぶ　❾解体場所は近くの沢。骨つきのままクーラーボックスで持ち帰り、精肉作業は自宅のキッチンで行う

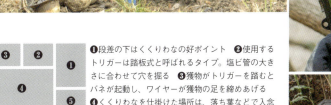

狩猟のカタチ

05

鳥流し猟

鳥がいそうな場所を求めて ハンターマップ片手に駆け巡る

［埼玉県・佐藤一博さん］

大都市圏に暮らし、車も持っていないという人が狩猟を始めるには、いかにして狩猟に関する負荷を低減できるかがポイントになる。都市近郊の猟場を舞台に、発射音も小さなエアライフルという銃を使えば、都会に住みながら気軽に狩猟ライフを楽しめる。

近所で気軽にバードハンティング

都心暮らしでも楽しめる狩猟としておすすめなのが、エアライフルを使った鳥流し猟だ。キジやキジバト、ヒヨドリといった狩猟鳥は、郊外の雑木林や畑近くのヤブといった、人里近くに多く生息している。このような猟場へのアクセスならば、たとえ車がなくても電車やバスで移動できるし、バイクや自転車で回ることだってできる。

そんな猟場で扱いやすいのが、エアライフルだ。大きな拍手程度の発射音しかしないので、猟場近くに人家があっても、散弾銃のように発砲音への気兼ねもない。ひと昔前までは「子どものおもちゃ」とバカにされていたが、近年は大型の鳥を一撃で仕留めるほど強力なものも登場している。

エアライフルハンターの佐藤一博さんは、埼玉県加須市で銃砲店を経営するかたわら、エアライフルの猟場案内を無償で行っている。のんびりドライブをしながら猟場をめぐり、キジやカモがいれば撃つ。そんなエアライフルの猟は、散弾銃やライフルのように山奥まで出かける必要がないし、わな猟のように見回りのための時間的拘束もない。

「店では散弾銃やライフルも取り扱っていますが、売れる銃のほとんどはエアライフルで、お客さんは都内在住の人が多いですね」と佐藤さん。都会暮らしだから狩猟は無理と思うのではなく、近所を少し観察すれば、きっと素晴らしい猟場が見つかるはずだ。

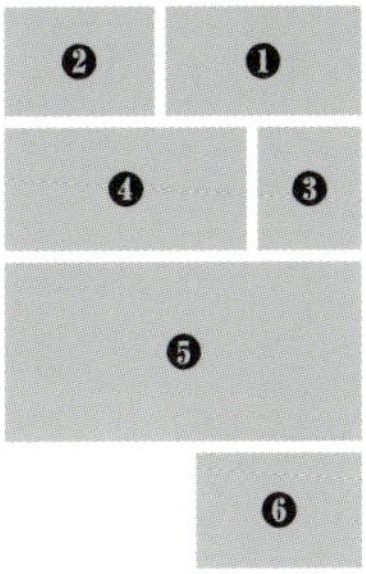

❶加須市周辺には用水路や畑のヤブなど、絶好の猟場が多い ❷エアライフルは空気圧を利用して金属弾を発射する ❸流し猟では銃にしっかりとカバーをかけること ❹FXクラウン5.5㎜。100m先の1円玉を撃ちぬく精密性をもつ ❺人里近くの猟場は誤射される心配がないので普段着でもOK ❻都会近くでもキジが潜んでいる場所は多い。まずは身近にある猟場を探してみよう

狩猟のカタチ 06

シカ待ち猟

シカ笛で獲物を呼び寄せ自然の一部となってひたすら待つ

［東京都・杉 拓也さん］

銃猟には「コール」と呼ばれる笛を吹いて獲物をおびき寄せ、銃で仕留める猟法がある。野生動物の鳴き声を上手にマネるテクニックだけでなく、そのとき獲物がどのような心理状態なのかを推理する、イマジネーションも必要となる。

呼び寄せるコツはオス鹿になりきること

シカ待ち猟のひとつであるコール猟とは、動物の求愛声（ラッティングコール）や、敵を追い払うための鳴き声（モビングコール）を笛で吹き、近寄ってきた獲物を銃などで仕留める猟法だ。日本ではキジやヤマドリに使うことは禁止されているが、カモやカラス、特にニホンジカのコール猟が有名だ。

シカのコール猟は、発情期が始まる猟期の始めに、山でオスジカの求愛声を吹いて、オスジカを呼び寄せる。この時期のオスジカは、メスジカのまわりで1年に1回しかない交尾のタイミングを待っているので、自分が狙っているメスの近くでほかのオスの求愛声を聞くと、「オレの女に手を出すつもりか⁉」と、追い払うために近寄ってくるのだ。

山梨県でシカのコール猟を楽しむ杉拓也さんは、その極意を「シカの心理を想像すること」だという。シカ笛を「オレのほうがいい男だぜ！」という気持ちで力強く吹くことで、それを聞いた獲物のオスジカが、「何だと！オレのほうこそ！」と鳴き返してくる。

次にナイフで木を強くこすり、あたかも角を研いで臨戦態勢に入っているような音を出す。ここまで挑発されては相手も黙っていられない。「ケンカなら買ってやる！」とばかりに飛び出してきたオスジカは、どこにもライバルの姿が見えずにキョトンと立ちつくす。あとは照準を定めて引き金を落とすだけだ。

❶シカ待ち猟の際の杉さんの装備には、寝袋も ❷大木の陰に隠れブラインドをかぶる。移動するときはオレンジベストに着替える ❸愛銃はミロクMSS-20。精密射撃を可能にするボルト式散弾銃だ ❹コールは3回を3セット吹く。鳴き返しがなければ近くにオスジカはいないので、場所を変える ❺鳴き返しがあったら、相手をさらに挑発する。角を研ぐように木をナイフでこする ❻興奮したオスジカは騙されたと悟るまで棒立ちになるので、焦らずに狙いを定める ❼ディアコール。シカの鳴き声に合わせて吹き方の音節を変える

狩猟のカタチ 07

わなシェアリング

わなの設置から獲物の解体まで 会員同士が〝猟〟をシェアする

［東京都・LIFE DESIGN VILLAGE］

「狩猟を体験してみたい」「狩猟に興味はないがジビエを食べてみたい」といった、狩猟を取り巻く多様なニーズに応える活動として、全国的に盛り上がっているのが「わなシェアリング」の取り組みだ。多くの人が参加できるユニークな猟のスタイルとは？

最も古くて新しい狩猟のスタイル

わな猟免許を取得し、猟具をそろえ、狩猟者登録をし、わなを仕掛けたら毎日見回りをする。獲物が獲れたら車に乗せて運び出し、解体を行う。わな猟を始めるには、それなりの手間と費用がかかるわけだが、狩猟に必要な各要素を分解し、メンバー全員で分担するというのが、東京都のライフデザインビレッジが主催する「わなシェアリング」の活動だ。

わなシェアリングで使用するわな（くくりわな、箱わな）は、メンバーでお金を出し合って購入し、時間のある人がわなを仕掛けて見回りをするというのが基本。わなは銃とは違い、所持に許可が必要ないため、他人と共有しても問題ない。また、わな猟免許は持っていないが、ジビエには興味があるといった人は、解体だけを手伝い、その分け前としてジビエを手に入れることもできる。もちろん獲物の解体に、狩猟免許は必要ない。

ほかにも狩猟を見学したい人や、毛皮なめしをしたい人、わなをかける練習をしたい人など、参加している人の目的はさまざまだ。

わなシェアリングはまったく新しい狩猟のスタイルとして注目されているが、よく考えてみると、狩猟を役割分担するという狩猟のスタイルは、原始的な共同体がやっていたのと同じ。つまり、わなシェアリングは人間本来の原点に戻った、古くて新しい狩猟スタイルなのである。

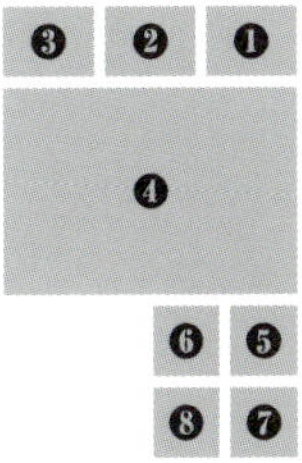

❶この日はメンバーで猟場の下見。アテンドするのは、あきる野市在住の小川岳人さん ❷トレイルカメラでわなを仕掛けるポイントを調べる ❸わなを仕掛ける作業も分担する。免許を持っていない人は穴掘り係だ ❹獲物をみんなで山から運び出す ❺わなシェアリングにはベテランハンターも在籍。初心者ハンターは見学して学べる絶好の機会だ ❻解体場所はスタッフの自宅の軒下。免許を持っていなくても解体は可能 ❼みんなで火を囲んで獲った肉を食べるのは、DNAに刻まれた人間の喜びそのものだ ❽わなシェアリングでは狩猟だけでなく、ジビエ料理大会なども開催している

狩猟のカタチ

08

鳥忍び猟

獲物の姿を発見したら 身を低くしてそっと忍び寄る

［東京都・大谷岳史さん］

カモ猟のひとつに、エアライフルによる遠距離狙撃がある。池や湖に浮かぶカモを見つけたら、焦らずゆっくりと狙いを定める。このとき獲物に気づかれても問題ない。なぜならカモたちは、まさか何十mも離れた場所から弾が飛んでくるとは思ってもいないからだ。

美味なる肉を求めて スナイパーになりきる

銃でカモを仕留める方法には3通りある。ひとつ目がカモから見えない位置から散弾銃で奇襲する方法。ふたつ目が野池や川に囮となるカモやデコイを浮かべて、カモが寄ってくるのを待つ方法。そして3つ目が、カモが油断している距離からPCP（プレチャージ式）と呼ばれる長射程・高威力のエアライフルで狙撃する方法だ。

　東京都世田谷区でフレンチビストロを経営する大谷岳史さんは、エアライフルで鳥を狙うシェフハンターだ。店では国内で仕入れたシカ肉やイノシシ肉を取り扱うが、キジやキジバト、カルガモといった国産の野鳥をあまり取り扱っていなかったため、自分の手で食材を集めるべく、狩猟の道に入ったという。

　忍び猟のコツは、とにかく冷静に行動すること。鳥の視力は人間よりもはるかに優れているため、まったく気づかれずに近づくのは不可能だ。気づかれてもかまわないので慎重に行動し、カモが警戒して飛び立つ限界の距離（フライトディスタンス）まで近づいていく。距離が決まったら最も安定した姿勢で銃を構え、弾の距離による落下（ドロップ）と、風の影響（ドリフト）を読む。エアライフルは飛ぶ相手には当てられない銃なので、発砲はワンチャンス。

　冷静さを保つ心と、正確な照準をつける銃の腕で、スナイパーと化して遠距離狙撃を成功させる。

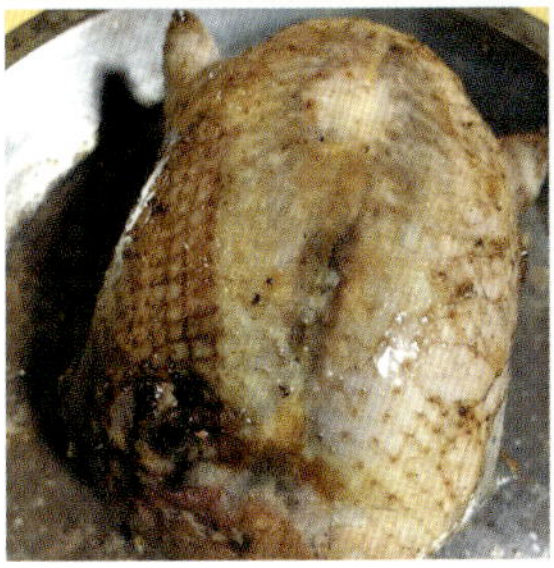

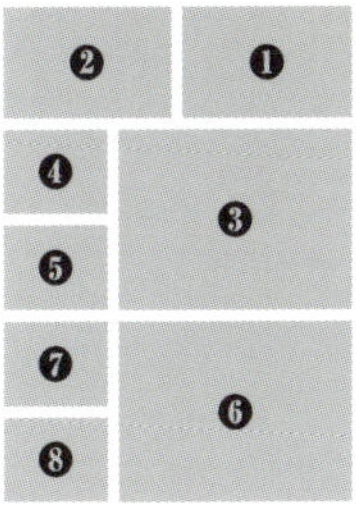

❶カモ類は見分けがつきづらいので、必ず双眼鏡で狩猟鳥であることを確認する　❷獲物の警戒心が薄まる距離まで移動。散弾銃が届かない距離でも、エアライフルなら充分射程距離だ　❸しっかりと腰を据えてエアライフルを構える。愛銃はハッサン・ノヴァ 5.5㎜　❹獲物に飛ばれなければ勝機はある。慎重に射角が取れる位置に移動する　❺カモ以外にキジバトやキジといった鳥も同じ要領で仕留められる　❻大谷さんが経営する『レ・シュヴルイユ』では、冬の時期はジビエ料理も提供　❼野鳥の味は養殖物にくらべ、味も香りもまったく違うという　❽捕獲したカモはロティしてサルミソースで。大谷さんの得意料理だ

狩猟のカタチ

09

シカ流し猟

軽トラックで移動しながら シカの姿をひたすら探す

［福岡県・東雲輝之さん］

なぜ狩猟を続けるのか？　その答えはさまざまだ。ジビエを食べたくて続ける人、銃が好きで続ける人、自分の農地を守るために狩猟を続ける人……。そして「獲物との出会いが楽しい」という理由で狩猟を続けているのが、本書の監修者・東雲輝之さんだ。

たとえ獲れなくても狩猟の時間に満たされる

狩猟の魅力は獲物との出会いにあるという東雲輝之さんにとって、愛車の軽トラックで林道を流しながら獲物を探す流し猟は、大好きな猟法のひとつだという。動物の気配を感じたら静かに車を停め、山道を歩いて獲物の痕跡を探る。獲物との出会いがあればうれしいが、たとえなかったとしても、冬山の冷えた空気と木漏れ日を浴びるだけで、不思議と心は満たされる。

「ふと油断した瞬間、なにげなく後ろを振り向くと、シカの白い尻がカサカサッとヤブのなかに消えていくことも。悔しさと同時に次こそはという思いがこみ上げてきて、それが狩猟を続けるモチベーションになっています」

昔から海釣りが趣味だったが、海水温が低下する1月ごろは魚が釣れないため、代わりに狩猟でもやってみようと思い立ち、狩猟免許を取った。

「海釣りでは、見たこともないような魚が釣れるたびに、それを観察し、調べ、味を確かめました。毒針に刺されたり、指を噛まれたり、食中毒を起こしたこともありましたが、それを差し引いても未知なる魚との出会いと新しい発見は、日常生活にはない感動を与えてくれました」

こうしたスタンスは、いまもまったく変わっていない。猟果を得ることはさほど重要ではなく、狩猟でも海釣りでも、自然のなかで獲物と出会うことこそが、最大の楽しみなのだと東雲さんは言い切る。

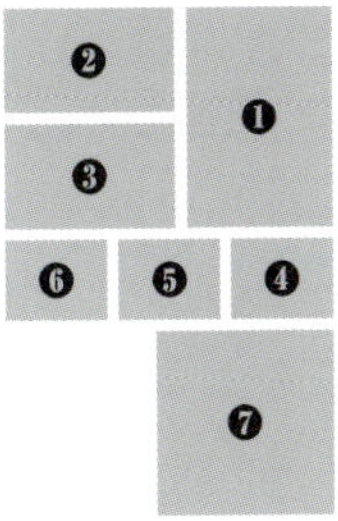

❶愛車はオレンジ色のハイゼットジャンボ ❷今日流すルートをチェックする ❸運転しながら林間を双眼鏡で観察する ❹イノシシのヌタ場を発見した ❺シカの角研ぎ跡。このあたりはシカが多いようだ。次の猟期はコールを吹いてみるのもアリ？ ❻低木の葉の表面に乾いた血痕を発見。ほかのハンターに負わされたのだろうか ❼カメラマンが後方でシカの群れを発見。すぐに駆けつけたがすでに姿はなかった。残念！

撃ち落とした鳥の回収方法

早朝の静寂に包まれる水辺にゆっくりと近づき、仲間の合図とともに一斉に飛び出す。驚いて飛び立とうとするカモの群れ。そこに散弾銃を「ドン!ドン!ドン!」と浴びせかける。そこには銃声の残響と、撃ち落とされたカモたちの姿が。この間わずか10秒ほど。カモ猟はスピーディーでスリルあふれる狩猟スタイルだ。

　しかし、カモ猟はこれで終わりではない。撃ち落とされて水辺の彼方に浮かんでいるカモを、どうにかして陸に引き上げなければならない。

　カモの回収方法で最も一般的なのが、釣竿を使う方法だ。通称〝カモキャッチャー〟と呼ばれる方法で、釣り竿に傘状の針をつけて水に浮かぶカモめがけて投げ、引っかけて回収するというものだ。「ギャング針」と呼ばれるカワハギやフグ釣り用の針を使えば、1000円程度で自作できる。

　伝統的なカモの回収方法としては、レトリーバー犬を使役するというやり方が有名だ。この犬種は撃ち落とした水鳥を回収（レトリーブ）するために生みだされた猟犬で、冷たい水のなかでも耐えられる長い毛と、水面に落ちた獲物を瞬時に判断する目のよさ、また、くわえた獲物を噛み潰したりしない気性の優しさを兼ね備えている。その優秀さから、ゴールデンレトリーバーを家庭犬として飼う人も多い。

　森のなかにある野池などでは、釣竿を振り出すことができないこともある。そんな場所ではラジコンボートを使って回収を行う。〝ラジコンレトリーバー〟とも呼ばれるこの道具は、ラジコンボートの後ろに小さな釣り針をつけて、トローリングをするようにボートを操作し、水面に浮かぶカモを引っかけるわけだ。

　野池は水草が多いため、針が引っかかってボートが自走できなくなることも多いので、ラジコンボートはいざとなったらあきらめがつくくらいの金額のものを購入しよう。

　最終手段として、人間が寒中水泳さながらに取りにいく〝人間レトリーバー〟という方法もなくはない。ただし、仕留めた獲物の価値と、冬の冷たい池に飛び込む危険を比較して、あくまでも自己責任で行うしかない。

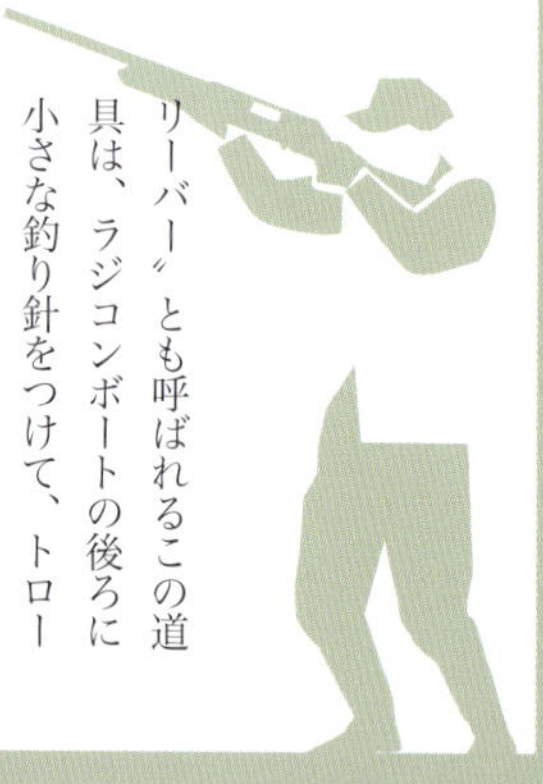

第4章

銃猟の基本

Chapter 4

自分の腕一本で
獲物を仕留める銃猟は、
ハンティングの醍醐味が
凝縮している猟法だ。
銃の種類と仕組み、
安全に扱うためのルール、
射撃の基本姿勢など、
銃猟のポイントを解説する。

狩猟に使えるのは猟銃・空気銃のみ

	散弾銃	ライフル銃	サボット銃	エアライフル銃
長所	発射する弾のタイプが変更できるので、どんな獲物にも対応できる	遠距離から精密射撃が可能	散弾銃と同じ扱いで遠距離から精密射撃が可能	空気圧または炭酸ガス圧を利用するので発射音が静か
短所	射程距離が短いので、獲物に近寄る、あるいは近寄らせる工夫が必要	散弾銃かサボット銃を10年所持しなければ所持できない	ショットシェルに比べて弾の値段が高い	大型獣にはパワー不足
射程	散弾は5 ～ 30m、スラッグ弾は50m	～300m	～100m	～100m
ターゲット	スズメからヒグマまですべての狩猟鳥獣が狙える	イノシシ、シカ、クマに限る（これら以外を撃つのは違法）	おもにイノシシ、シカ	おもに鳥類、または中小型哺乳類
弾のタイプ	ショットシェル	ライフル弾	サボットスラッグ弾	ペレット
備考			法律上の名称は「散弾銃及びライフル銃以外の猟銃」、通称はハーフライフル銃だが、本書ではサボット銃と記載する	

狩猟だけに特化した銃 それが猟銃

狩猟に使われる猟銃は、軍隊や警察で使われる武器とは大きな違いがある。まずひとつ目が、猟銃は武器の銃よりも威力が強い。意外かもしれないが、軍隊や警察の銃は、敵兵や犯人を無力化するのが目的なので、強力すぎると相手を殺してしまう。対して狩猟は、明確に獲物を殺すことが目的なので、威力が弱すぎると仕留めきれずに「半矢」で逃がしてしまう。これはハンターとして恥ずべき失態だ。

そしてふたつ目が、秘匿性を失くしている点だ。武器としての銃は、拳銃のように小型で隠しやすくできているが、猟銃は自然のなかで使うものなので隠して持ち歩く必要がない。逆に隠しやすいと、犯罪などに使用される危険性を高めてしまう。

3つ目は連射ができないことだ。武器としての銃は敵を抑制するために連続して弾を撃つが、狩猟では獲物は逃げていくので、連射性能があってもあまり意味がない。むしろ、はずれた弾が流れ弾となって、ほかのハンターに当たる危険も生まれる。

このように、猟銃は武器としての銃とはコンセプトがまったく異なるため、日本の銃所持許可制度では、狩猟目的では猟銃に分類される銃と、空気銃しか所持できないことになっている。

銃の各部名称

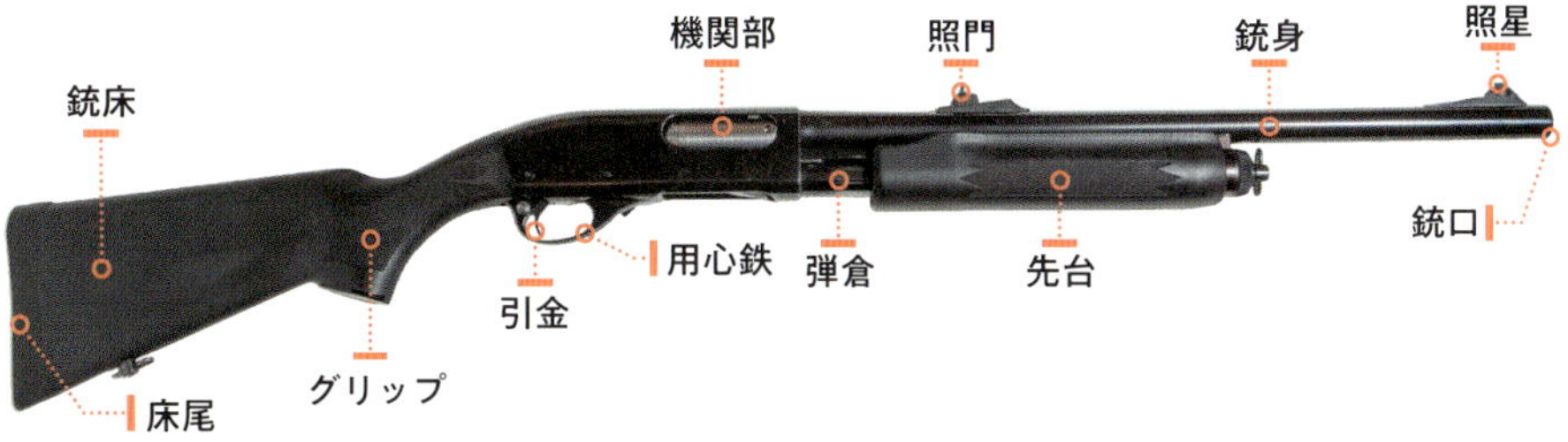

所持できない（猟銃として認められていない）銃器

1 仕込み銃などの変装銃

2 危害が発生するような欠陥のある銃器

3 連続自動撃発式の銃器

4 一定以上の装弾を装填できる弾倉のある銃器

散弾銃：弾倉に2発までは所持可

ライフル銃・空気銃：弾倉に5発までは所持可

5 口径の大きい銃器

	ライフル銃	散弾銃	空気銃
一般の銃器	10.5mm超	12番超	8mm超
トドやクマを捕獲するための銃器	12mm超	8番超	×

6 銃の全長または銃身が短い銃器

	猟銃	空気銃
銃器の全長	93.9cm以下	79.9cm以下
銃身長	48.8cm以下	×

7 消音装置がついている銃器

大型の獣から鳥まで狙える万能銃

詰められるものなら何でも発射できる

猟銃のなかで、最も一般的なのが散弾銃だ。この銃の最大の特徴は、銃に詰め込めるものなら何でも発射できるという点。もともとは不安定な船上や馬上で、砂や小石を詰めて相手に浴びせかけるラッパ銃（ブランダーバス）という銃がそのルーツ。それが貴族たちの鳥撃ち銃（フォーリンピース）として改良され、現在の銃身が長く、銃床が張り出した散弾銃というデザインにたどり着いた。

散弾銃に詰めるものはさまざまだ。まず、砂のように小粒な金属球を詰めて撃ち出せば、群れるスズメなどの小鳥を大量に撃ち落とすことができる。小指の先程度の大きさの金属球を詰め込めば、イノシシやシカといった大型獣をも仕留めることが可能だ。

詰める弾は金属だけとは限らない。岩塩や小石、花の種を詰めることもできる。このように、散弾銃は弾の大きさや種類を獲物によって使い分ける万能性を持っており、左図のように散弾銃のデザインは、用途によっていろいろなタイプがある。

ただし、散弾銃には「射程距離が短い」という大きな短所がある。よって散弾銃を使った狩猟では、獲物との距離をいかにして縮めるかということが、戦略を考える大きなポイントとなる。

有効射程と適正区間について

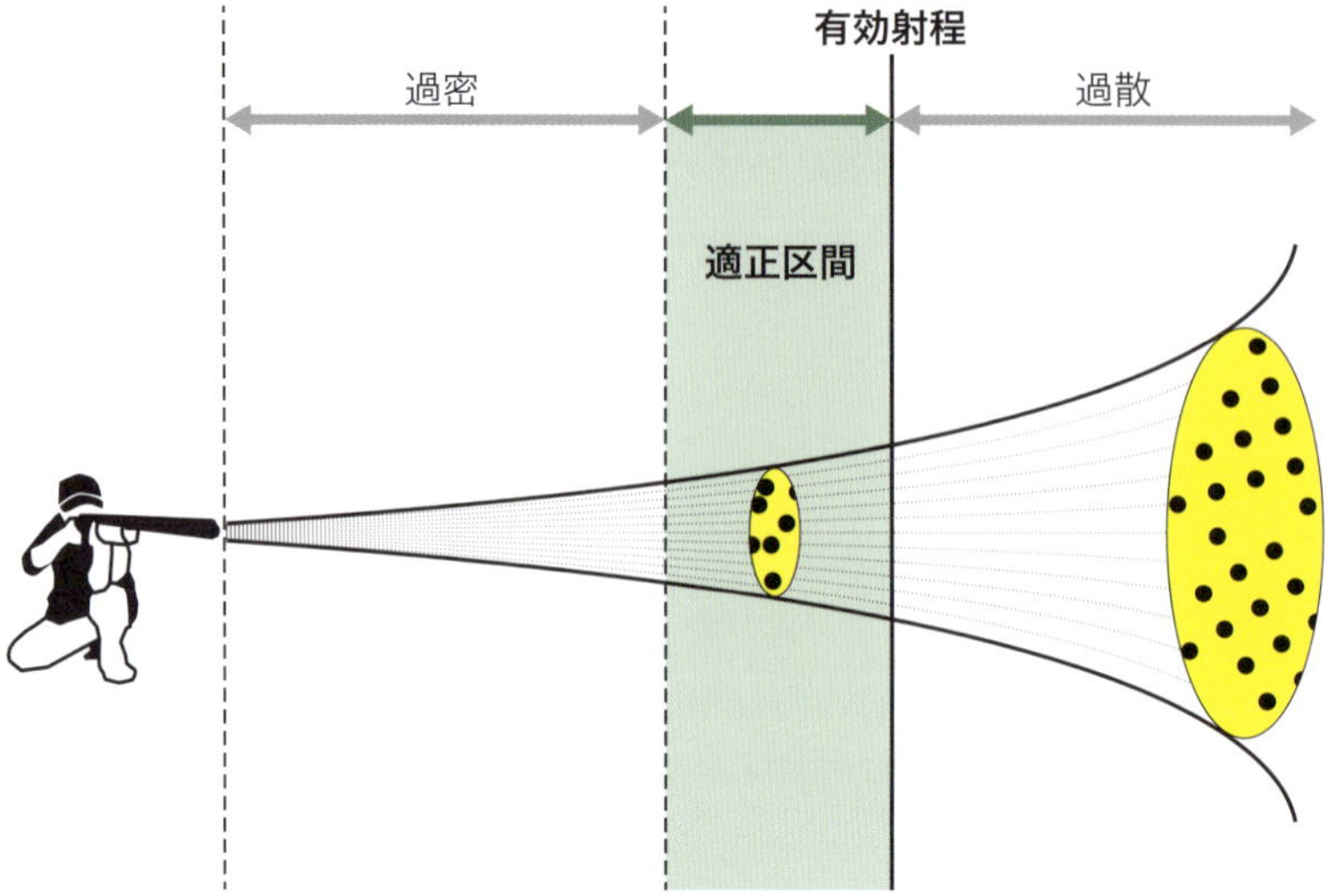

散弾銃から発射されたショットは、ワッズに入った状態で飛び、1mぐらいするとワッズ（樹脂で軽い）からショット（鉛で重い）が分離して大気中にショットが拡散されていく。このときチョークのしぼりが強いとワッズの口も絞られるので、放出されるショットが収束して飛ぶ。よって遠くの獲物に弾をたくさん当てることができる。ただし、獲物が近すぎると弾が収束しすぎているので、ダメージが大きくなり肉もダメになる

散弾銃のタイプ

上下二連式（単引き）

デザイン：銃身が上下に2本くっついており、それぞれにショットシェルを込められるようになっている
長　所：閉鎖不良（ジャム）と呼ばれるトラブルがない
短　所：扱いに慣れていないと2発目が発射できない回転不良を起こす

水平式二連式（両引き）

デザイン：銃身が左右に2本くっついており、それぞれにショットシェルを込められるようになっている。紳士の御用達といえばこのタイプ
長　所：閉鎖不良がない。引き金が2本あるタイプは回転不良もない
短　所：照準が正面にあるので左右の銃身で着弾点が微妙にずれてしまう。道具的というよりも美術品的な価値観があるので値段が高い

セミオート（半自動式）

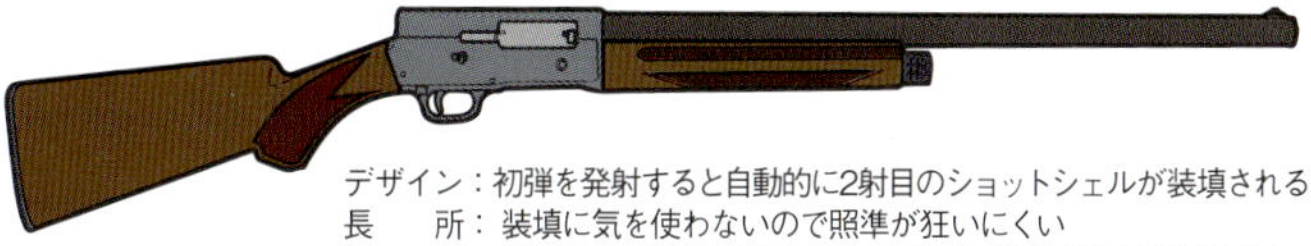

デザイン：初弾を発射すると自動的に2射目のショットシェルが装填される
長　所：装填に気を使わないので照準が狂いにくい
短　所：整備不良の場合、ほかのタイプと比べて閉鎖不良の確率が高くなる

ポンプアクション（手動式）

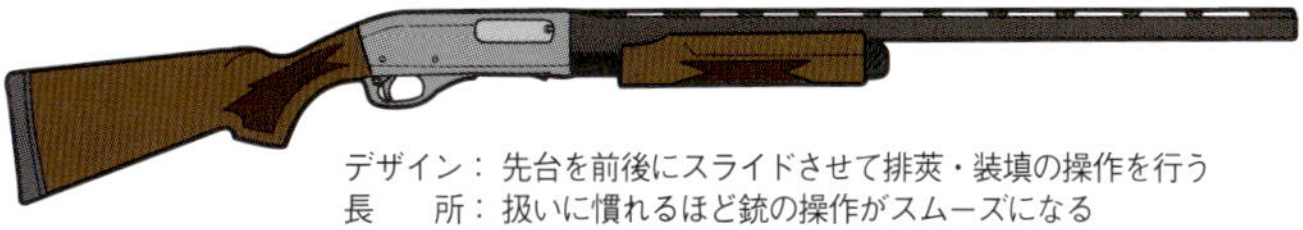

デザイン：先台を前後にスライドさせて排莢・装填の操作を行う
長　所：扱いに慣れるほど銃の操作がスムーズになる
短　所：装填動作で先台を動かすと狙いが微妙にブレてしまう

ボトルアクション式

デザイン：ポンプ式と同じくマニュアル操作。手元のレバーで排莢・装填の操作を行う
長　所：つくりが堅牢で発射時のブレが少なく、精度の高い射撃が可能
短　所：1発1発グリップから手を放してレバーを操作しなければならないので、連射速度は最も遅い

獲物に合わせて弾を使い分ける

散弾実包の仕組み

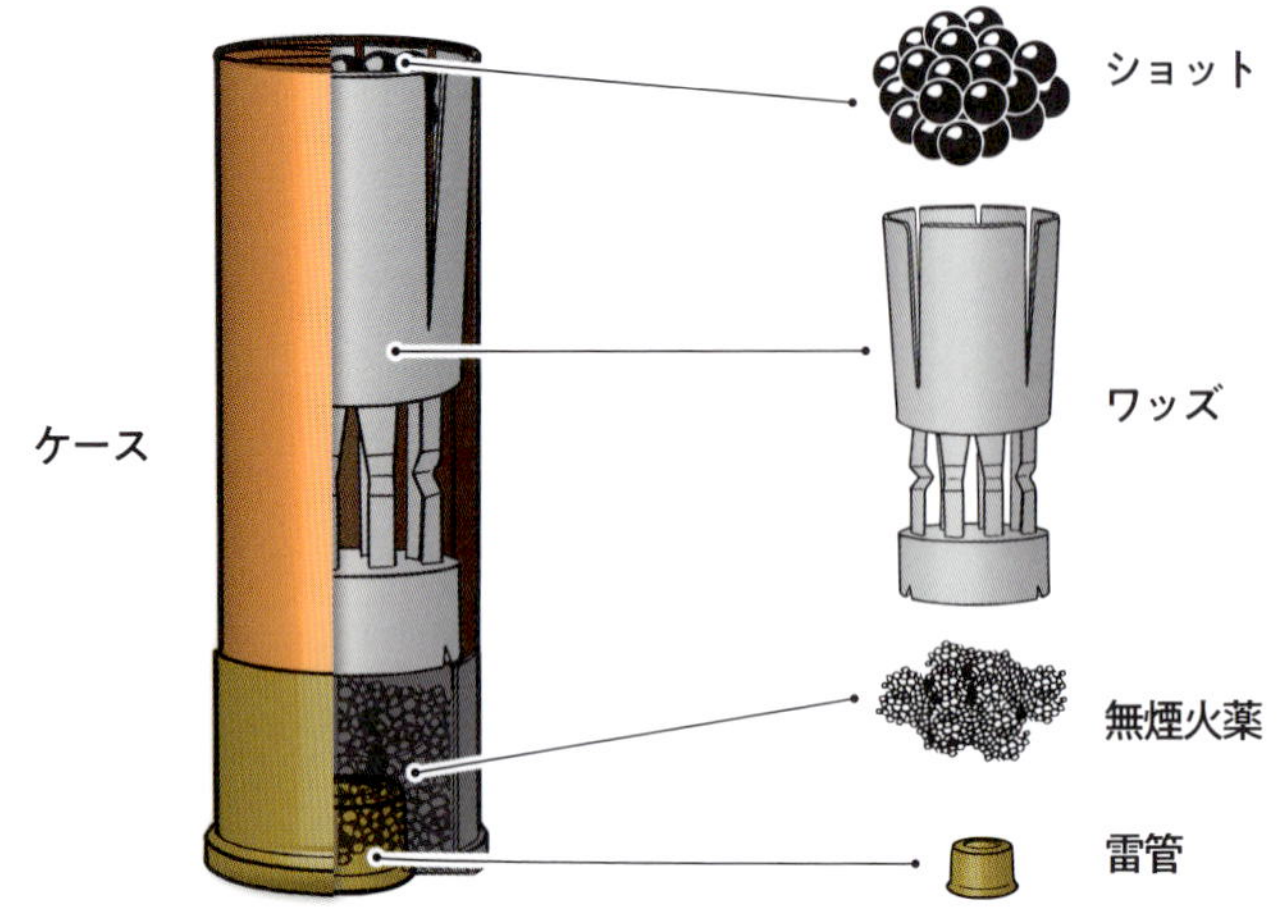

銃のトリガーを引くと撃鉄（ハンマー）が勢いよく撃針を叩き、撃針が実包の雷管を打つ。雷管の中には“かんしゃく玉”のような、衝撃により火花を発生させる化学物質が入っており、この火花が火薬に着火して燃焼ガスが発生する。燃焼ガスは急激に体積を膨張させて、ショットを銃口へと押し出していく。このとき高熱の燃焼ガスによって弾が溶けないように、ワッズと呼ばれる栓、または容器を間にはさむ

散弾実包の種類もいろいろある

散弾銃は詰める弾を変えることにより、小鳥から大型獣までさまざまな獲物を狙うことができる。しかし、急に飛び出してきた獲物を見てから、弾や火薬を銃に込めていたのでは、獲物に逃げられてしまう。そこで、現代の散弾銃は「散弾実包（ショットシェル）」と呼ばれるものを込める構造になっている。

散弾実包とは、発射する弾（ショット）と火薬、火薬に着火するための雷管がセットになったもので、実包がなかった時代には、火縄銃のように銃口から弾と火薬を詰めなければならなかった。実包の登場は、銃の歴史における偉大な発明といわれている。

散弾実包は中に詰める弾の種類だけでなく、ケースの大きさや太さにも違いがあり、散弾銃の形状によって適合するものを使わなければならない。まずケースの太さは、12番、20番、410番と呼ばれる3種類がおもに流通している。現在、世界中で最もよく使われている口径は12番だが、女性や山の中を歩き回るスタイルのハンターは、反動の小さい20番を使うことが多い。

実包の長さは2・3/4インチが日本では主流だが、3インチの少し長いタイプもある。これは通常のタイプよりも火薬をたくさん詰められるため、マグナムケースと呼ばれる。

散弾実包径のケースサイズの違い

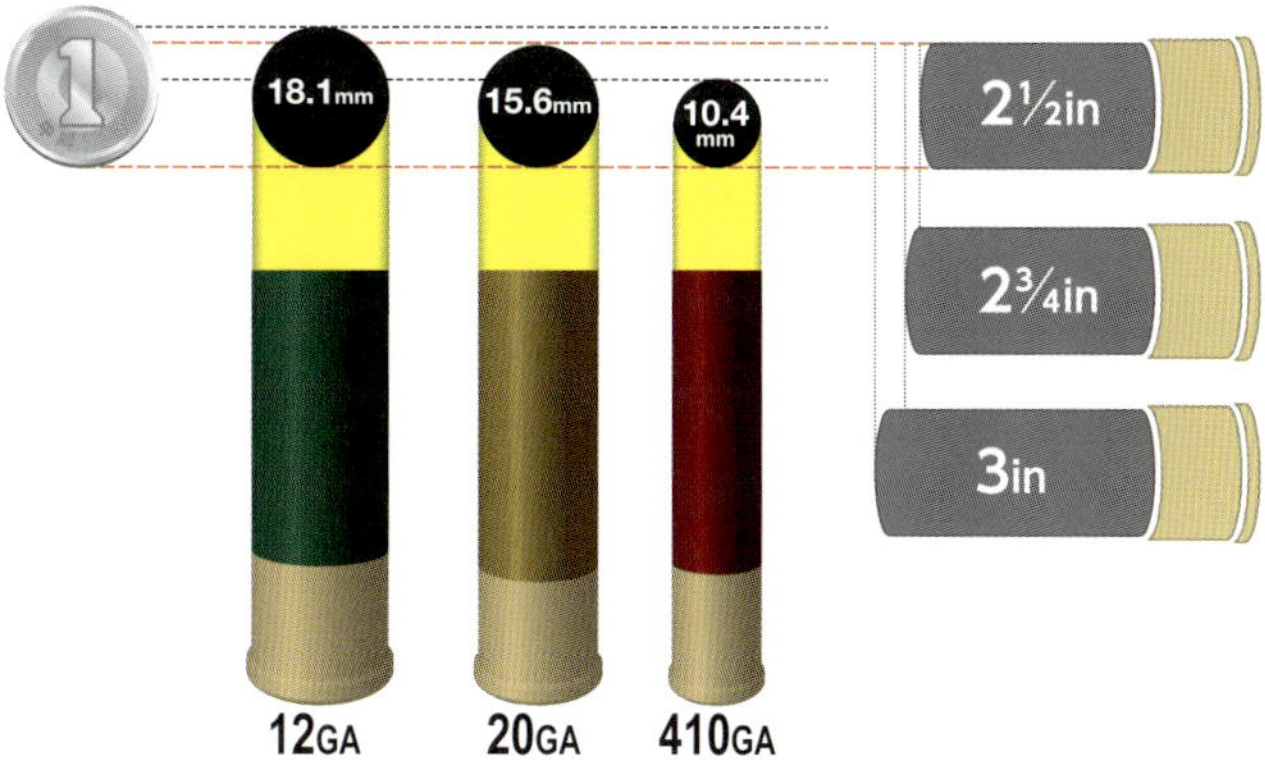

410番 スラッグ実包	20番 スラッグ実包	20番 散弾実包	12番 スラッグ実包	12番 散弾実包	12番 サボット実包

散弾実包の種類

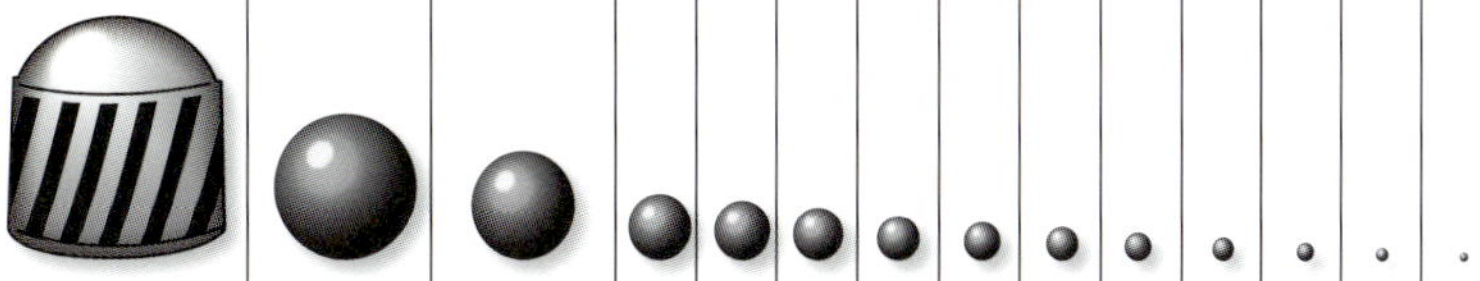

名前	スラッグ	OOB	BB	1号	2号	3号	4号	5号	6号	7号	7½号	8号	9号	10号
通称	一粒弾	バックショット		バードショット										
最大到達距離	約700m	515～340m		315 ～275 ～ 235 ～ 225 ～ 195m										
獲物の目安	イノシシ・クマなどの大型動物	シカなどの中型動物		カモやキジなどの大型鳥類						ヒヨドリやハトなどの小型鳥類				

遠距離から狙える大物猟に適した銃

ライフル銃は遠距離を狙う銃なので、銃にスコープを乗せることが多い。また機関部がシンプルで、発射時のブレが少ないボルト式が一般的だ

photo by baku13(cc by-sa-2.1)

銃身を通過する弾は、内部に刻まれた螺旋（ライフリング）に噛み合って回転が加えられる。原理はベーゴマと同じだ

ライフルの弾は発射時の空気抵抗を抑えるために細くつくられており、ライフリングに噛み合わせるために、0.01mm単位で決まっている

サボット銃なら初心者でも所持できる

ライフル銃は、銃腔内部にライフリングと呼ばれる螺旋の溝が掘られた銃で、弾はこの溝に沿って回転が加えられて発射される。回転している弾はジャイロ効果（回るコマが倒れない原理）によってまっすぐ飛んでいくため、ライフル銃はライフリングをもたない散弾銃にくらべると、はるかに優れた精密性を持っている。

ただし、ライフル銃は散弾銃のように弾の自由度がない。弾が小さいとライフリングと噛み合わなくてすっぽ抜けてしまうし、弾が大きすぎるとライフリングを通過せず詰まってしまうからだ。つまり、ライフル銃はその銃に適合する専用の弾を薬莢に詰めて、使用することになる。

本来、ライフル銃はヒグマやゾウ、オオカミといった、反撃してくる危険性が高い獲物に対して効果を発揮する猟銃だが、日本にはこのような危険な獲物が少ないことや、森林が多く見通しが悪いといった理由から、ライフル銃を使うメリットが薄い。

そのため、ライフル銃は散弾銃を10年以上所持していなければ、所持できないと決められている。初心者はライフル銃を持てないが、「ハーフライフル銃」という銃腔内の半分にライフリングが施された高精度な大物猟向けの銃なら、1年目からでも所持できる。

ライフル銃による精密射撃は、射撃姿勢だけでなく、獲物が急に動いても焦らない精神力も必要になる

column

ライフル弾の自作

ライフル実包には細かな点で違いがあるため、適合品がなかなか手に入らなかったりすることも。そこで、薬莢、火薬、弾、雷管をバラバラに購入して、自分で組み立てるハンドローディングがよく行われる。ただし、火薬量や弾の重さなどは実包ごとに厳密に決まっているので、もし火薬量が多すぎたり、弾が軽すぎたりすると、銃が壊れたり弾が正確に飛んでいかなかったりすることもある。

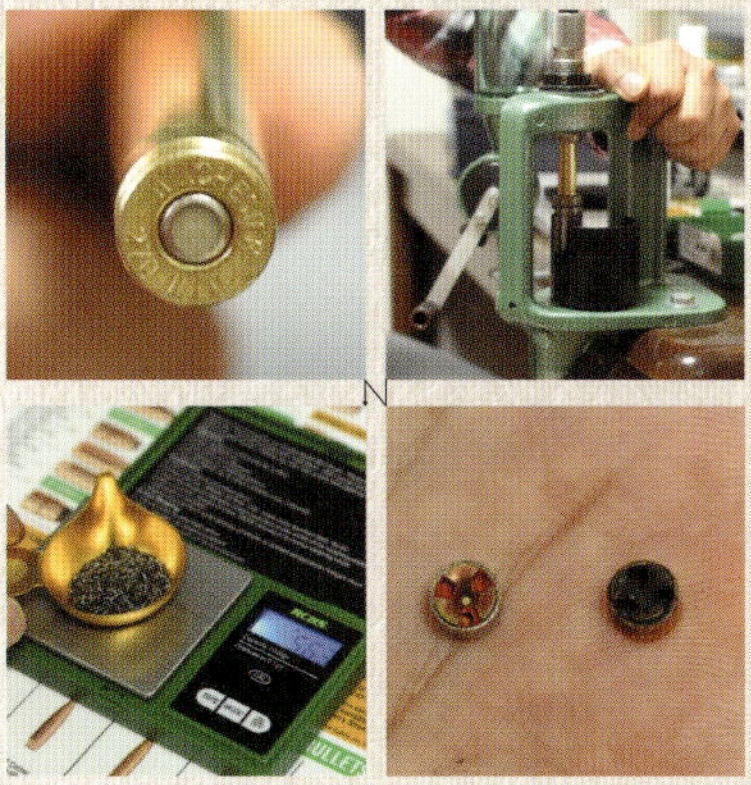

ライフル実包には細かなサイズ違いなどを含めて何百もの種類がある。薬莢の微妙な形の違い、詰める火薬の量や質、弾頭の重さなどによって精密性が大きく変化する

実包は弾倉(マガジン)に収納する。弾倉下部にはバネが仕込まれており、発射するたびに次の弾が薬室内に送られる

国内で流通しているライフル銃の弾倉は5発まで充填することができる。薬室に1発入る分をあわせると、最大で6連射することが可能だ

保管や持ち運びのルールを厳守

道路上ではかならずカバーをかぶせておく

銃を所持するハンターは、銃の携行と保管に特に注意しなければならない。銃はその姿だけで人に恐怖感を与えるため、原則として人目につく場所で出すことは禁止されている。狩猟する場所への行き帰りは銃をケースにしまい、狩猟中の移動の際も銃に布製のカバーをかぶせて携行する。

このケースやカバーは、たとえ周囲に人や車がいなくても、道路上ではかぶせておかなければならない。法律上は道路から一歩でも出れば、カバーをはずしていいが、周囲

歩行時

たとえ道路幅が2～3mの場所でも、道路上を移動するときは銃にカバーをかぶせる。カバーは折りたたんでポケットに入れられる布製がおすすめ

運転時

車で猟場を見て回る流し猟であっても、車内では銃にカバーをかぶせる。むき出しのまま後部座席や助手席に置いてはいけない

に人の姿や車などが見える場合は、マナーとしてカバーはかぶせておくべきだ。

　自宅で銃を保管する場合は、銃はガンロッカーに、弾は装弾ロッカーに入れて施錠する。このとき銃はなるべく分解しておき、取りはずしができるボルトなどの重要な部品は、鍵をかけられる引き出しなどに別途保管するといい。これは万が一銃が盗難した場合でも、すぐに悪用されるのを防ぐためだ。

　ガンロッカーと装弾ロッカーの鍵は、かならず自分自身で管理しなければならない。あるハンターの家に警察官が銃の保管状況の検査にきたとき、「ロッカーの鍵はどこにしまったっけ?」と妻に尋ねて、違反となってしまったケースもある。

ガンロッカーと装弾ロッカー

銃砲所持許可の銃選びのときに、あわせてガンロッカーも購入する。設置場所はクローゼットや押し入れなど、家族の目にもつきにくい場所を選ぶ

装弾の運搬量の上限

バス

実包・空包：50発

列車

実包・空包：200個
雷管・薬莢：400個

航空機

実包：5kg
（弾数ではなく火薬量で計算）
※受託手荷物としてあずける
※現地銃砲店で購入するのが一般的

船舶

無炸薬実包、装薬薬莢、空砲：
合計 200 個以内
実包（猟用・スポーツ用）：
400 個以内
無煙火薬と黒色火薬：
1 kg以内

column

銃とわからない状態で持ち運ぶ

　狩猟者のなかには、銃をギターケースや釣り竿ケース、ゴルフバッグなどに入れて持ち運ぶ人も多い。これは、一般人に恐怖を与えないためだけでなく、自衛の目的もある。世の中には狩猟や銃に対して否定的な意見の人もいるため、たとえ違法なことをしていなくても、銃の姿を見ただけで「不審者がいる」と警察に通報する人もいたりするからだ。せっかくの休日の楽しい時間を、警察の事情聴取というトラブルで台なしにされないためにも、こうして工夫することで自己防衛しているハンターは少なくない。

発射音や発射時の反動も少ない銃

主流のプレチャージ式の仕組み

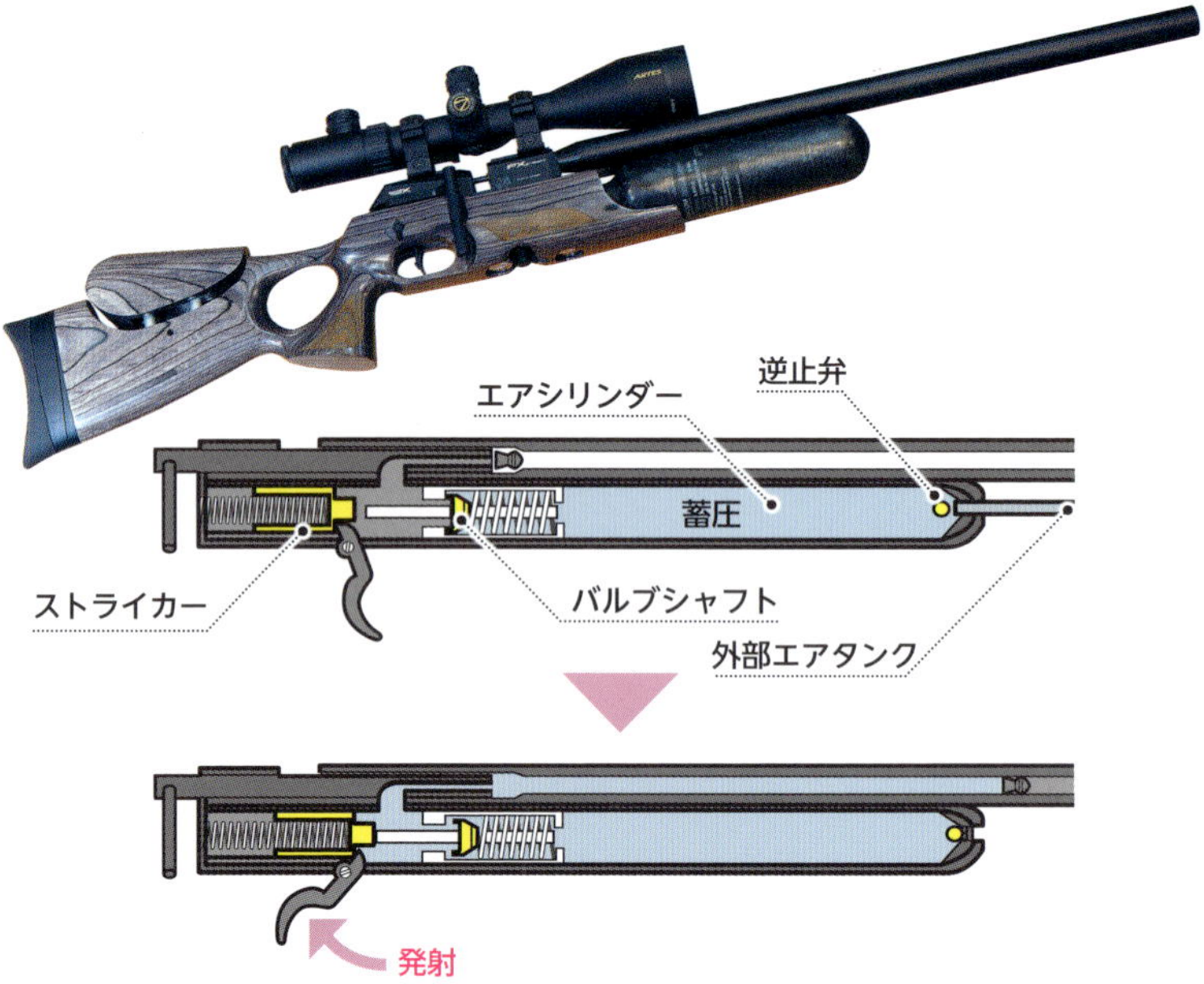

技術の進歩によって復活を遂げた空気銃

狩猟で使える銃には、猟銃のほかに空気銃がある。「空気銃」というと、ベテランハンターのなかには「あれはスズメやハトしか獲れないよ」という人もいまだに多いが、空気銃はこの十数年で目覚ましい復活を遂げた、とても〝新しい〟銃なのである。

空気圧で金属弾を飛ばす空気銃の誕生は、15世紀とかなり古い。近世以前、当時主流だったマスケット銃は、発射時に発生する大量の煙と火種の問題に悩まされていた。それにくらべると空気銃は、反動が少なく、連射力に優れ、発射音が静かだった。さらに馬上でも容易に扱えたことから、一時期は装薬銃に代わる兵器として、戦場で活躍したこともあった。

しかし、19世紀末に火薬や雷管、実包の登場などで装薬銃の性能が飛躍的に向上すると、20世紀には「空気銃は男の子のおもちゃ」という扱いにまで凋落してしまった。

その後、プラスチック素材の改良や、精密金属加工技術の向上といった技術革新によって、空気銃はその威力や精度を飛躍的に向上させることに成功。さらに、もともとあった静音性や低反動性という長所がそのまま引き継がれているため、現在は狩猟用空気銃（エアライフル）として、みごとに復活を果たしている。

エアライフル銃のタイプ

プレチャージ式

特　　徴： 銃本体にあらかじめ充填された空気を小出しにして発射する

充填方式： 手動ポンプ（自転車の空気入れのようなもの）、またはスキューバダイビング用のエアボンベから分け入れる

長　　所： 高威力・高射程で、現在のエアライフル銃の主流になっている

短　　所： 値段が高め。手動ポンプでは15 t 以上の空気を充填しなければならないので作業が大変

スプリングピストン式

特　　徴： 強力なバネで空気を押し出して発射する

充填方式： 銃に内蔵されているレバーを引いてバネを圧縮する

長　　所： ワンストロークの操作で発射準備ができる

短　　所： 他のタイプと比較して射程距離・威力は低め

ポンプ式

特　　徴： 銃本体にエアを充填させて発射する

充填方式： 銃に内蔵されているレバーをポンピングしてエアを充填する

長　　所： ポンピング回数を変えることで、排気量を変えることができる

短　　所： 発射のたびにポンピングしなければならないので連射力が低い

ガスカートリッジ式

特　　徴： 銃本体に充填された炭酸ガスを噴射して発射する

充填方式： 市販の炭酸ガスカートリッジを銃に入れる

長　　所： エアが切れてもカートリッジを交換するだけで充填できる

短　　所： 気温によって炭酸ガスの圧力が変わり、照準がずれてしまう

銃との相性からペレットを選択する

ペレットの大きさによる違い

6.35mm　5.5mm　5.0mm　4.5mm

●6.35mm：近距離の大型鳥向き。わな猟の止め刺しに使われることも多い　●5.5mm：最もよく使われるサイズ。命中したときのパワーとスピードのバランスがとれている　●5.0mm：国産エアライフルによく使われていたサイズだが、最近は少なくなっている　●4.5mm：競技用空気銃で使われるサイズ。狩猟用としてはパワー不足なので、あまり使われない

大　威力・空気抵抗・難易度　小

ヌートリア　キジ　カルガモ　ムクドリ　スズメ

相性のいいペレットを試射をして見つける

エアライフルの弾は、「ペレット」と呼ばれる鉛製の一粒弾だ。散弾銃やライフル銃は、射出力を生みだす火薬をケースに詰めた実包を使うが、エアライフルは銃自体に射出力となる空気圧をため込むため、「エアライフル実包」という言葉は使わない。

ペレットは散弾のように、「大物用・小物用」といった単純な分け方ができない。なぜなら、ペレットを発射するのは銃に蓄えられた空気圧なので、銃との相性に大きく左右されるためだ。

たとえば、軽いペレットを強力な空気圧をもつエアライフルで発射したとする。イメージとしてはまっすぐに飛びそうだが、実際は〝振りかぶって投げた紙飛行機〟のように、ハチャメチャな方向に飛んでいってしまう。逆に重たいペレットを空気圧の低い銃で撃っても、速度が遅すぎて落下が大きくなる。さらに、エアライフルは溜めている空気圧によって発射圧が変わってくるため、同じペレットでも「命中率の高い気圧」が異なる。

つまり、ペレットは何種類も試射して、自分のエアライフルに合ったものを見つけ出さなければならないのだ。装薬銃の弾のような購入や保管の許可は、ペレットには必要ないので、狩猟仲間と一緒に買ってシェアしてもいい。

ペレットの形状

ワッドカッター

競技射撃専用。的紙に丸い穴を開ける

重量型

腰が太くなっており重量が増したタイプ

ラウンドノーズ

代表的なペレットの形状

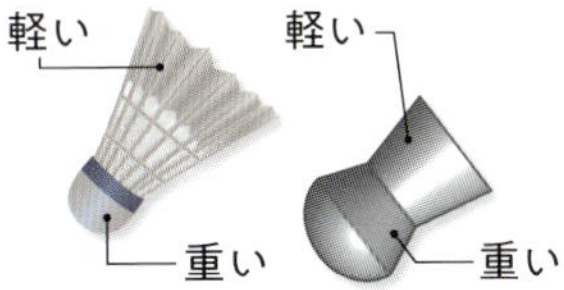

ペレットは射出されると、バトミントンのシャトルコックのように、重たい弾頭を前にして飛んでいく

バリスティックチップ

空気抵抗を抑えたホローポイント

ホローポイント

潰れやすいように先端がくぼんでいる

スピアポイント

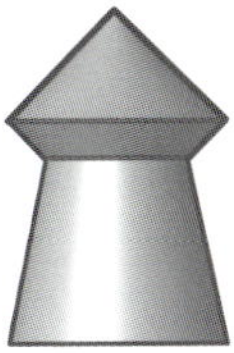

競技用。貫通するので狩猟に向かない

ペレットは衝突すると大きくつぶれ、もっていた運動エネルギーを衝突のエネルギーに余さず変換する

ストッピングパワーを最大にする弾選び

ストッピングパワーとは?

銃から放たれた銃弾の「運動エネルギー」は、標的に命中して潰れることで「衝撃エネルギー」に変換される。標的をどれくらい行動不能に至らしめるかというダメージ量が「ストッピングパワー」。狩猟用ライフル銃の銃弾は、弾頭の先端に空洞（ホロー）がある「ホローポイント弾」で、弾が標的に命中した際にこの空洞部分から弾頭が炸裂、膨張し、大きなダメージを与える。

標的に当たった弾

運動エネルギーが衝突エネルギーに変換され、原型をとどめないほど変型している

標的に当たらなかった弾

狙いがはずれて落下したため、銃弾にはライフリング痕がついている

単発弾は潰れる性能 散弾は当てる仕組み

猟銃の弾は正確に命中することが最も大切だが、命中した獲物を確実に仕留める威力（ストッピングパワー）も重要だ。スラッグ弾やライフル弾のような単発弾のもつエネルギーは、「弾の質量×弾の速度の二乗×½」で決まるが、それがストッピングパワーと必ず同じになるわけではない。

もし弾が貫通してしまった場合、貫通した弾の速度の分だけエネルギーを損することになる。よって単発弾は獲物に命中すると、弾頭がキノコのように潰れて獲物の体内で停止する「マッシュルーム効果」という特徴を持っている。この効果は接触面が柔らかいほど効果が出やすくなるため、狩猟では先端が柔らかい鉛がむき出しになった弾がよく使われる。

散弾の場合は、一粒ずつのエネルギーを考えられないので、〝命中する可能性のある弾数〟を考えることになる。単純に「弾がたくさん当たったら倒せる可能性が高くなる」という話だ。そのため、近くの獲物を狙うときは命中率を高めるために早く弾が拡散するようにし、遠くの獲物を狙うときは散弾がまとまって飛んでいくように調整を行う。水道のホースをつまめば、まとまって水が飛ぶ原理だ。この調整は銃口の絞り（チョーク）と呼ばれる部品で行う。

弾による有効射程と最大到達距離

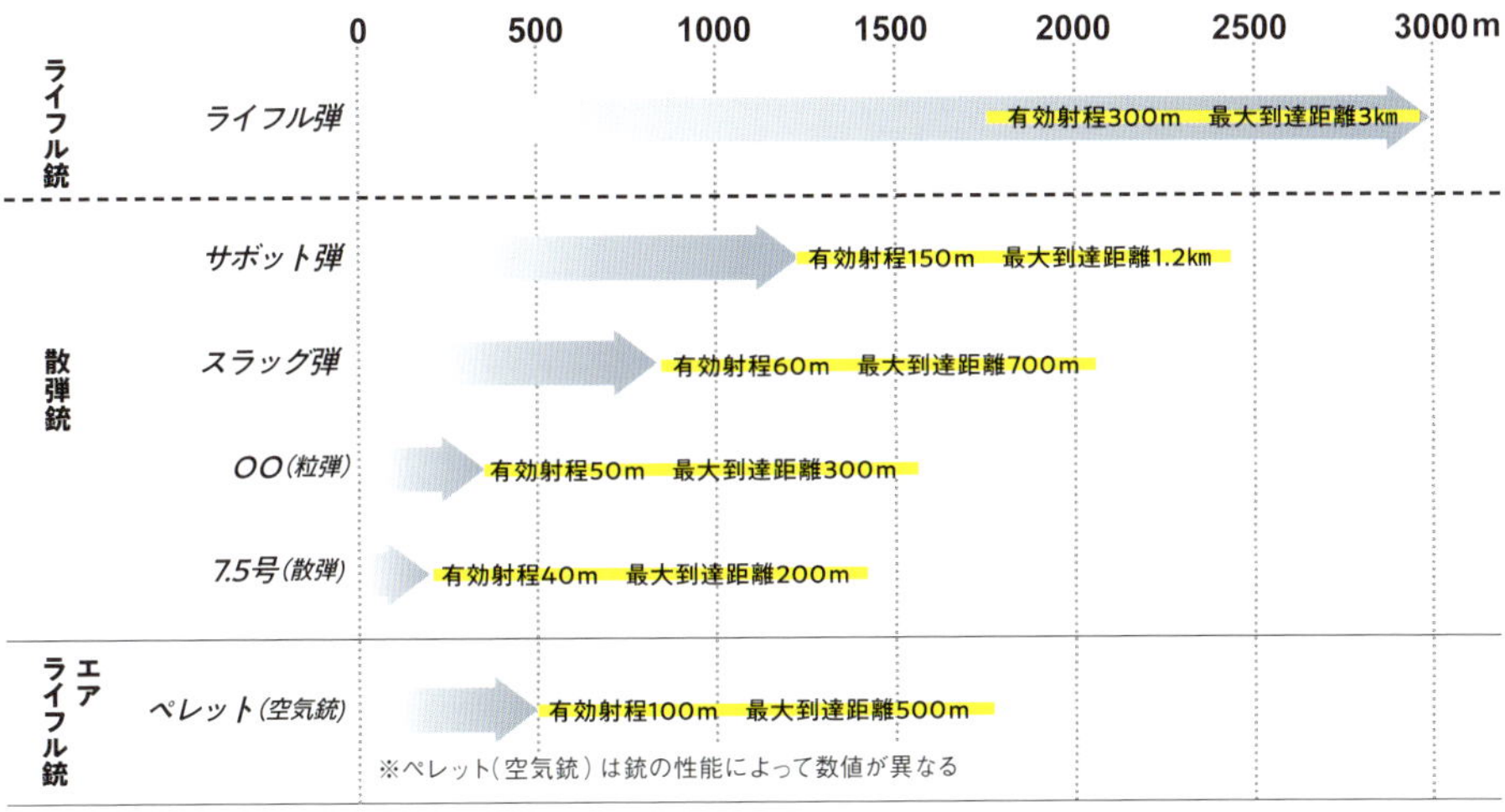

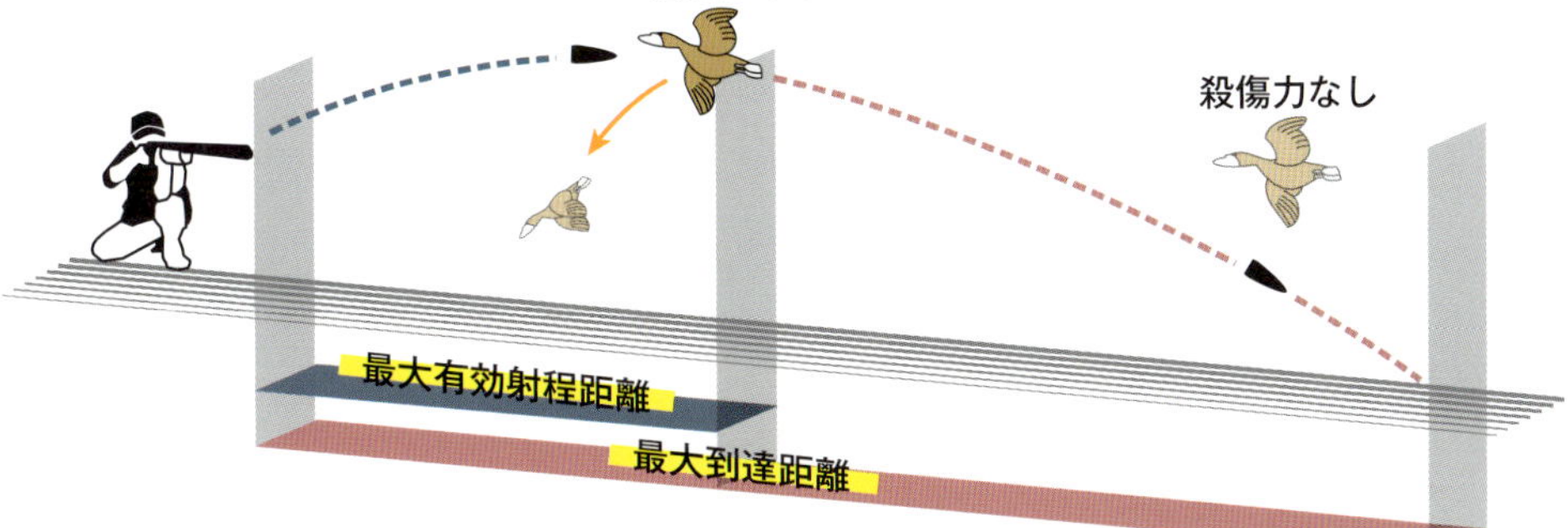

●**最大有効射程距離：**獲物を捕獲できる最も遠い距離
●**最大到達距離：**最も遠くまで弾が飛んだときの距離。
殺傷力の有無は問わないが、流れ弾となる危険は残る

有効射程の考え方

弾は空気抵抗によりスピードが落ちていくため、当然、遠くなれば遠くなるほど威力は小さくなる。どのくらいの威力で獲物が倒れるかは、当たり所によってまったく変わってくるが、上表に示す有効射程までの距離が、ひとつの目安とされている。ただし、有効射程を超えた弾は威力が0になるわけではない。いわゆる〝流れ弾〞と呼ばれる状態の弾は、人を死に至らしめる威力を持っている。

「流れ弾」をつくらないことが大原則

散弾は上空に向けて撃つのが基本

　銃を撃つときに怖いのが、〝流れ弾〟をつくり出してしまうことだ。たとえば、ナイフは明確に人を殺す意思がなければ人に刺さることはない。しかし、銃は自分の意思とはまったく関係なく、弾が見知らぬ人に命中してしまう可能性がある。

　たとえ故意ではなくても、誤射によって人を死傷させれば業務上過失致死傷罪となり、「5年以下の懲役もしくは禁錮、または50万円以下の罰金」に処せられるので、銃の取り扱いには細心の注意を払わなければならない。

　発砲するときは、「散弾は空に向かって撃つ」「一発弾はバックストップに撃つ」のが大原則だ。散弾は60度以上の角度をつけて撃てば、地面に落ちる頃の弾の威力は大幅に減衰する。しかし、その弾が人に当たる可能性があるような場合は、絶対に撃ってはいけない。

　弾が散弾の場合は、竹ヤブや岩に撃つと跳弾の危険性が高い。特にスチール製弾はピンボールのように跳ねまわり、射手自身に命中する危険性もある。ライフル弾やスラッグ弾などの一発弾は、柔らかい土に向かって撃つ。万が一、弾がはずれても土が吸収してくれるので、流れ弾になるのを防ぐことができるからだ。

発射制限

夜間の発砲
銃猟ができるのは日の出から日没まで。わな猟での銃による止め刺しも夜間は禁止

車内からの発砲
自動車や船舶など、乗りものの中からの発砲は禁止。ただし、5ノット未満で航行する船舶からは可

公道上からの発砲
公道上での発砲のほか、公道上を銃弾が通過する発砲は禁止

狩猟鳥獣以外への発砲
狩猟鳥獣以外への発砲は禁止。スコープの調整などのために猟場で行う試し撃ちもNG

住居などが集合している場所での発砲
人、人家、公共の場所、家畜、交通機関などに弾丸が到達するおそれがある場所での発砲

バックストップの確認

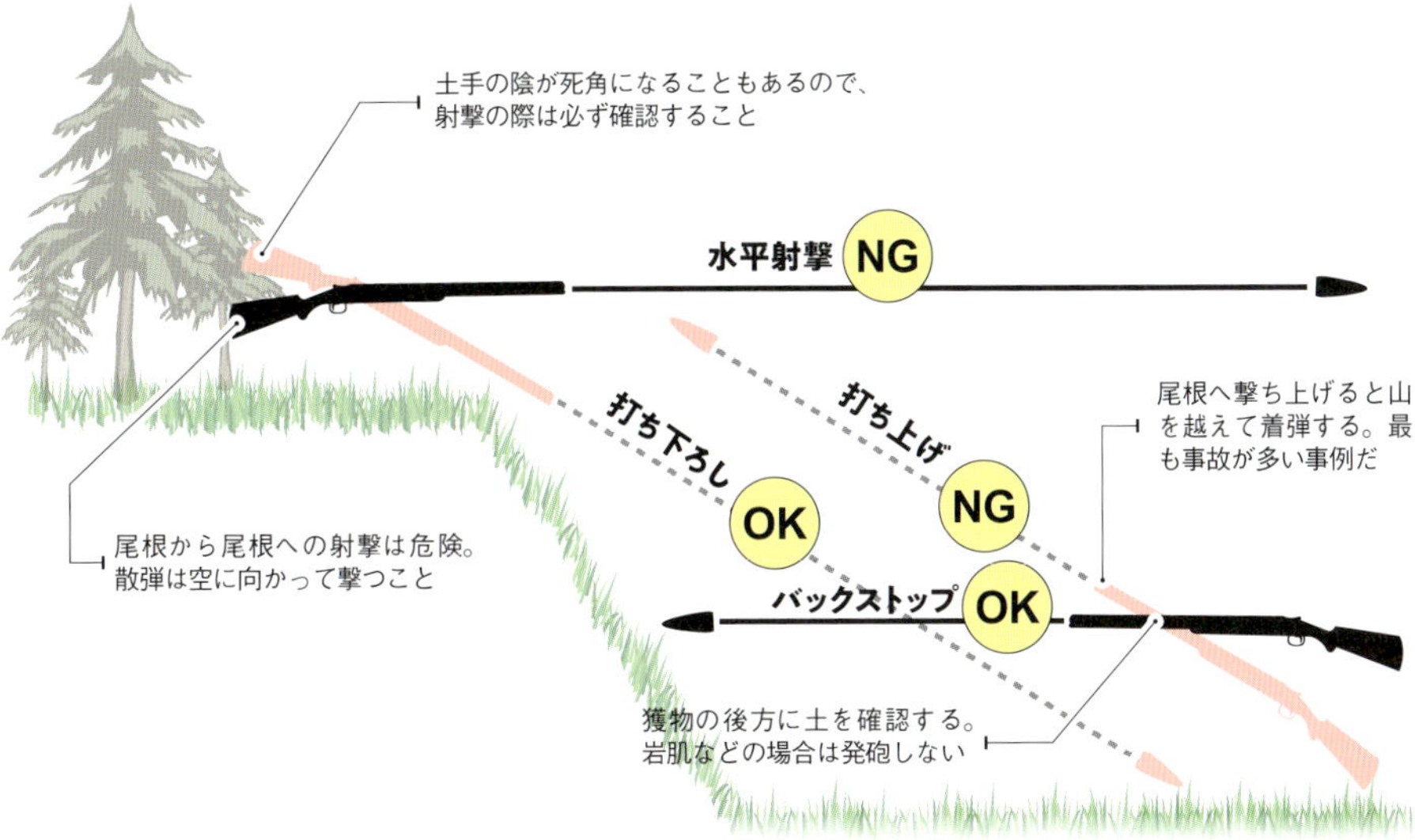

尾根の稜線上は向こうに何があるか確認できないため発砲不可

獲物の後方にバックストップがあるため発砲可

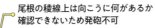

まずは基本となる姿勢を身につけよう

正確な射撃のために、いつでも基本姿勢をとれるようにしっかり練習しよう

構えが悪ければ獲物に弾は当たらない

銃の世界には「スプレイ&プレイ（spray & pray＝ばらまいて祈る）」という言葉がある。要するに「やたらめったら銃を撃ち、当たっていることを祈る」という意味だが、これはいけない。サバイバルゲームならいざ知らず、狩猟では流れ弾をつくるような行為はご法度。そもそも「とにかく獲物に弾が当たればいい」という考え方は、ハンターとしてほめられたものではない。

銃は確実に照準がつけられてこそ、正確な射撃が可能になる。たとえどんなに高級な銃を使おうとも、獲物に照準を合わせていなければ当たりはしない。

照準のポイントは、頬付けと肩付けだ。頬付けは銃と頭を密着させて、照準器をまっすぐ見るための動作だ。頬付けが甘いと頭が動き、まっすぐ見ているつもりでも狙いは大きくブレる。肩付けは、銃をしっかりと体に固定するための動作だ。銃は肩と握り（グリップ）の2点で重みを支える。もう一方の手で力んで握ると銃が震えるので、軽く添えるだけでいい。

銃は利き手でグリップを握って、照準器は利き目で見る。利き手と利き目が交差している人は、頬付けで頭をよじらなければならないため、利き目補正の照準器を取りつけると狙いやすくなる。

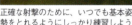

射撃姿勢の基本

頭

頭は横に倒したりかしげたりしない

肩付けと頬付け

先台を支える左手はヒジを体側から離し、右手のヒジは肩よりもわずかに下げる。銃床の底（床尾）の下端を利き手側の肩の下の窪みにしっかり付け（肩付け）、床尾の中央上部は鎖骨の下に当てて頬骨を乗せる（頬付け）

立ち方

両足のつま先を肩幅と同じくらい開いて立ち、右手が利き手の人は右足を目標に対してほぼ直角に向け、左足は右足と逆八の字に踏む。体重は両足に均等にかける

銃口

左手には力を入れずに、銃口を水平よりも20～30度上向きにして構える

左手

右手が利き手の場合、左手で先台の中央手前を支える

右手

右手は銃床の「握り」部を用心鉄の後端から1～2cm開けてしっかり握る

column

マスターアイの見つけ方

銃は利き手で握るが、照準は利き目（マスターアイ）に合わせてつけなければならない。マスターアイという言葉は聞きなれないかもしれないが、目にも手のように利くほうがあり、銃で正確に狙いを定めるには、自身の効き目をあらかじめ知っておく必要がある。効き目の調べ方は簡単なので、どっちが効き目かわからない人はいますぐに調べてみてはいかがだろう。

❶手の前に指でOKサインをつくる

❷両眼で見ながら1mほど先にあるものをOKサインの輪の中に入れる

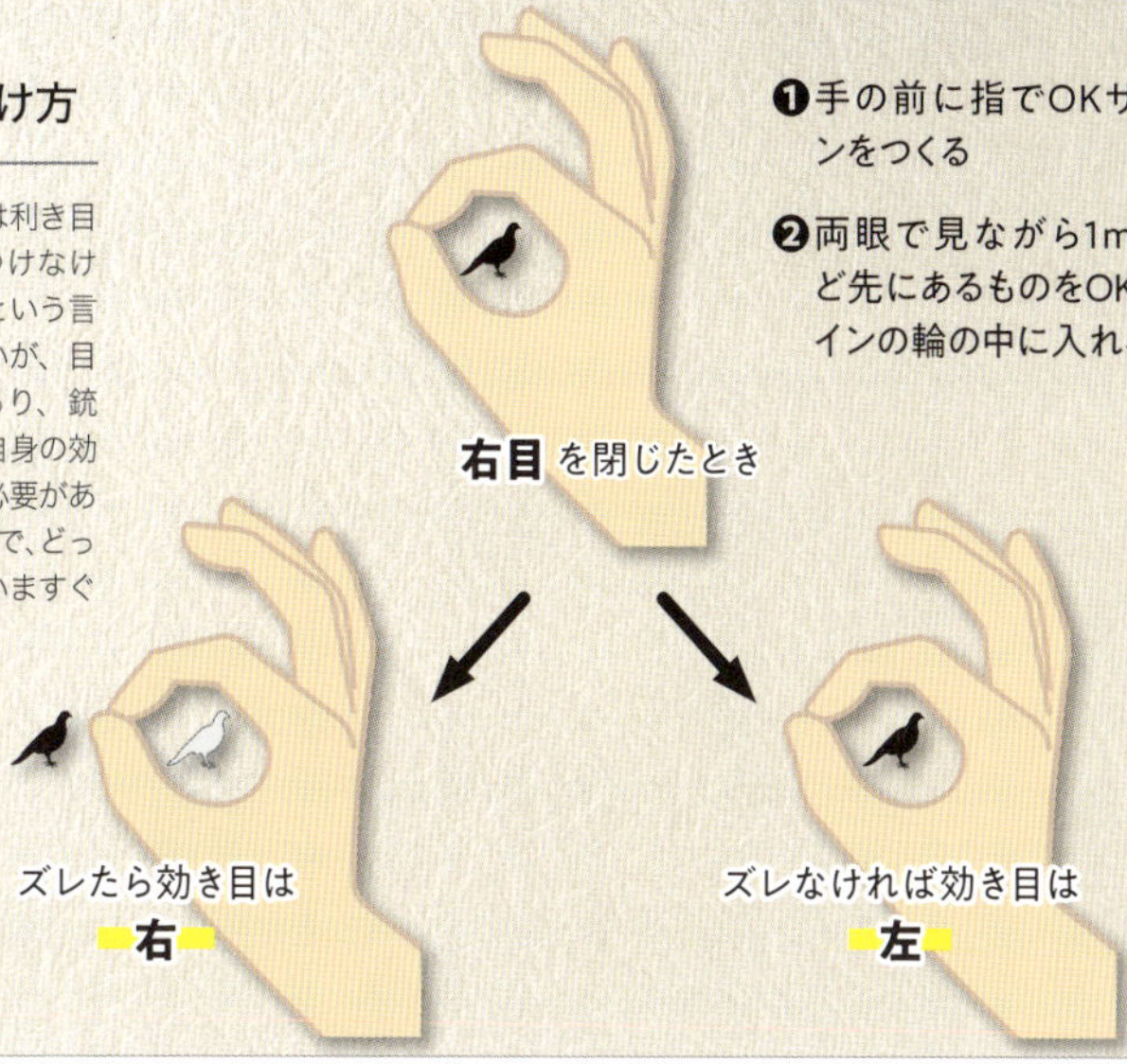

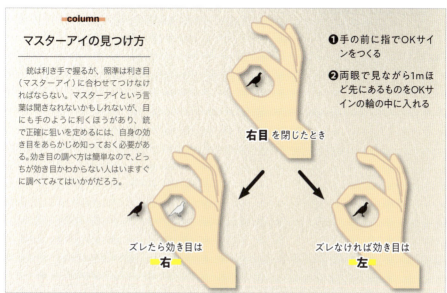

動いている獲物を狙う

散弾の広がりとマガモの移動距離

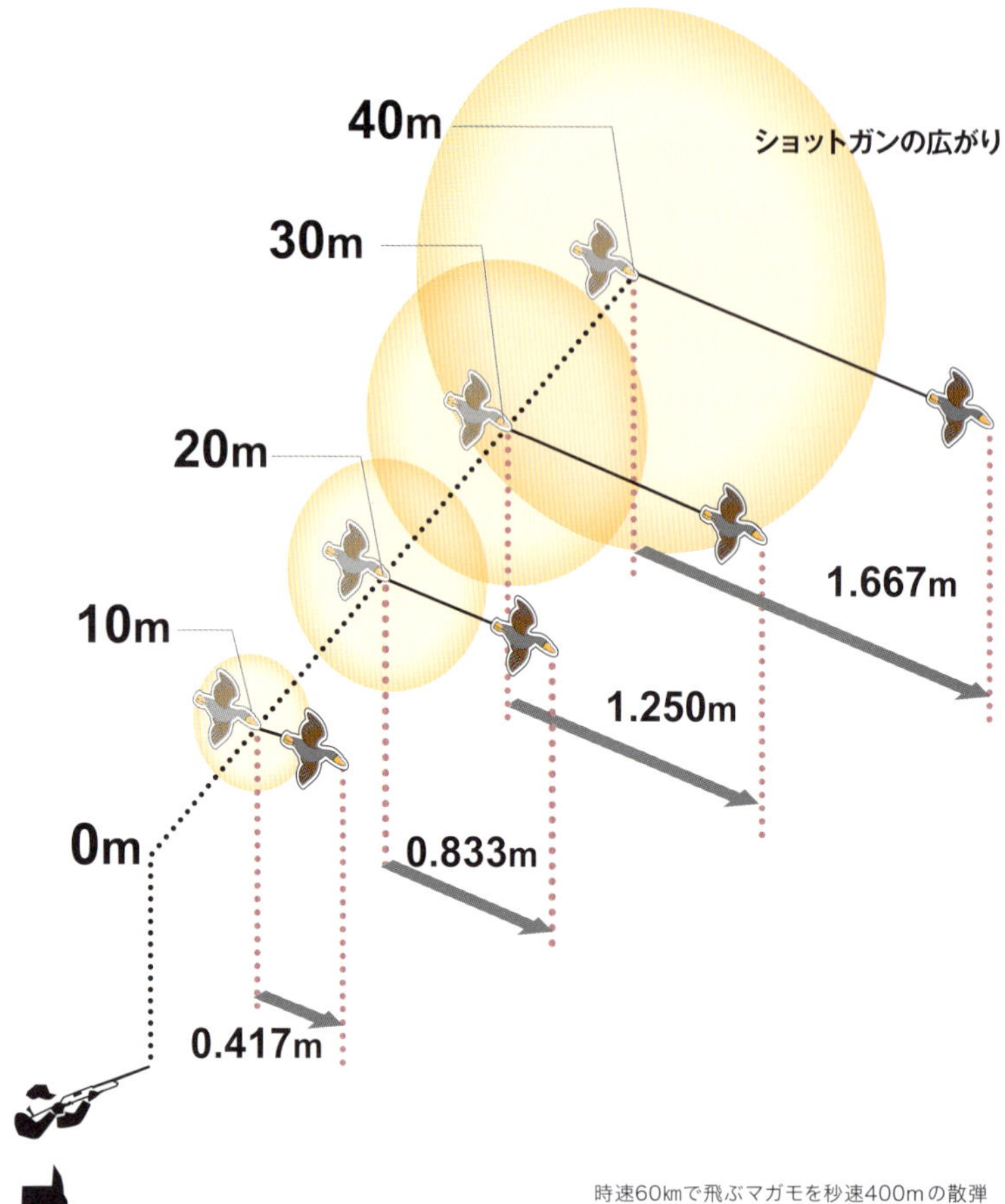

時速60㎞で飛ぶマガモを秒速400mの散弾で撃つ場合の、ショットの広がりとマガモが飛んで移動する位置との関係を表している

上半身は固定し腰をスイングさせる

銃を構えるときは、頭と肩、腕を銃と一体にする「据銃《きょじゅう》姿勢」が何よりも重要だ。しかし、据銃が完璧でも足腰が震えていたら、銃にブレが伝わってしまう。よって体勢（ポジション）も射撃においては重要になる。ポジションは、下半身の影響が銃に伝わりやすい順に、立射《りっしゃ》、膝射《しっしゃ》、座射《ざしゃ》、伏射《ふくしゃ》の4段階がある。

立射では下半身の震えが銃に大きく影響してくるが、逆にいえば下半身を自由に動かすことができる体勢でもある。つまり、立射は動いている獲物を射撃するときのポジションだ。

動いている獲物を狙うときは、腰を回して銃で対象を追

足腰を回転台に見立てて、上半身をしっかりと固定して獲物を狙う

モノポッドを使った動的射撃

モノポッドで先台を支える。モノポッドの先端は足に密着させる

モノポッドに密着させた足を軸にして、体を回転させて獲物を追いかける

走って逃げるシカやイノシシを狙うときに効果的な体勢だ

いかけるようにする。このとき、手を動かして銃を追ったり、頭が傾いて据銃姿勢が崩れると、狙いがはずれてしまう。上半身全体をコンクリートで固めるぐらいの気持ちでしっかり固定し、腰のスイングを使って銃を振り出すように動かす。

大きく向きを変えるときは、足を半歩踏み出して体を回転させる。このときも据銃姿勢が崩れないように注意する。足腰という回転台の上に、上半身という固定砲台を乗せるイメージだ。

より精度を出したいときはモノポッド（一脚）を使うことがある。銃を地面に立てた棒で支えることで、下半身のブレが伝わりにくくなる。ただ、上下方向には動かせなくなるので鳥猟には向かない。

静止している獲物を狙う

膝射

茂みから獲物が飛び出してきても、ここで焦って立射で撃たず、一呼吸おいて膝射で構えよう。命中精度がまるで違う

体の震えを最小限に抑える射撃姿勢

射撃体勢の立射、膝射、座射、伏射は、順に地面との密着する面積が大きくなるため、銃にブレが伝わりにくくなる。ただし下半身の自由は利かなくなるため、動いているものを狙うのは難しくなる。

膝射は腰を落として据銃する射撃体勢だ。折った脚の上に尻を乗せ、片側の膝を曲げて、その上に腕を乗せる。膝と肘の関節同士が当たると腕が滑ってしまうので、肘関節の筋になっている柔らかい部分を膝の関節に合わせるようにしよう。立射にくらべて下半身の影響が小さくなり、先台を支える腕を軸にすれば、横に動いているものにも対応できる。出会いがしらで獲物が現れたときに有効な射撃体勢だ。

座射は地面に座り、銃を構える射撃姿勢だ。膝射よりも下半身の影響が小さいが、腰が動かなくなるので動いている獲物には対応しにくい。止まった獲物を狙うときに効果的な射撃体勢となる。

伏せて地面に腹までつける射撃体勢が伏射だ。下半身の影響がまったくでなくなるので、最も精密性の高い射撃体勢となる。ただし動いている相手は狙えず、また視線が低くなるので開けた場所でしか体勢がとれない。長距離狙撃のための射撃姿勢と覚えておこう。

column

依託射撃

銃は何か支えになるものに密着（委託）させたほうが、体だけで支えるよりも安定する。依託射撃にはポッドと呼ばれる専用品を使ってもいいが、木の幹や木の又、倒木など、委託できるものは森のいたるところにある。

立射 目の前に障害物があるときは立射で撃つこともある。ただ、その場合もなるべく膝射や座射で狙える位置を探そう

伏射 伏射では動いている獲物は狙えない。獲物がくるまでスナイパーのように、身を伏せて待つという方法もある

獲物を正確に狙うための装置

標的の狙い方

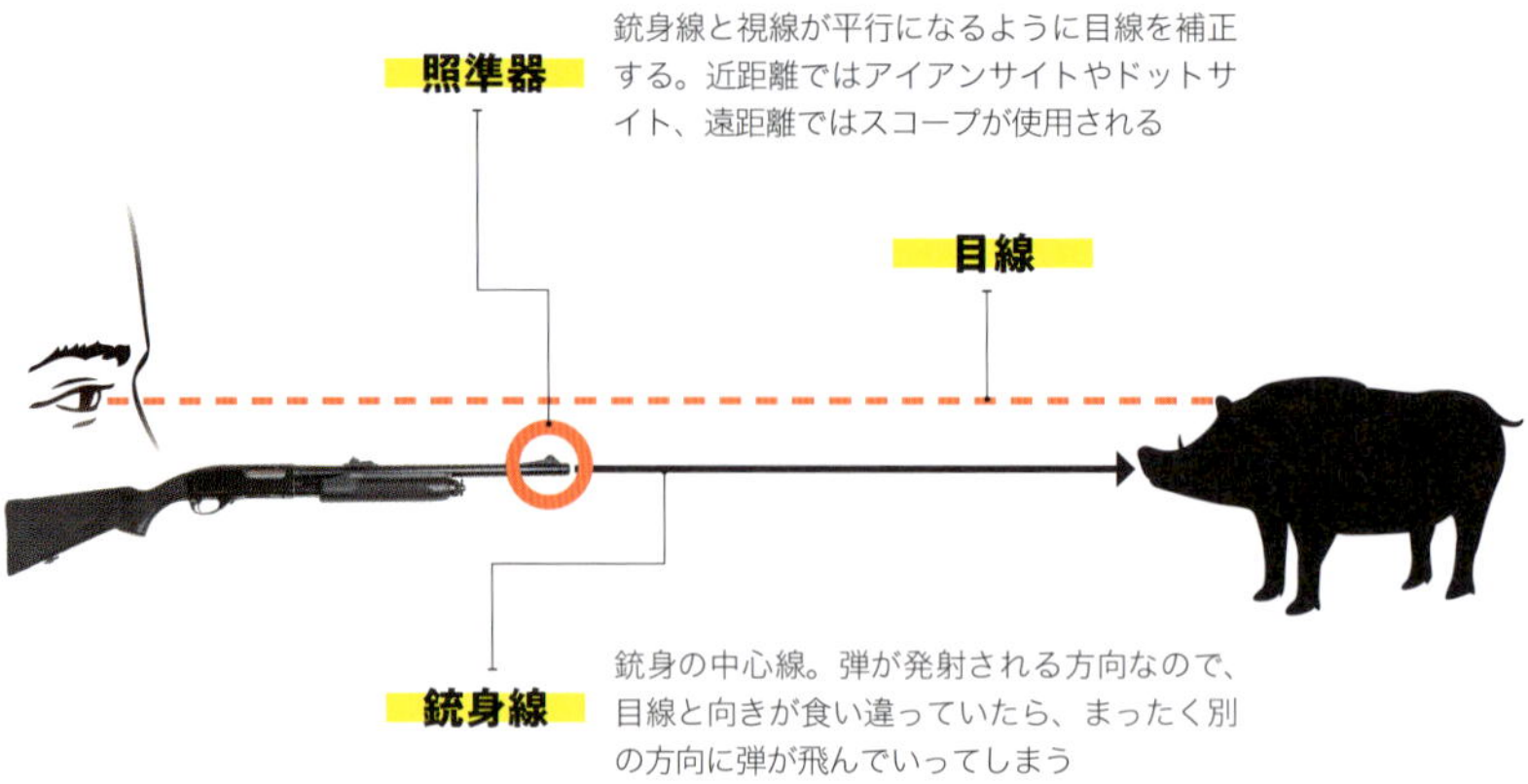
照準器
銃身線と視線が平行になるように目線を補正する。近距離ではアイアンサイトやドットサイト、遠距離ではスコープが使用される
目線
銃身線
銃身の中心線。弾が発射される方向なので、目線と向きが食い違っていたら、まったく別の方向に弾が飛んでいってしまう

据銃姿勢では、照準器を利用して、銃身と目線が確実に平行になるようにする。なお、後述するが、銃身線と弾が飛んでいく弾道は別なので要注意。上図の場合、レーザービームであれば獲物に命中するが、実弾は弾の落下を考えなければならない

まっすぐ狙うための補正器具が照準器

弓やスリングショットなどの道具では、発射体（矢やパチンコ玉）と視線が一直線になるように構えて照準をつける。しかし、銃の場合は銃身の中心が弾の中心になるので、発射体（銃弾）と視線を一直線にするのは不可能だ。

そこで、照準を補正する役割をもつのが「照準器（サイト）」だ。照準器には鉄（アイアン）を加工してつくった「アイアンサイト」と、レンズなどの光学部品（オプティカル）を使った「オプティカルサイト」の2種類がある。

アイアンサイトでは、銃身の手前に照門（リアサイト）、銃身の先に照星（フロントサイト）が取りつけられており、射手は照門に照星が収まるように構えることで、目線と銃身を平行に合わせることができる。なお、照準の取り方には、照星を獲物にかぶせて狙う「0時照準」と、照星に獲物を乗せるように狙う「6時照準」の2種類ある。新銃はどちらで調整されているかわかるが、中古銃だとわからないこともあるので、射撃場で試射して確かめよう。

アイアンサイトは照門の種類によって、オープンサイト、ピープサイト、蛍光サイトなど多彩な種類がある。それぞれに長所と短所があるので、自分の射撃スタイルに合ったタイプを選ぼう。

アイアンサイト

照準の合わせ方

①照門と照星にピントを合わせる

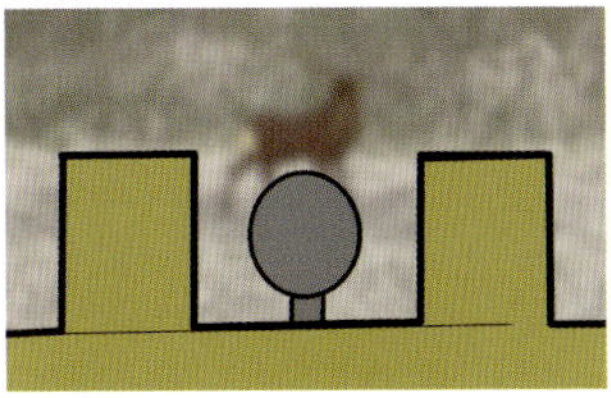

②獲物にピントを合わせる

照門が開いているオープンサイトは、目のピントを2回変えなければならないので、照準に少し時間がかかる。ただし、視界が広いので動いている獲物は狙いやすい。散弾銃には照門を簡素化した、ビーズサイトが取りつけられる

ピープサイト

照門を円形にした照準器。人の目は穴をのぞき込む（ピープ）と、無意識に視線が中心に寄る習性がある。よって照星と照門を合わせるのがラクになる。照門を大きくして周囲を見やすくしたゴーストリングサイトといった種類もある

ピープサイトの穴を小さくしたマイクロサイト。視界が極端に暗くなるが、目を細めて見るように遠くの標的が見やすくなる

column

蛍光照星

近年は蛍光塗料の入ったチューブを筒に詰めた、蛍光照星がよく使われる。これは、筒をまっすぐのぞき込んだときだけ光って見える構造になっているため、照門がなくても銃身との平行がわかる。据銃して照星が光って見えたら、銃身と目線はまっすぐだと瞬時に判断できる。

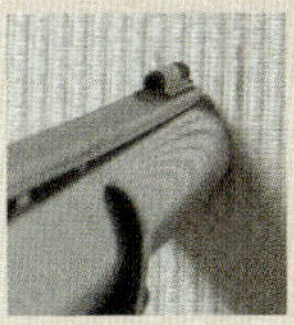

精密な射撃を可能にする装置

ゼロインしていない状態

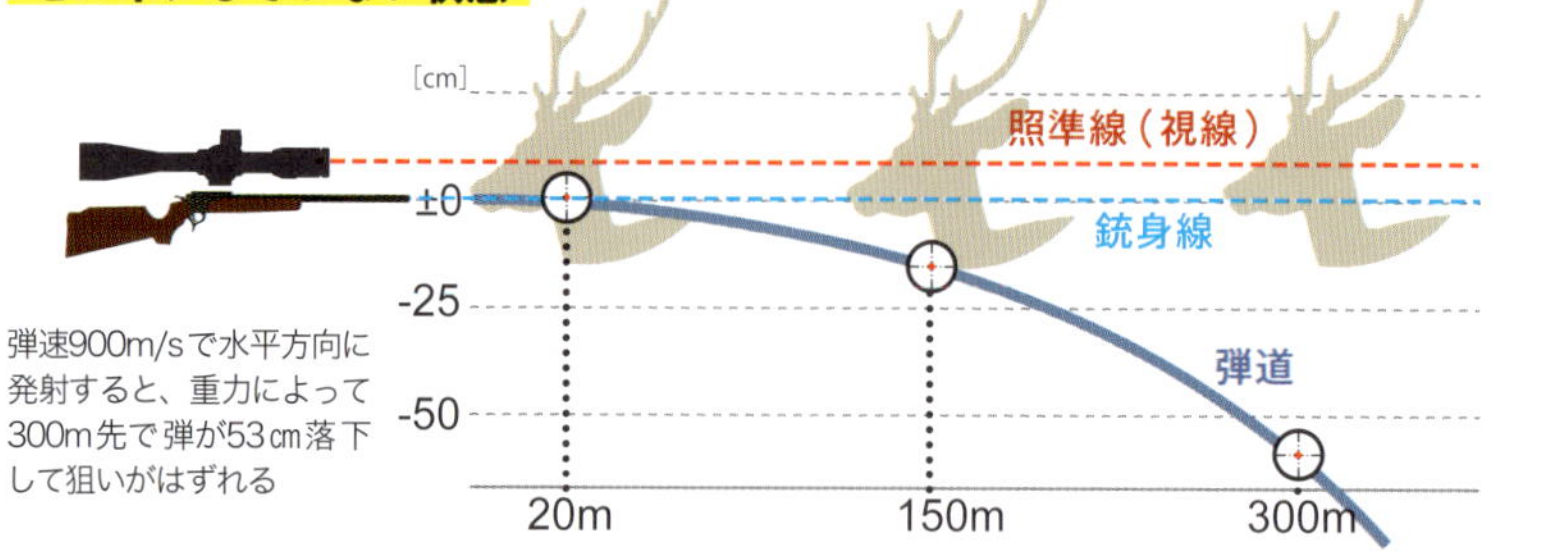

照準線（視線）

弾速900m/sで水平方向に発射すると、重力によって300m先で弾が53㎝落下して狙いがはずれる

ゼロインしている状態

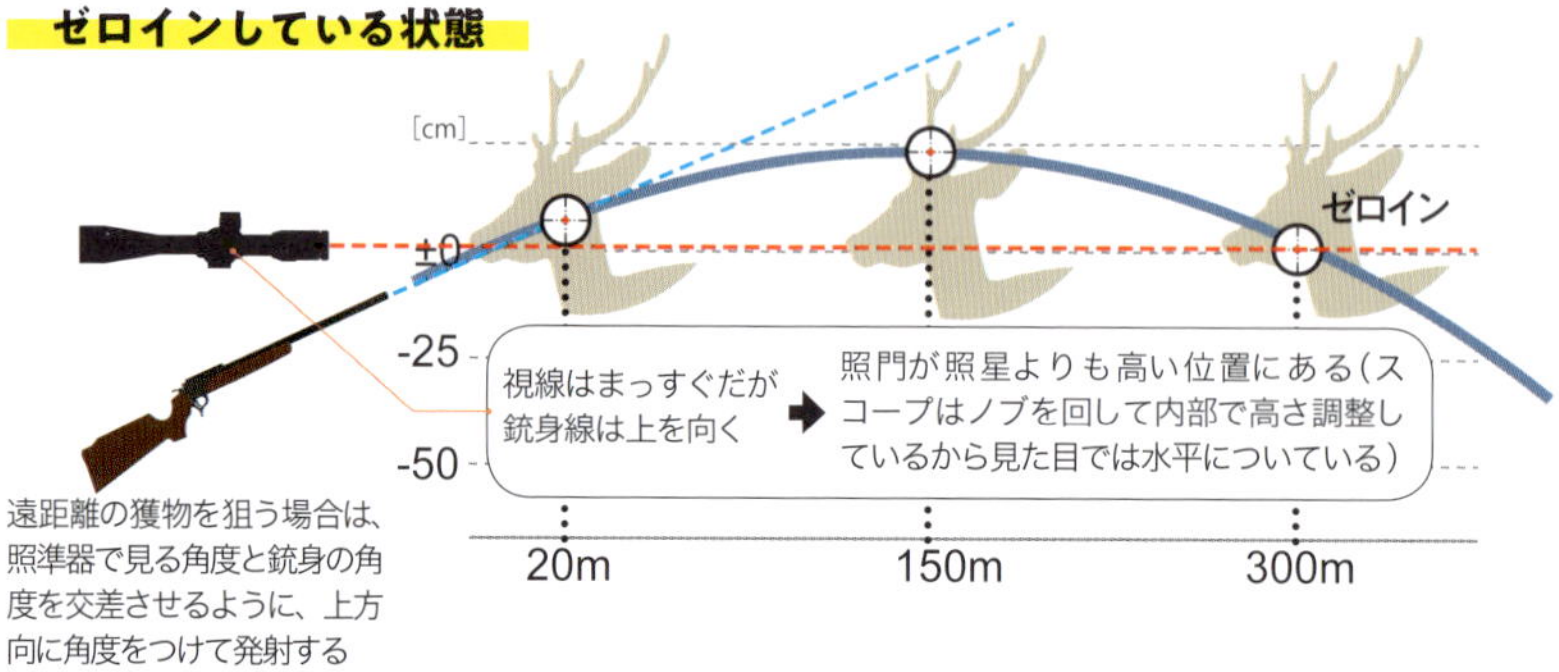

照門が照星よりも高い位置にある（スコープはノブを回して内部で高さ調整しているから見た目では水平についている）
遠距離の獲物を狙う場合は、照準器で見る角度と銃身の角度を交差させるように、上方向に角度をつけて発射する

重力による落下を考慮しなければならない

地球上のすべての物体は、毎秒9・8mという重力加速度で落下する。それは超高速で飛んでいる銃弾でも同じだ。たとえば、秒速900mのライフル弾で300m先にいるシカに向かって、まっすぐに弾を発射したとする。

このときライフル弾が300m先に到達するまでの時間は0・33秒。このとき弾は、時間の二乗×重力加速度×½＝53㎝落下することになる。もしシカの頭を狙って発射したとしたら、胸元をかすめてはずれてしまう計算だ。これを補正するためには弾を山なりに発射するしかないが、キャッチボールをするように弾を撃ち上げて、何百mも先に命中させるのは至難の業だ。

そこで、照準器にはこの重力による落下を補正する機能もついている。照準器は通常、照門が照星よりも高くなっているため、照準線と銃身線は交差するようにできている。つまり、まっすぐ狙って撃つと銃身線は上を向いているため、自動的に弾は山なりに飛んでいく。

また、撃ち出された弾はどこかの地点で照準線と交差するポイントができ、この距離は「ゼロイン」と呼ばれる。ゼロインを射撃場で300mに調整しておくと、300m先の獲物をまっすぐ狙えば、中心に命中するようになる。

テレスコープサイト（スコープ）

スコープの構造

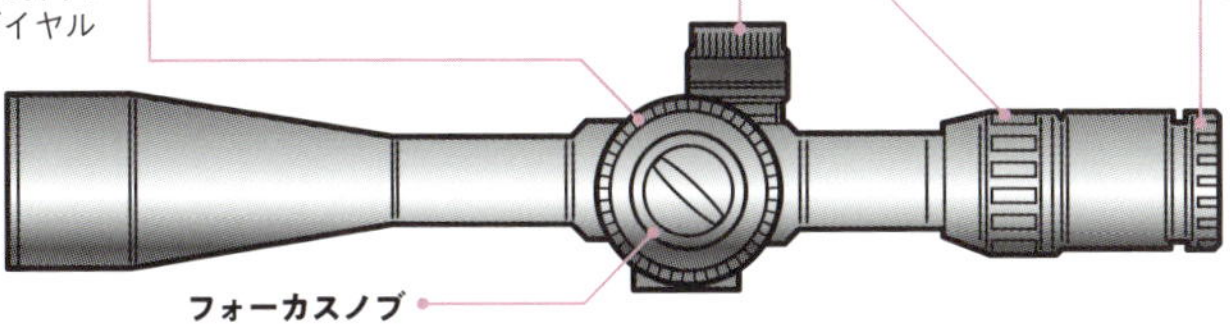
エレベーション調整ノブ
レティクル（スコープの視野に十字線で示した照準）の垂直方向のずれを調整するダイヤル
パワーセレクター
倍率を変更するダイヤル。拡大倍率は4～16倍が一般的
ウィンデージ調整ノブ
レティクルの水平方向のずれを調整するダイヤル
ディオプター
射手の視力に合わせて調整するダイヤル
フォーカスノブ
標的に合わせるピントを調整するダイヤル

パララックス（視差）

スコープは正面から正しく覗くのが基本。覗く角度や接眼レンズとの距離を間違えて覗くと、レティクルがずれてパララックス（視差）が生じてしまう

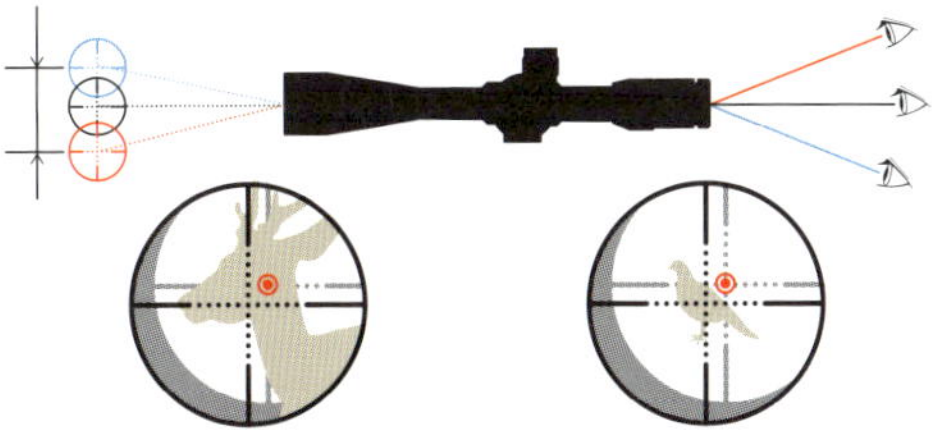

大型獣のライフル猟なら数cmのずれは問題ない

小型の鳥のエアライフル猟だと数cmのずれは致命的

ゼロイン調整は射撃場の50、100、150、300mの距離のいずれかで、的の中心に弾が集まるまでノブを回して調整を繰り返す。的の中心に弾が集まったら、スコープと銃の間には、調整した距離でゼロインが調整されていることになる

column

レンジファインダー

遠距離射撃ではゼロイン調整した距離と獲物が、どれだけ離れているか計測する必要がある。そこでボタンひとつで距離を測定するレンジファインダーが使われる。狩猟免許試験に目測があるのは、昔は目で距離を得ていたため。

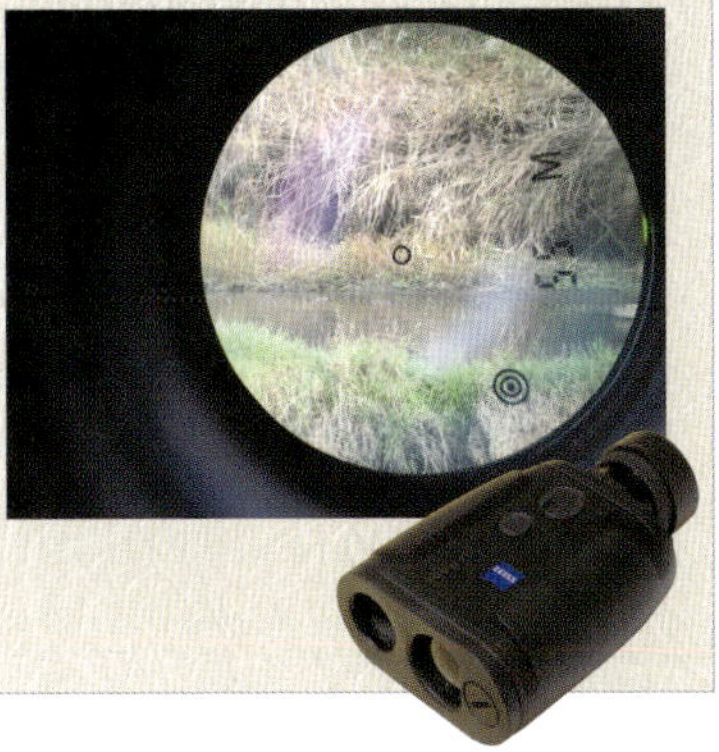

ドットサイト

オプティカルサイトの一種。照準の中心が発光しているので、オープンサイトのように照門を合わせる必要がない。アイアンサイトよりも取りつけ位置が高いため、狙いがつけやすい。スコープのように見えるが拡大機能はない

事故を防ぐためにもしっかり手入れを

メンテナンスのための分解方法がわからない場合は、銃砲店に聞いてみよう。改造（カスタム）は自分で行うと武器等製造法に抵触するので銃砲店に依頼する

銃を所持する者の義務

狩猟から帰ってきたら、まず銃をガンロッカーにしまい、それから猟具の片づけや獲物の処理などを行う。仕留めた獲物を囲む宴を楽しんだら、寝る前にもう一度銃を取り出して、点検とメンテナンスを行おう。

釣具やゴルフクラブであれば、メンテナンスをせずに納戸に放り込んでいても、それは所有者の自由だ。次に使うときに道具が壊れていても、そこは自業自得。しかし、銃はそうはいかない。もし機関部に汚れが詰まった状態で弾を装填すると、ハンマーが滑って〝暴発〟を起こす危険性がある。運悪く弾が人に当たってしまえば、自業自得ではすまされない。銃を扱う者が使用後にメンテナンスするのは、義務なのである。

銃の整備は、まず銃身の清掃から。ライフル銃の場合はライフリングに鉛がこびりついているため、クリーニングロッドと呼ばれるブラシで銃身をこする。散弾銃やサボット銃は銃身に鉛が付着しにくいので、ブラシでこする必要はない。しかし、銃身内に汚れが付着していることも多いので、ティッシュなどを丸めて銃身に詰め、押し出して内部を掃除しよう。

エアライフルは銃身を分離できないため、クリーニングペレットを詰めて2、3回空撃ちするだけでいい。銃口付

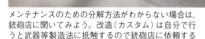

散弾銃の手入れ

1 パーツクリーナーと耐熱オイルはホームセンターで購入できる

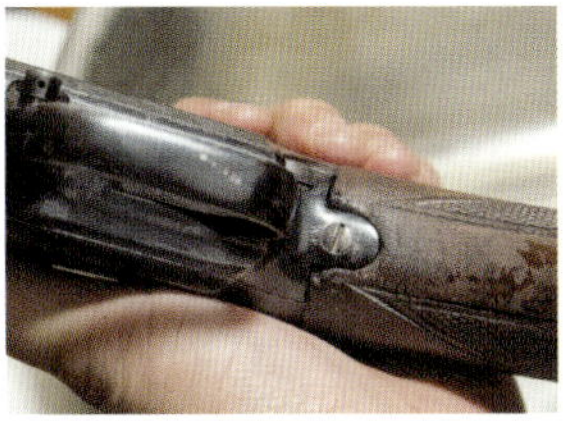

2 トリガーユニットは簡単な工具ではずすことができる

3 パーツ各部に異常がないか、しっかりと確認しよう

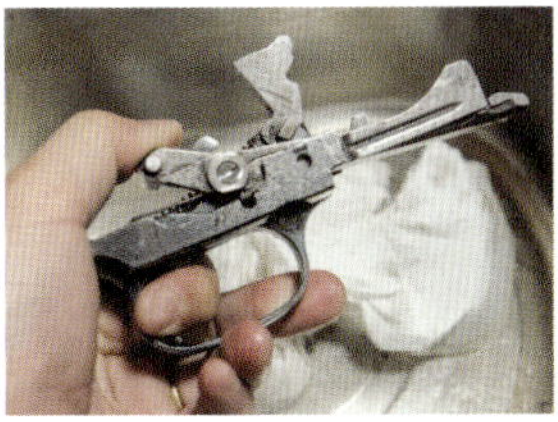

4 パーツクリーナーを使って細かなところまで入念に洗浄しよう

5 銃身に詰めたティッシュの汚れは想像以上だった

6 機関部の内部も確認。葉っぱや小枝が詰まっていることもある

column

エアライフルはガンスミスに

エアライフルは何か問題を感じた場合、自分でいじったりせずに、必ず銃整備師（ガンスミス）のいる銃砲店で検査を受けよう。特にPCP式の場合は銃内にタイヤの150倍以上もの空気が詰め込まれているため、へたに触ると空気が噴射して銃がロケットのように飛んでいってしまう。もちろん、人にぶつかれば死を覚悟しなければならない大事故だ。銃を修理に出すときは郵送（エアライフルは空輸できない）でもOK。送り状の書き方は、修理に出す先の銃砲店に問い合わせよう。

近がプラスチックのタイプは、クリーニングロッドでこするのはNGだ。

次に機関部の中を点検しよう。銃は中身を改造してはいけないが、清掃のために分解するのは問題ない。バラしてもいい部分はピンやコインネジになっており、簡単な工具で開けられる。逆にバラすと問題がある部分は、専用工具でしか開かないようになっている。

動く部品には軽く耐熱性オイルを塗布する。汚れがひどい場合は、パーツクリーナー（有機溶剤）で清掃しよう。ただし、銃（特にエアライフル）にプラスチックが使われている場合は、パーツクリーナーの使用はNG。部品が溶けてしまい、取り返しのつかないことになる。

使いやすさと動きやすさを両立させる

ファッショナブルに狩猟を楽しもう！

狩猟中の服装は法律で決められてはいないが、誤射を防ぐ意味からも、山では〝ハンターオレンジ〟と呼ばれる赤系統の色を着用するのがマナーだ。猟友会に入会すると、初年度にハンターベスト（猟友会ベスト）が支給されるので、それを着用してもいい。

「せっかくの趣味なんだから、もっと服装にこだわりたい！」という人は、「モール」と呼ばれるタイプのベストがおすすめだ。

これはアメリカ軍で開発された装備システムで、服についている帯にさまざまなタイプのアクセサリーやポーチを取りつけることができる。モール規格でつくられているものなら、どのメーカーの製品でつけられるので、実際にアメリカ軍で使われているポーチを装着することも可能だ。

どの装備がどこにあるのか瞬時に判断できれば、ムダのない動きができる

狩猟の持ちものは人それぞれだが、山に入る際は最低限の装備として、ナイフ、地図、水筒、非常食、ヘッドライト、ティッシュ、ライター、エマージェンシーキットは用意したい。

ナイフは狙う獲物によって、大きさを変える。大物猟なら刃渡り15㎝程度の剣鉈やサバイバルナイフ、鳥猟なら刃渡り5㎝程度のツールナイフがおすすめだ。ただし、ナイフを身につけたままコンビニに入ったりすると、銃刀法違反となる可能性があるため、銃と同じく扱いには充分注意しよう。

地図とヘッドライト、水筒、非常食は、どんなに低い山に入る場合でも携帯しておこう。特に人があまり入らない荒れた里山は道に迷いやすく、暗くなるのも早い。地図はスマートフォンのGPSでも十分だが、電子機器に頼るときはサブバッテリーを忘れずに持っていくこと。

佐藤一博さんの装備（単独猟の場合）

銃所持許可証と狩猟者登録証は防水ケースに入れておく

銃カバーはすぐに取り出せるようにユーティリティポーチに収納

扱いやすい折り畳みナイフ。大物猟のときは長いナイフを使う

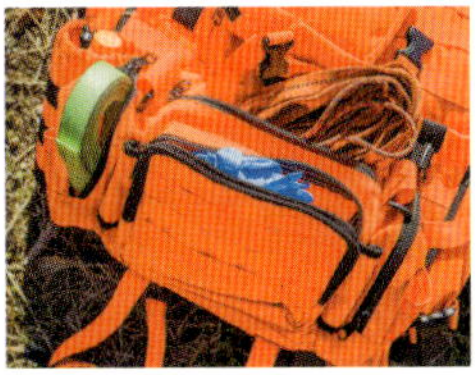

ビニール袋や常用しないものはバックパックに収納

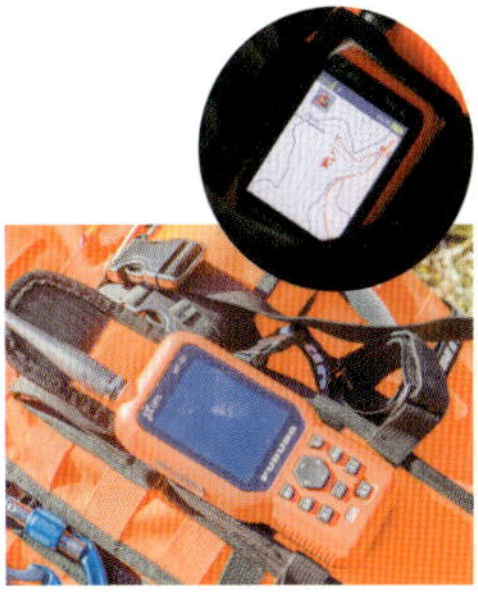

GPSがあれば、たどってきたルートや現在地が一目瞭然

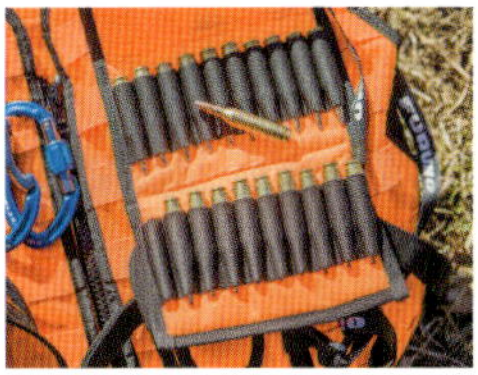

バレットパック。ベルトタイプ（ガンベルト）も人気がある

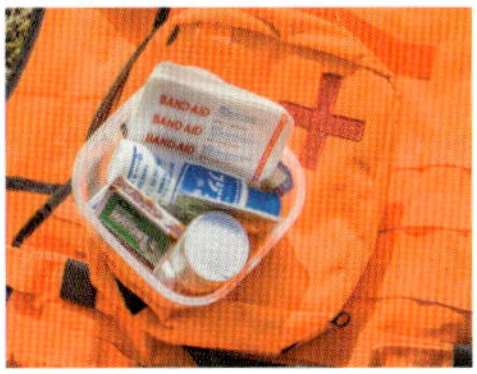

エマージェンシーキット。止血用の包帯は常に用意したい

column

高機能な靴と手袋

ギア類にこだわりの強い佐藤さんは、ソールにスパイクがついたダイヤル式の長いブーツと、手の甲の部分にプロテクターがついたグローブを愛用。機能的でかっこいいアイテムだ。

ブーツの性能は急斜面や足場の悪い場所で、はっきりと差が出る。グローブも狩猟用ならば滑り止めがしっかりついているので、銃を握った感触もいいし、引き金を引く指にフィットする

大物猟で活躍する猟犬

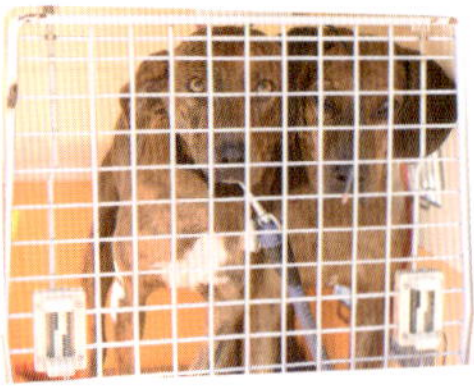

山や狩猟のことは猟犬たちのほうがよく知っているため、新米ハンターは大先輩の猟犬から学ぶことも多い。たとえ言葉は通じなくても、猟犬たちはハンターのパートナーとして、心を察知して動いてくれる

ハンターにとっての頼れるパートナー

射撃やアニマルトラッキング、ジビエ料理など、狩猟の世界はさまざまな要素で構成されているが、そのひとつが「猟犬」の世界だ。猟犬というと、どこか怖いイメージを持つ人もいるかもしれないが、ビーグルやバセット、プードル、ダックスフンドなどの犬種は、もともと狩猟用に生み出された。これらの犬種は頭がよく、人によくなついたため、いつしか家庭犬として人気が出るようになった。

猟犬には多彩な種類が存在するが、日本でイノシシやシカを追う大物猟で使役されているのが、プロットハウンドと和犬だ。

プロットハウンドは18世紀にアメリカで生まれた犬種で、もともとはアライグマなどの中型動物を追いかける猟犬として活躍していた。しかし、日本ではイノシシやシカをよく通る声で追い立てるため、巻き狩りで使役されるようになった。和犬は紀州犬や甲斐犬、屋久島犬などがいる。古くからイノシシやシカを狩るために使役されており、その猟芸は勇敢でたくましい。

ほかにも、鳥猟ではポインターやセター、ブリタニースパニエル、ゴールデンレトリーバーなど、数多くの猟犬がハンターのよき相棒として活躍しており、狩猟文化の一翼を担っている。

代表的な狩猟犬

ハウンド

獲物と一定の距離を保って吠えながら追跡することで、ハンターに位置を知らせる。プロットハウンドが代表的

和犬

獲物に噛みついて止める筋骨たくましい勇敢な猟犬。甲斐犬や四国犬、紀州犬などが代表的

column

発信器の活用

猟犬の首輪に犬用発信機を装着し、GPSと連動させて居場所を特定する。こうすることで、山のどこで獲物を追っているか知ることができる。ただし、海外から輸入された商品は日本の法律に適合していない場合が多いため、必ず適法品（技適マーク）を使用しよう。

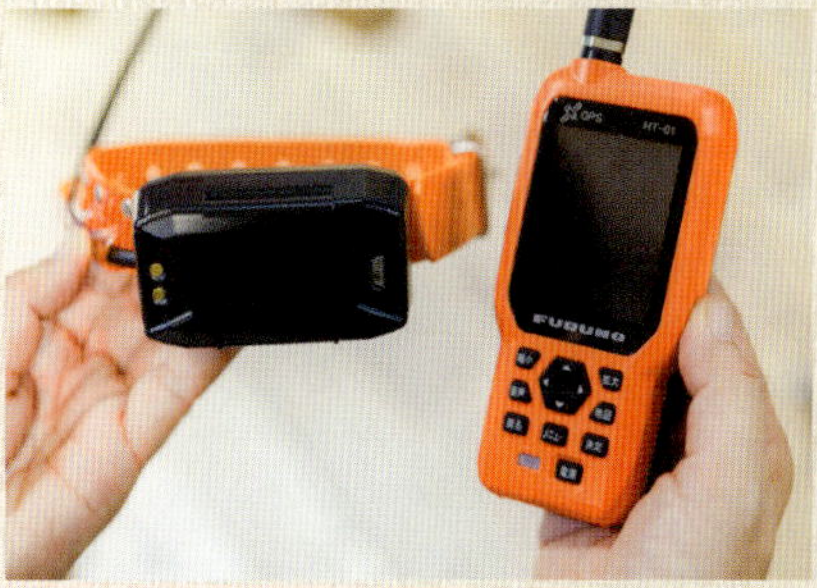

イノシシと対峙したときは死闘となる。犬が牙で切られて大ケガを負う危険もあるので、ハンターはすぐに現場に駆けつけて銃で止めを刺す。しかし、猟犬と獲物が入り乱れているときは、銃を撃つのは危険なので、獲物の後足をつかんでひっくり返してから撃つ

銃所持の「欠格事項」とは？

　銃猟を始めるにあたって、まずクリアしなければならない壁が、銃の所持許可だ。銃の所持許可制度では「欠格事項」に抵触すると銃の所持許可を受けられないことになっている。

　この欠格事項でいちばん当てはまりやすいのが、**『自分の行為の是非を判別できないと認められる相当の理由がある人』**という事項だ。たとえば、「近所とトラブルが絶えない」「酒を飲んで大暴れすることがある」「ギャンブル中毒で借金をかかえている」などが該当事例とされているが、その判定は公安委員会が行うため、明確な基準はわからない。

　とはいえ、親族や配偶者への聞き込みの際に、銃を所持して欲しくないがために、「うちの主人はカッとなる性格だから絶対に銃を持って欲しくない！」などと言われようものなら、犯罪歴の有無など関係なく、この欠格事項が適用されかねない。

　しかし、夫婦や家族とのトラブルが警察に通報されると、銃を取り上げられてしまうという現実もあり、銃所持者は配偶者や家族だけでなく、ご近所に対しても優しい人が多いともいわれる。

　いずれにしても、銃を所持するということに対して、恐ろしさを感じる人がいるという現実がある以上、銃を所持するためには、まず家族に同意してもらうことが基本だ。

絶対的欠格事項

区分	事項
人に関係する事項	猟銃は20歳未満、空気銃は18歳未満の人（※銃猟免許が取得できるのは20歳以上）
人に関係する事項	破産者で復権していない人
人に関係する事項	住所不定の人
人に関係する事項	精神障害や認知症など特定の病気の人
人に関係する事項	アルコール、あへん、大麻等、薬物中毒の人
人に関係する事項	自分の行為の是非を判別できないと認められる相当の理由がある人
人に関係する事項	他人の生命や公共の安全を害する、もしくは自殺のおそれがあると認められる相当の理由がある人
人に関係する事項	集団的、または常習的に暴力的不法行為、その他の罪に当たる違法な行為を行う可能性があると認められる相当の理由がある人（※暴力団関係者や、反社会勢力に属する人）
犯罪歴に関係する事項	禁錮刑以上の刑に処せられて、執行が終わってから5年を経過していない人
犯罪歴に関係する事項	人の生命や身体を脅かす凶悪な罪（殺人や強盗など）、または銃砲刀剣類を使用した凶悪な罪で、禁錮刑以上の刑に処せられて、違法な行為をした日から10年を経過していない人
犯罪歴に関係する事項	銃刀法違反、火薬取締法違反で罰金刑以上の刑に処せられて、執行が終わってから5年を経過していない人
犯罪歴に関係する事項	DV（ドメスティックバイオレンス）防止法による命令を受けた日から3年を経過していない人
犯罪歴に関係する事項	ストーカー防止法による警告・命令を受けた日から3年を経過していない人
過去に銃砲の所持許可の取消処分を受けたことに関係する事項	年少射撃資格の認定を取り消された日から5年を経過していない人
過去に銃砲の所持許可の取消処分を受けたことに関係する事項	過去に銃砲の所持許可を受けていた人で、取消処分を受けて処分が下った日から5年を経過していない人
過去に銃砲の所持許可の取消処分を受けたことに関係する事項	所持許可の取り消しの聴聞会の期日、場所が公示された日から、その処分をする日、または処分をしないことを決定する日までの間に、その処分にかかる銃砲を他人に譲渡し、その他自己の意思に基づいて所持しないこととなった日から5年を経過していない人（※要約すると、行政処分が下りる前に銃を手放して処分逃れをしようとしても、欠格事項になる）
虚偽の申請	所持許可の申請書や添付書類に虚偽の記載、または事実を記載しなかった人

第5章

わな猟の基本

Chapter 5

わな猟は動物たちとの
〝心理戦〟ともいわれる。
どう相手の行動を読み、
わなをどこに仕掛ければいいのか？
捕獲後の止め刺しや
運び出しの方法など、
わな猟の基本をまとめた。

獲物の行動と習慣を推理する猟法

野生動物との本気の知恵くらべ

わな猟の世界をひと言で表すと、それは"心理戦"ということになる。弾が命中すれば獲物が獲れる銃猟では、獲物の心理というものは猟果を大きく左右しない。もちろん、動物の行動を読むことも必要だが、極端に言えば、銃という道具をいかにうまく使いこなせるかという、自分自身との戦いだ。

しかし、わな猟では動物の行動を読むだけでなく、その心理を分析して裏をかかなければならない。「どういう場所なら気づかれにくいか」、「どうすれば相手の警戒心を解くことができるか」ということを、獲物の心理状態をイメージして推理し、わなを仕掛ける場所を選定する必要がある。

結果として、狙った獲物がかかっていればいいが、そうでなければ心理戦は延々と続

くくりわな

ワイヤーなどでシカやイノシシの足をくくって捕獲する

箱わな

鉄製の箱檻の中に獲物を誘引し、扉が閉まることで捕獲する

わな猟の流れ

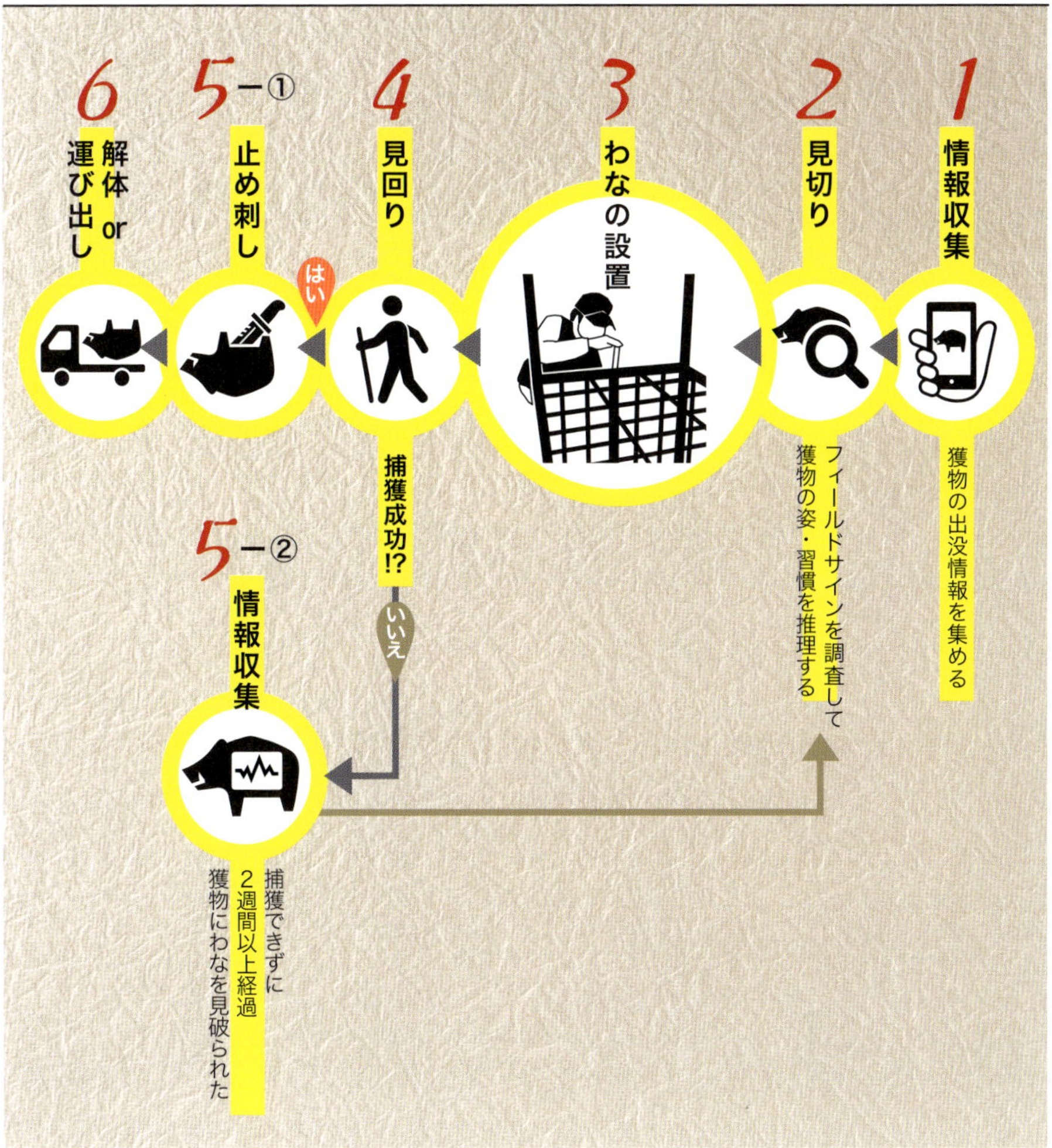

く。獲物の残していった痕跡を頼りに、次はどうすれば気づかれないか、油断させることができるかを考え、わなの仕掛け方を突き詰めていく。そこに決まったアルゴリズムはない。人間の心を数値化できないのと同じで、生きている動物の心理には、ゲームの攻略法のようなものは当てはまらないのだ。

わなは銃にくらべて自由度の高い猟具なので、材質の選定や設置の仕方、感度調整、隠し方など、扱い方には習熟が求められる。たとえ獲物がわなにかかったとしても、不発や暴発、破損によって逃げられてしまうことも少なくない。わなという猟具の取り扱い方について、まずは基本的なセオリーを身につけておく必要がある。

獲物の通り道に仕掛けて捕獲する

くくりわなの種類

ねじりバネ式

金属をねじったときに、元に戻そうとする力を利用したバネ。強度があるので瞬発力があり、スネアをすばやく引き絞る。使い回しもできる

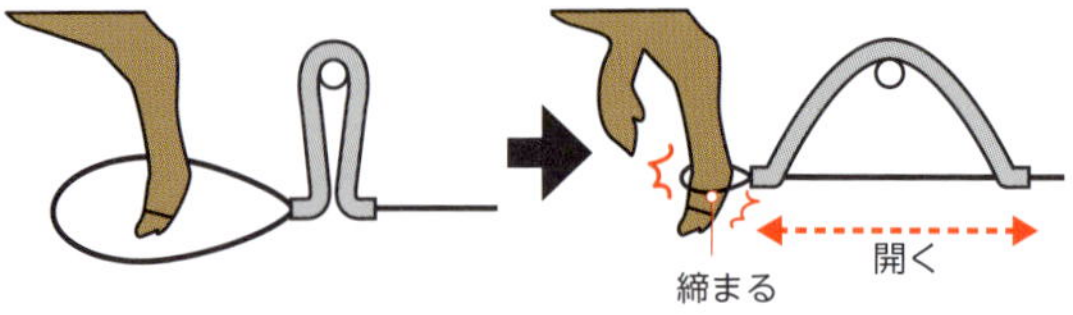

引きバネ式

引き伸ばした金属が縮もうとする力を利用したバネ。空中に設置できるため、穴を掘らなくても仕掛けられる。収納して持ち運びやすい

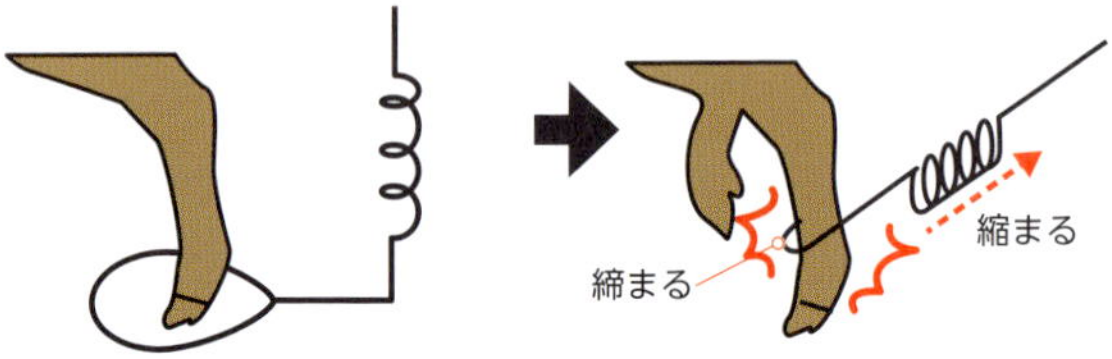

押しバネ式

押しつぶした金属が、伸びようとする力を利用したバネ。たわむ距離が長いので、大きなスネアでも引き絞れる。バネ3種のなかで最も値段が安い

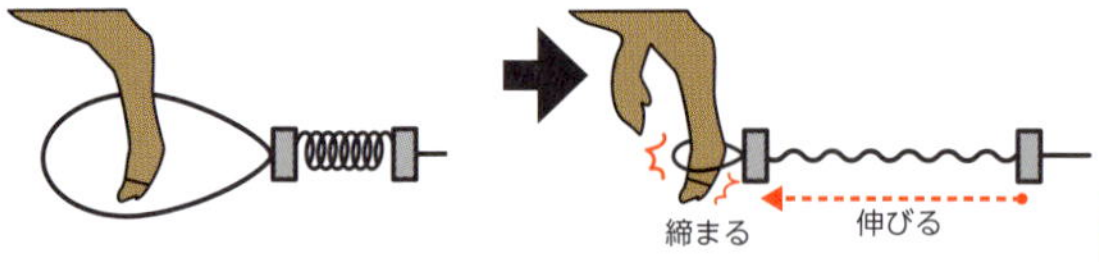

環境に応じてわなをカスタマイズ

わなにはさまざまな種類があるが、なかでも一大ジャンルを築いているのが、「くくりわな」だ。くくりわなは、ロープの一方を木などに結びつけ、もう片方を「引くと締まる輪（スネア）」にして、獲物が足や首、体をそこに入れたタイミングで引き、捕縛する猟具だ。

太古のくくりわなは、植物のツルを編んだものを使っていたが、現在は金属製の針金を何本もより合わせて強度と柔軟性を両立させた、ワイヤーロープが多く使われている。イノシシやシカなど大物の場合、針金のままだと引きちぎられてしまうからだ。

ワイヤーロープを引っ張る

ねじりバネ式くくりわなの仕組み

踏み板の外筒（塩ビパイプ）を押しつけながら、外径のサイズに合った穴を掘っていく

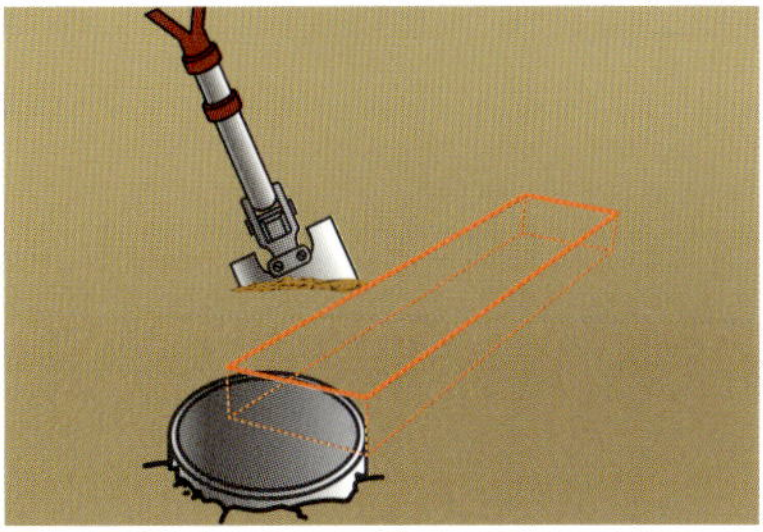

外筒を埋めたら、ねじりバネを埋める浅い穴を掘っていく

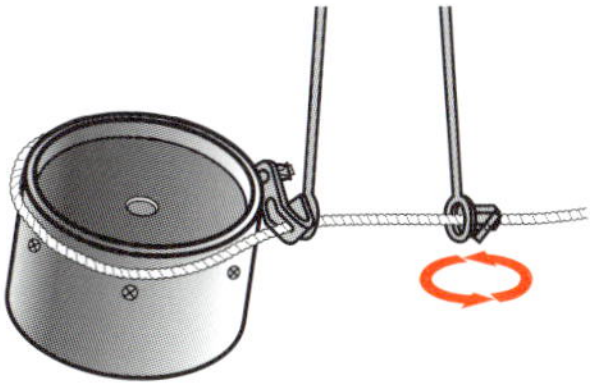

スネアを踏板の内筒にひっかけ、ねじりバネにロックをかける

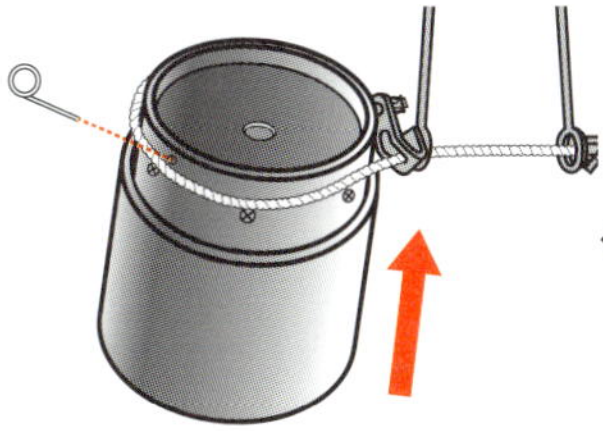

外筒に内筒をはめ込む。スネアがすべってはずれてしまうのが心配な人は、内筒にピンを刺してロックする

ねじりバネを掘った穴に埋め込む。無理やり曲げるとスネアがはずれるので様子を見ながら慎重に

ねじりバネの安全ロックを解除。内筒を獲物が踏むとスネアがはずれてバネが立ち上がり、獲物を締めつける

動力には、スネアに引っかかった獲物が前進して締める〝引きずり式〟や、曲げた木の枝にスネアをつなげて引き上げる〝跳ね上げ式〟などもあるが、主流は〝バネ式〟だ。

動力を作動させる仕組みが「トリガー」で、地雷のように踏んだら作動する〝踏板式〟と、体の一部がひっかかったら作動する〝蹴糸式〟がある。

このように、くくりわなは「スネア・動力（バネ）・トリガー」という3つの要素でできており、その組み合わせによって猟具としての特徴はまったく違ってくる。狙う獲物の種類や猟場の風土をもとに、自分自身の経験とカンをフル稼働して、最適な組み合わせを模索していくところに、くくりわなのおもしろさと奥深さがある。

引きバネ式くくりわなの仕組み

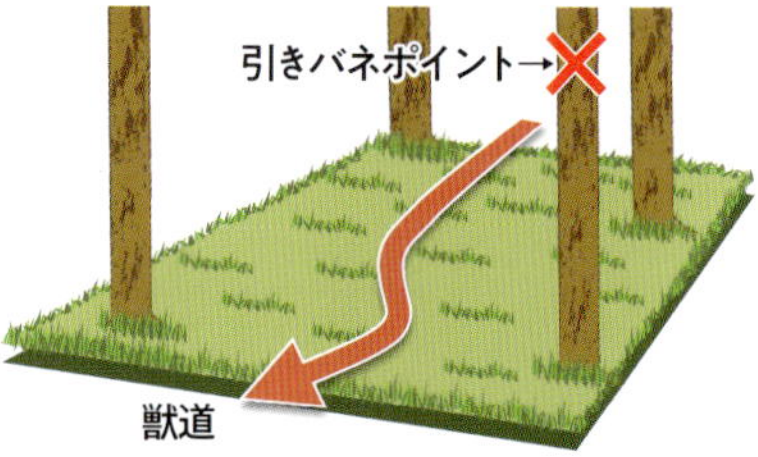

引きバネを仕掛ける立ち木を探す。できるだけ予想する獲物の移動ルートから見えない位置に設置

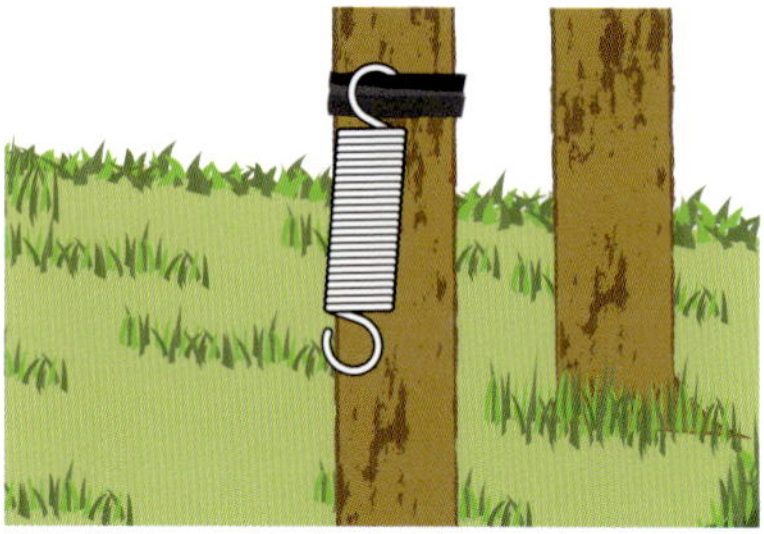

引きバネをロープやバンドで縛って固定する。高さはバネの長さによるが、2mくらいの高さにかける

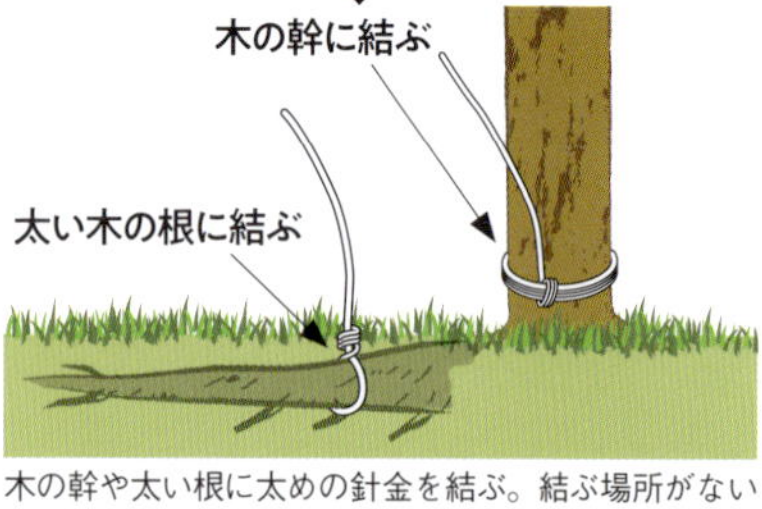

木の幹や太い根に太めの針金を結ぶ。結ぶ場所がないときは、小枝をロープで木にくくりつけ、その枝に結ぶ

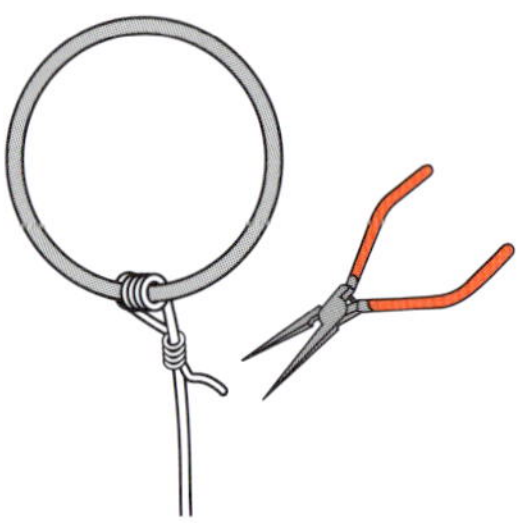

針金の先端に金属製のリングを取りつける。リングは100円ショップなどでも売っている

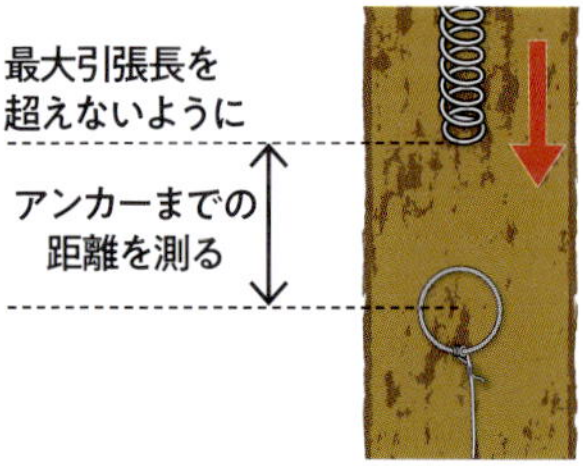

引きバネを引っ張り、リングとバネの先端の長さを測る。引きバネは引っ張りすぎると壊れるので注意

引きバネの先端に細い針金を取りつけ、針金には釘などの金属棒を取りつける。バネの端はスネアにも結ぶ

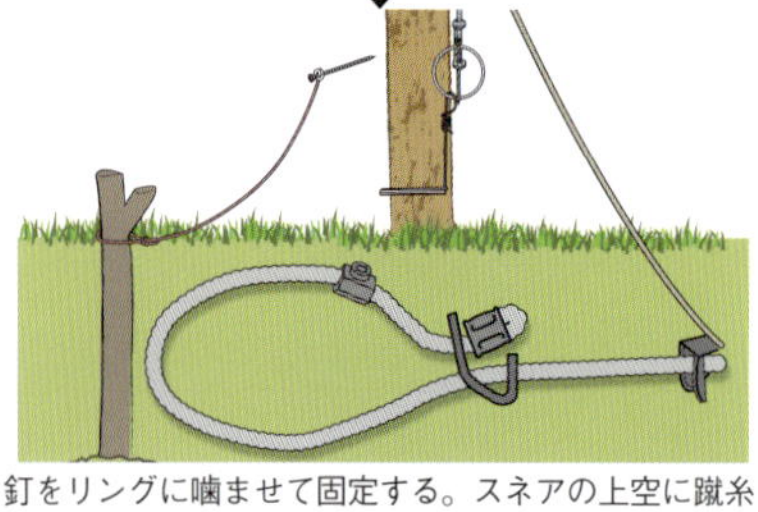

釘をリングに噛ませて固定する。スネアの上空に蹴糸を引っ張り、片方に釘を取りつける

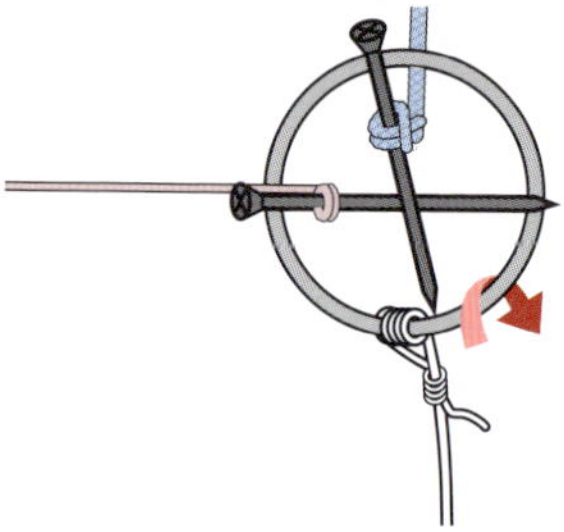

蹴糸の釘をバネの釘の下に差し、リングからはずす。蹴糸が引かれると釘が抜けて、引きバネが立ち上がる

押しバネ式くくりわなの仕組み

踏み板の外筒を、穴を掘って埋め込む

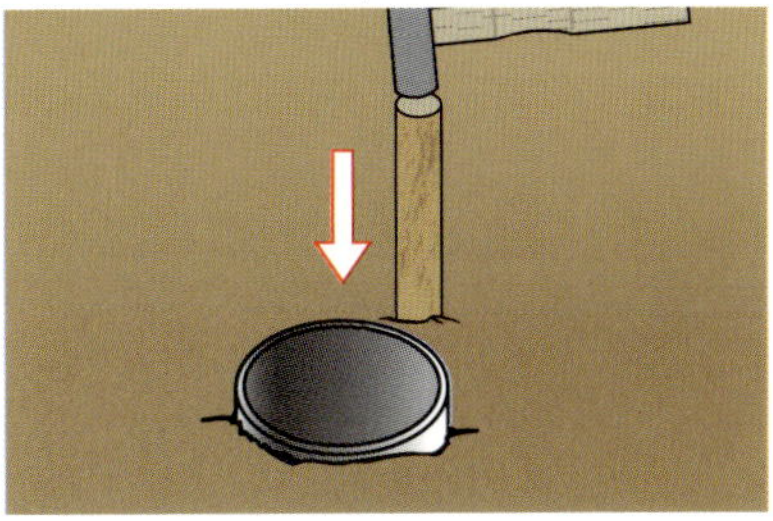

細い棒を外筒の近くに差し込んでいく。棒には押しバネ式わなと同じ長さに、印をつけておくといい

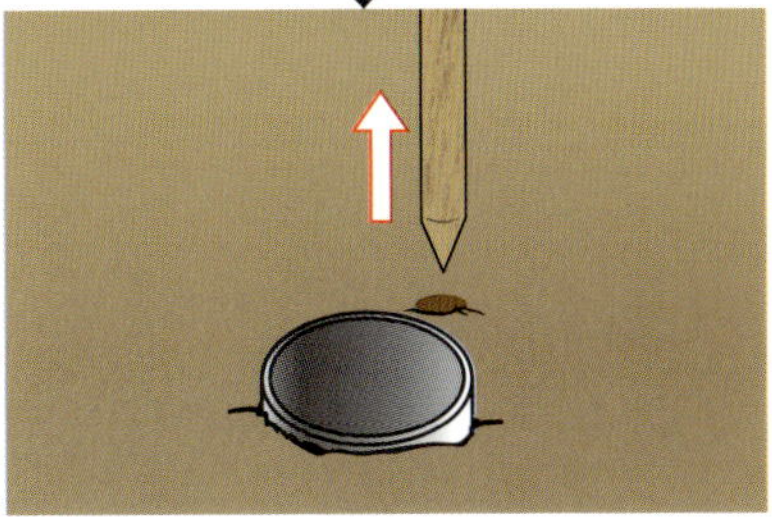

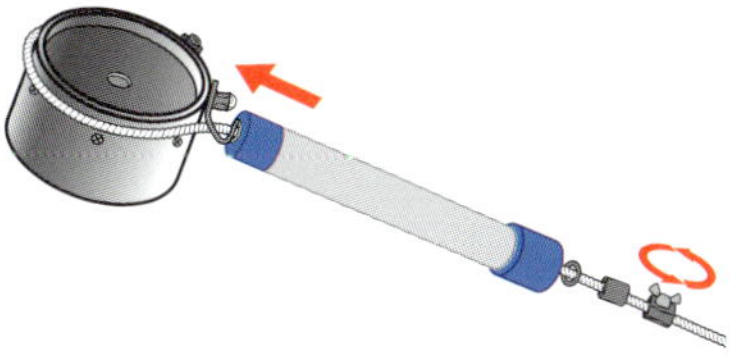

スネアを内筒に引っかけて、バネを押し縮める。ワイヤーのロックを絞る

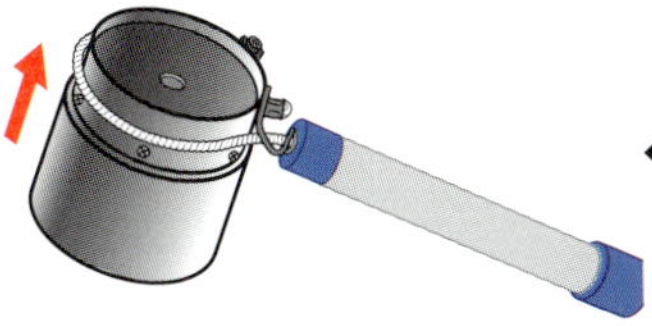

内筒を外筒にはめ込む。スネアが内筒からはずれるとバネが飛び出すので注意する

爪楊枝などでもよい

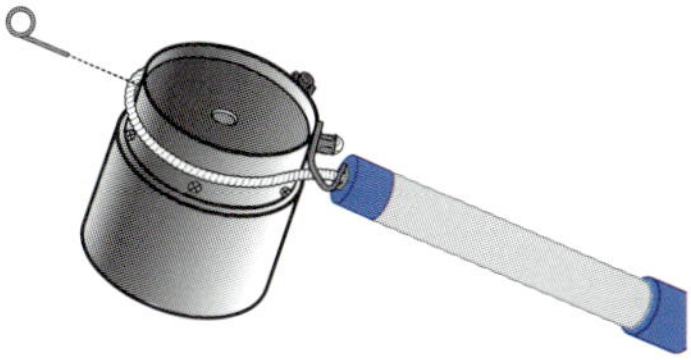

バネが暴発するのが怖い人は、スネアにピンを噛ませておくといい

スネアを曲げて、押しバネ式わなを地面に埋め込む

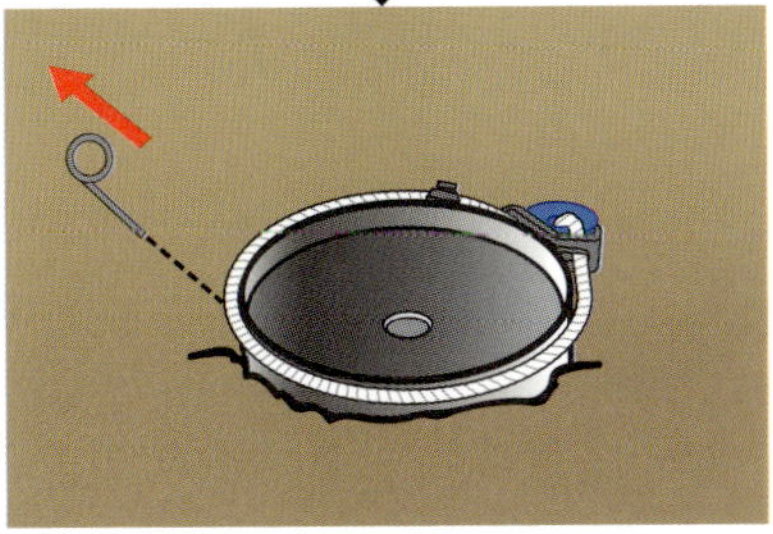

安全ピンを刺している場合は抜く。スネアを内筒の端に寄せて感度を調整する

環境に合ったバネとトリガーを選ぶ

傾斜などで足場が狭い場合は、設置面積が小さい押しバネ式が向いている

斜面は獲物が加速をつけて下りてくるので、蹴糸をトリガーにしておけば引っかかりやすいが、急すぎる傾斜は避ける

くくりわなの禁止事項

①獲物を吊り上げてしまうもの
②ワイヤーの直径が4㎜未満のもの
③「より戻し（スイベル）」がないもの
④「締めつけ防止金具」がないもの
⑤スネアの直径が12㎝以下（楕円形の場合は小さいほう）
⑥ひとりで31個以上のわなをかけること

最適なくくりわなは自分の手でつくる

初心者のわなハンターは、ついつい〝万能のくくりわな〟を探そうとしがちだ。仕掛けるのが簡単で、獲物に見つかりにくく、確実に作動し、獲物を捕らえたら逃がさない、しかも値段が安い……残念ながらいまのところ売られている気配はない。どんなわなを仕掛ければいいのかは、その猟場の風土や自然環境によって違ってくるため、先輩ハンターが使っているものを真似て自作するのも手だ。長くその土地で使われてきたわなは、その風土に合わせて改良が加えられていることも多い。

なお、シカやイノシシのくくりわなには、上のような禁止事項がある。①～④は獲物

バネ・トリガー

○／おすすめ　△／対応　×／難あり

バネ・トリガー		森林土	低草地	やぶ	泥場	砂地	岩石土	斜面	凍土
押しバネ	直接型	○	○	△	×	×	×	○	△
	間接型	○	△	△	×	×	×	×	○
引きバネ	直接型	×	×	×	×	×	×	△	×
	間接型	○	×	×	○	○	○	○	○
ねじりバネ	直接型	○	○	○	×	×	×	×	×
	間接型	○	×	○	○	○	△	×	△

● **押しバネ：**埋めるタイプのバネなので、設置面積が狭く立ち上がる力が強い

● **引きバネ：**穴を掘らなくていいが、上空に引っかける場所がなければ使えない

● **ねじりバネ：**立ち上がるスピードが速いが、設置面積が広くなる

● **直接型トリガー：**スネアが一体となったタイプ。獲物がトリガーを起動すると同時にスネアが締まるため、獲物を逃しにくい。ただし穴を掘って埋めなければならない（例：踏板式、割板式など）

● **間接型トリガー：**トリガーが入るとバネが稼働し、スネアを締めるタイプ。動作が2段階になるので、スネアが締まるスピードが遅くなる。蹴糸などで上空に設置できる（例：蹴糸式、つっかえ棒式など）

をムダに傷つけないためで、⑤のスネアが12cm以下という決まりは、くくりわなにクマが入らないようにするためだ。ただし、クマの少ない（いない）都道府県では条例によって規制が緩和されていることもある。

　また、わなを仕掛ける地面の状況が、低草地なのか泥場なのか砂地なのかによって、使えるわなは違ってくるし、平坦な場所か斜面かという地形なども考慮しなければならない。そこで、わなを仕掛ける場所の地面の状況と、バネ・トリガーの相性をまとめてみた。

　あくまでも目安だが、明らかに向かないタイプのわなをどんなにしつこく仕掛けても、捕獲率が上がることはないので、参考にしてほしい。

獲物がよく通る場所に設置する

獲物を獲ること以外に考えるべき10のポイント

広大な野山のどこにわなを仕掛ければいいのか？　やはり獲物が〝よく通る場所〟に仕掛けるのがポイントだが、そのためには獣が残した足跡やフンなどの痕跡（フィールドサイン）を見つけ、再びここを通るだろうという獣道を推理し、獲物が無警戒に〝足を置いてしまう〟ポイントを割り出さなければならない。

　また、わなは仕掛けたあとに毎日の見回りをしなければならないし、獲物がかかったら止め刺しをして運び出さなければならない。獲物を獲ることだけでなく、あらかじめこうしたことも想定して、わなを仕掛ける場所を選ぶ必要がある。

わなを仕掛ける場所選びのポイント

1 新しい足跡などのフィールドサインが残っている

足跡やフンなどは、あまり古いものを見つけても意味がない。足跡であれば草が踏まれたばかりで、表面に湿り気があることなどに注目する。フンはその形状から動物の種類を特定できるし、内容物を調べれば食性もわかるので、その食物がある場所の周辺を狙ってわなを仕掛けるという方法もある

2 獲物がまたぐ木などがあり、次に足を置く場所が特定しやすい

くくりわなを仕掛ける地面は、何もない平坦な場所よりも障害物が多いほうがいい。特に倒木の前後は、獲物がジャンプして通る可能性が高いため、足を着く場所を予想しやすい。段差になっている場所も、着地地点にわなを仕掛けておけば、捕獲率はグッと高まる

3 わなを避けて通れる別のルートがない

切り立った急斜面や深い谷になっているような場所は、行動の自由度が少ないため、おのずとルートが絞りやすい。もちろん、くくりわなを仕掛けるスペースも狭くなるので、引きバネ式のように穴を掘らなくてもいいタイプが向いている

7 見回りにきやすい場所

くくりわなを山奥や山の高い場所に仕掛けることはできるが、見回りのことを考えると現実的ではない。やはり無理なく見て回れる場所が望ましい。最近はIoTトレイルカメラなどを使えば、自宅にいながらわなの様子を確認できるので、こうした道具をうまく活用するのもこれからのわな猟の形かもしれない

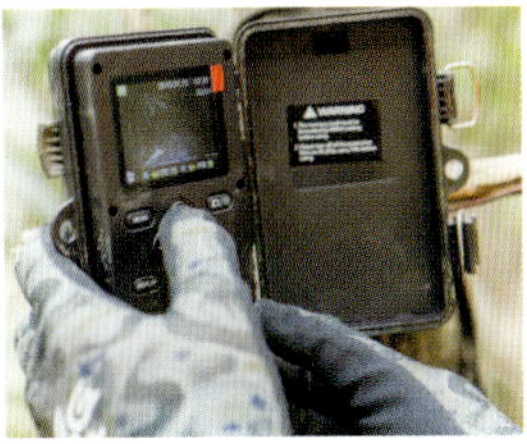

8 水はけがよく、わなが水没することがない

わなを仕掛けるときは、その場所の土壌や周囲との高低差などもよく確認しよう。一見して乾燥した土地でも、雨が降ると地面が泥化して、埋めたくくりわなが露出してしまうこともよくある。水没することがわかっている土地では、引きバネを使うというテクニックもある。獲物も泥で蹴糸の感触がわからないので、意外に効果が期待できる

9 わなを起動させる石などが周囲にない

トリガーの感度を強くしていると、ちょっとした小石が乗っかっただけで暴発することもある。よって、仕掛けるポイントの上に、石が落ちてきそうなガレ場がないことを確認しよう。くくりわなのトリガーには土をかぶせて隠すことも多いが、粘土質の強い土は雨に濡れると重くなり、その重さでトリガーが落ちてしまうので要注意

10 動物目線で見た場合、わな周辺に違和感を感じない

日本に生息する動物のなかで、最も目線が高い哺乳類は人間だ。わなを仕掛け終えたら、最後は四つん這いになって周囲を“動物の目線”で見てみよう。隠れていると思っていた場所が、低いアングルからは丸見えだったりすることもある

4 リードワイヤーを固定する頑丈な木がある

スネアをくくりつける木は、なるべく丈夫で太い立木を選ぶ。細すぎたり、腐っていたりするとへし折られて、足にワイヤーをつけたまま逃げられてしまう。延長用のワイヤーを数本つくっておくと、近くにちょうどいい木がなくても仕掛けられるので便利だ

5 止め刺しのときに安全に近づける場所

止め刺しのときは、獲物よりも上方向から近づくのが原則だ。くくりわなにかかったイノシシは突進して威嚇してくるため、斜面の下側にいると衝撃でワイヤーが切れて反撃を食らう危険性が高まる。槍型ナイフや電気止め刺し器を使う場合は、長尺物を取り回せるだけのスペースを確保する。銃による止め刺しを考えている場合は、射撃方向に人工物がないことも確認しよう

6 かかった獲物が公道に飛び出す危険はない

毎日の見回りのことを考えると、くくりわなを仕掛ける場所は、なるべく車を止める場所から近いほうがいい。ただし、あまりに車道に近すぎて、ワイヤーにつながった獲物が道に飛び出してくるような場所はNGだ。くくりわなを仕掛ける前にスネアを木に結んで、獲物の可動範囲を確かめておこう

仕掛けるときに必要な工具・小物

スコップとノコギリ あとは猟場で判断する

くくりわなを仕掛けるときに用意するのは、おもに工具や小物類が中心だ。押しバネ式とねじりバネ式の場合は、「バネ、スネア、リードワイヤー」を、引きバネ式は「スネア、リードワイヤー」をセットになった状態で用意しておく。引きバネ式は現地で針金や滑車なども使うので、ツールケースに入れて運ぼう。

基本的な工具としては、剣先スコップとノコギリを用意し、あとは猟場に合わせて選択する。スコップは小型のハンディタイプが持ち運びしや

現地でワイヤーの調整をするときは、ワイヤカッターとスエージャ（かしめ器）を忘れずに

工具類は腰袋にまとめて入れておくと、うっかり山のなかに置き忘れる心配もない

くくりわな猟を始める前に、猟具だけでなく止め刺し用の道具もそろえておくこと。「獲物捉えて縄を編む」という言葉があるが、そうならないように事前準備が大切だ

すいが、木の根が多くて掘りにくいときは、折り畳み式の大きめのシャベルを持っていこう。ノコギリは邪魔な小枝を切るのに使う。特にトレイルカメラを設置する際、木の枝が揺れるとカメラが誤作動してしまうので、ノコギリは必須になる。

わなが2、3基なら手で運べばいいが、猟期始めに同時に何十基も持ち運ぶ場合は、バックパックに入れて背負って運ぶ。猟期が終わって回収するころには、くくりわなは泥だらけになっているはずなので、プラスチック製のコンテナなどのケースに入れて、背負子に載せて運んだほうがいい。家に帰る前に、近くの川でコンテナごと水につけて掃除すれば、玄関が泥だらけにならずにすむ。

佐藤隆之さんのくくりわな猟の装備

トレイルカメラを木に取りつける。傾きを調整するために塩ビ管を枕に使う

広葉樹の多い地面は土が柔らかいので、小型スコップでも掘りやすい

くくりわなでも獲物を呼ぶために撒き餌が使われる。米ぬかはイノシシ・シカに効果的

佐藤さんはわなを作動させるストッパーとして、爪楊枝を使っている

❶撒き餌用バケツ（米ぬか）
❷止め刺しした獲物を引っ張って運ぶワイヤー
❸ガーデニング用グローブ
❹わな標札
❺延長用リードワイヤー
❻インシュロック（わな標札を掲示するため）
❼ポケットナイフとガーデニング用はさみ
❽スコップ
❾トレイルカメラ用バンド
❿手づくりのわな掲示板（任意）
⓫ビニール袋
⓬トレイルカメラ
⓭多目的用バンド
⓮剣鉈（大型ナイフ）

檻に誘い込んで捕獲する

箱わなを設置する場所は、平坦な場所が基本で、できればなるべく人の出入が少ないほうがいい。しかし、箱わなは軽トラックなどで運ばなければならないので、道路から離れた場所には設置しにくいという問題もある

獲物の警戒心を解く知恵くらべが箱わな

くくりわなと並ぶ、もうひとつのわな猟、それが「箱わな」だ。金属製の檻に扉がついていて、トリガーが起動すると扉が落ちる仕組みになっている。サイズはネズミを捕る超小型のものから、イノシシやシカを獲る大型のものまでいろいろあるが、イノシシやシカを群れで捕獲する天井がはずされているタイプは、「囲いわな」と呼ばれる別の種類のわなになる。

獲物にとって、くくりわなは〝見えないわな〟だが、箱わなは獲物からも〝見えているわな〟だ。つまり、単に箱わなを置いただけでは、獲物も警戒して入ってくることはない。くくりわなが獲物に「警戒心を抱かれないようにする」知恵くらべだとすると、箱わなは「警戒心を解いていく」知恵くらべということになる。

シカやイノシシの警戒心を解くために活用するのが、「撒き餌」だ。もちろん、最初から箱わなの中に餌を撒いても、動物は警戒して入ってこない。最初は檻から離れた場所に少しずつ餌を撒き、獲物が「このエサは食べても安全そうだ」と思うようになったら、徐々に餌を撒く場所を檻に近づけていく。つまり、箱わなもやはり、動物たちの心の動きを読む〝心理戦〟なのである。

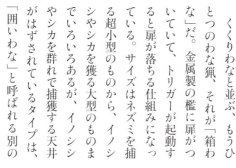

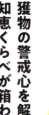

材質と大きさ

箱わなは長期間野外に放置するため、雨風に耐えられるように防錆ペンキや、亜鉛メッキの鉄鋼が使われる。最近は鉄鋼を格子状に溶接した、ワイヤーメッシュと呼ばれる既製品を再加工してつくることも多い

扉にはロック機構を

扉は重たい鋼鉄製だが、イノシシは器用に鼻先で扉を持ち上げて外に逃げ出すだけの、力と頭のよさを備えている。それを防ぐために、扉には閉まると持ち上がらないようにロックする“カンヌキ”が設置される

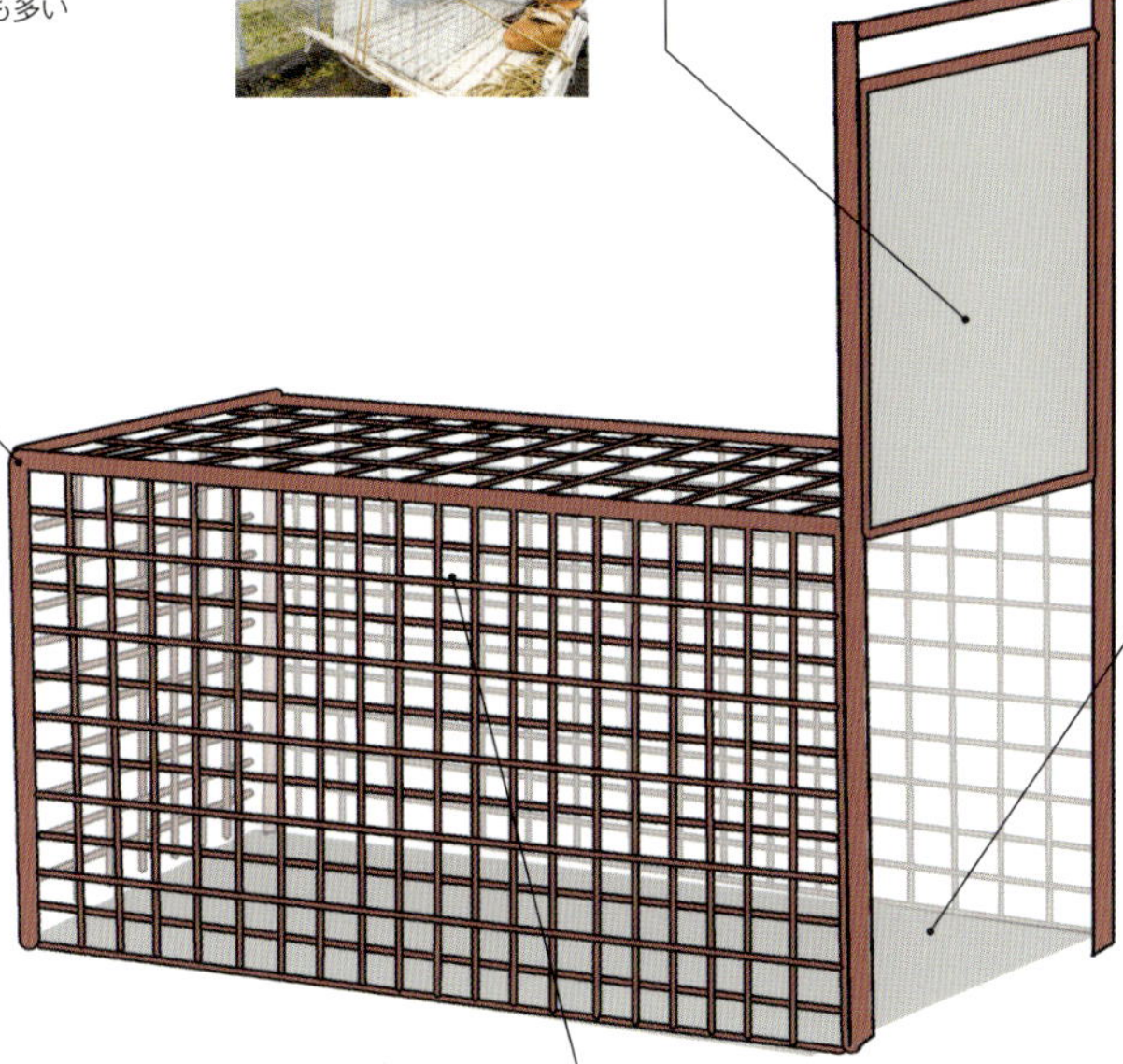

床面の処理とエサ

地面を掘って逃げないように床面も金属の檻になっているものが多いが、そのままでは入るのを嫌がるので、土や枯葉を敷いて平らにならしておく

トリガー（つっかえ棒式）

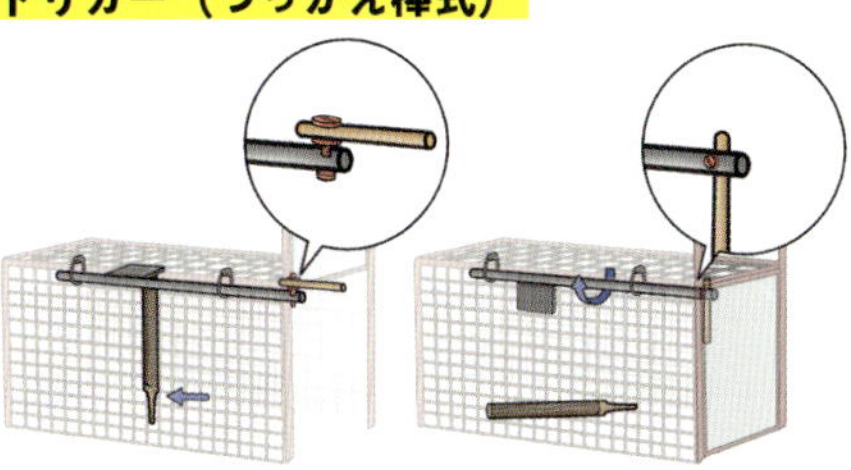

檻の上部に設置した鉄棒で、扉と地面に立てた“つっかえ棒”の2点を支える。獲物が箱わなに入ってその棒を倒すと、鉄棒が半回転する。鉄棒と扉の接合部は、鉄棒が回転するとさらに垂直方向に回転し、噛み合いがはずれて扉が落ちる

column

両開き式箱わな

箱わなには片開きと両開きの2タイプある。両開きは獲物から見て前方が開いているため警戒心が薄れる。ただ、扉が落ちる瞬間に跳躍して、前方から逃げてしまうことも多い。片開きは警戒心が解けにくいが、四つ足動物はバックが苦手なので、ほぼ確実に捕獲できる。

獲物は3段階で箱わなに誘引する

設置場所の条件
- 地盤が固くて平らな土地
- 木や遮蔽物に囲まれている
- 人が立ち入らない
- 土地所有者の許可

エサの種類
- **植物系エサ**
  果実、野菜、根菜など
- **肉系エサ**
  肉、内臓、魚、動物の死体など
- **人工エサ**
  米ぬか、砂糖菓子、
  ペットフードなど

無作為に獲物を寄せてトリガーで選別する

動物には「草食動物」「肉食動物」というくくり方があるが、実はこれはかなり古い動物学の考え方といわれる。というのも、草しか食べない動物や、肉しか食べない動物というのはこの世にほとんど存在せず、単に〝偏食〟傾向を持っているだけなのだ。

たとえば、ウサギやシカが動物の死骸を食べることもあるし、テンやキツネがポテトチップスのようなお菓子を食べることも多い。また、個体差も大きく、特定のエサが好きな個体もいれば、食べない個体もいるが、餌が豊富な年は動物のこうした偏食傾向は激しくなるといわれる。

これまで、撒き餌は捕獲する獲物に応じて変えるのがセオリーとされてきたが、実際には狙った獲物だけが寄ってくることは滅多にない。撒き餌の種類はコストパフォーマンスで選ぶのが効率的だ。近くに果樹園があれば廃果物、精米所が近ければ米ぬかならタダ同然で仕入れられる。

そして寄ってきた獲物は、トリガーのかけ方で選別する。たとえば、イノシシを狙う箱わなにタヌキやアナグマが寄ってきたとしても、トリガーを小動物がかからない高さの位置にかけておけば、わなは作動しないため、イノシシだけを選別して狙うことができるわけだ。

箱わなを仕掛けるポイント

1 わなの近くにおびき寄せる

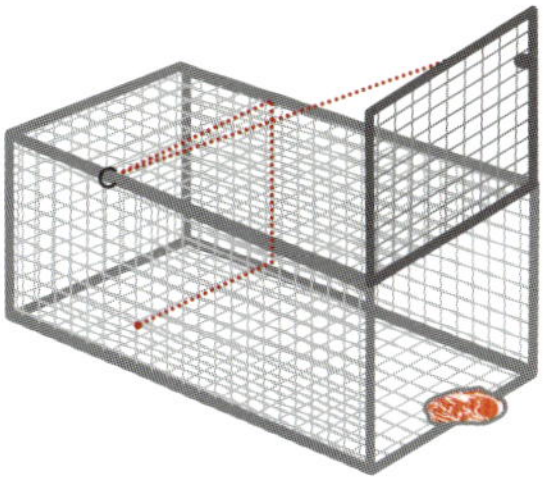

※この時点ではまだ
トリガーを引かない

まずは撒き餌を箱わなの周囲2～3ｍの場所に数カ所撒き、さらに箱わなの場所に誘導するように2、3カ所撒く。餌は1カ所に多く撒きすぎない。獲物に箱わなの場所を覚えさせるのがポイントになる。この時点ではどんな獲物が誘引されるかわからないし、餌がほかに豊富にあれば近寄ってくる動物は少なく、餌が少ない持期は誘引される動物も多くなる

2 わなの内部に誘い込む

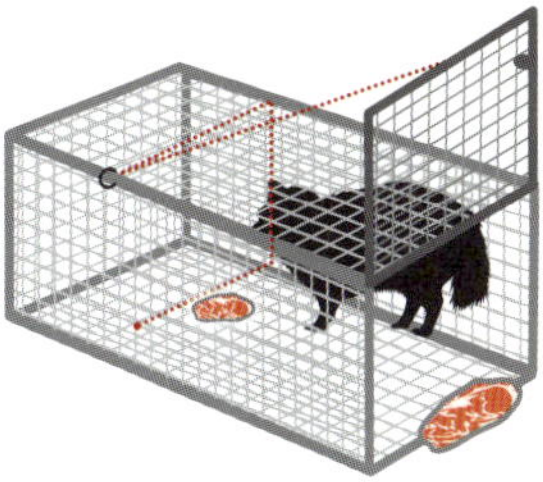

※この時点ではまだ
トリガーを引かない

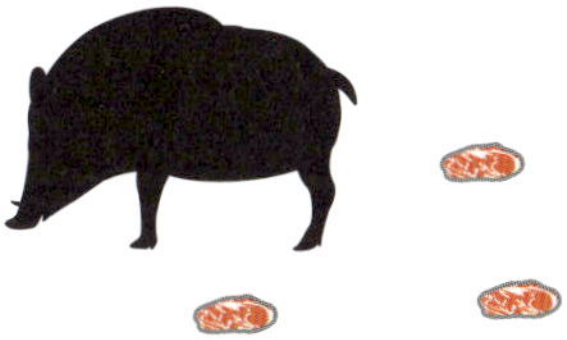

箱わな周辺の足跡やトレイルカメラを見て、ターゲットが近寄っていることがわかったら、次に箱わなの中に餌を撒く。このとき警戒心が弱いタヌキやウリ坊が先に箱わなに入ってくるので、まだトリガーは引かない。ここで扉が落ちると様子を見ていた大人のイノシシは、「罠だ」と学習するため、二度と近寄ってこなくなる。ターゲットが箱わなに入ってエサを食べるまで根気よく餌を撒き続けよう

3 トリガーを仕掛ける

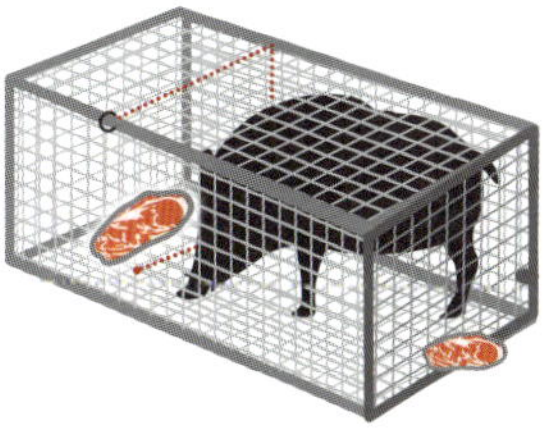

ターゲットが箱わなの中でエサを食べていることを確認したら、いよいよトリガーをセットする。このとき、蹴糸式の場合は高めにかけるのがポイント。踏板式の場合は小枝などをはさんで重めに調整する。もしトリガーが起動しなくても、後日再チャレンジすればいい。タイミング悪くタヌキがトリガーに触れて、それまでの苦労が水の泡になることだけは避けなければならない

実際に箱わなを仕掛けてみよう

箱わなの仕組みを熟知することが先決

くくりわなにさまざまなトリガーがあるように、箱わなにも多くのトリガーがある。「踏板式」は箱わなの床面にシーソーのような板を置き、そこを獲物が踏むと噛み合いがはずれて扉が閉まる。単純な構造で小型化しやすいため、小型箱わなによく使われる。「つっかえ棒式」は、単純なものだと1枚の竹板を大きくたわませて扉を乗せ、これに触れると竹が弾けて扉が落ちる仕組みだ。シンプルなトリガーだが、その応用性はとても広い。

くくりわなと同様に、蹴糸式もよく使われる。これは箱わな内部にヒモを通し、扉と〝チンチロ〟と呼ばれる金具でつなぐ。獲物が糸にひっかかると、チンチロの噛み合いがはずれて扉が落ちる。やや複雑だが蹴糸を高い位置にかけられるので、獲物を選別するのに効果的だ。

そのほか、モバイル環境を活用したトリガーもある。獲物が箱わなに入るとカメラが作動し、通信回線を通じてスマホやパソコンに画像が転送される。ハンターは遠隔操作で扉を閉めるボタンを押せば、電磁石が切れて扉が落ちる仕組みだ。

column

中型獣には小型箱わなを

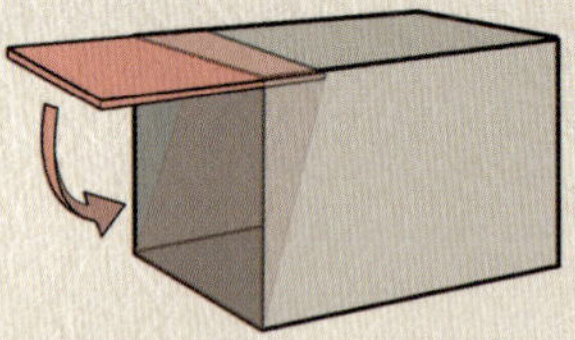

タヌキやテン、アナグマなどの中型獣を捕獲するのが小型箱わなだ。仕掛けるセオリーは大型箱わなと同じだ。餌を撒いておびき寄せて誘い込む。ただし、トリガーが檻と一体化しているタイプが多いため、獲物を選別するのは難しい。

箱わなをかけるポイント

箱わなは一度仕掛けたら、簡単に動かすことができないし、くくりわなのように仕掛けを組み替えるようなこともほとんどない。メーカーから購入（または自作）した箱わなを、メンテナンスをしながら長く使い続けることになる。したがって、くくりわなのようにパーツごとの細かな構造を知るよりも、まずは箱わなを購入してその使い方に慣れていったほうがいい。ここでは箱わなの仕掛け方の一例を紹介する。

扉を持ち上げて、落ちないようにロックをかける

金属棒を回して扉と噛み合わせる。ロックをはずして扉を棒に乗せる

棒はカラビナで支え、カラビナには蹴糸をつないでおく

蹴糸を引くとカラビナと金属棒がはずれて回転し、扉との噛み合いがはずれる

扉が落ちるとカンヌキがバネで押し出されて、ロックする仕組みになっている

檻の中の撒き餌が雨で濡れないように、ゴムシートをかぶせておく

この箱わなは溶接から塗装まで全部自作。トリガーの構造も完全オリジナルだ

撒き餌を撒いてトレイルカメラを設置。いよいよ獲物との駆け引きが始まる

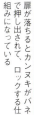

わなは毎日見回るのが原則

見回りを省力化する3つのテクニック

わな猟では、わなを仕掛けたら毎日見回りを行うのが基本。わなにかかった動物は多大なストレスを感じるため、可能な限り早く仕留めなければならない。これは人道的な理由に加え、ストレスによって肉の旨味成分を壊さないようにする目的もある。

しかし、毎日の見回りというのは、特にサラリーマンにとって想像以上に負担が大きい。他人の農地に仕掛けていれば、農作業のついでに見てもらうこともできるが、山に仕掛けた場合は、毎日山に入らなければならない。

そこで、見回りの負担を軽減する方法を3つ紹介する。ひとつ目は、見回りできない日の前日はわなを可動させないことだ。箱わなは扉にストッパー差し、くくりわなならバネに安全装置をかける。通称「フタをする」と呼ばれるこ

毎日の見回りついでに周囲も確認する。どんな動物が寄ってきているか、ターゲットとなる動物の警戒心はどうかなど、足跡などの情報を探して判断する

IoTトレイルカメラを活用する

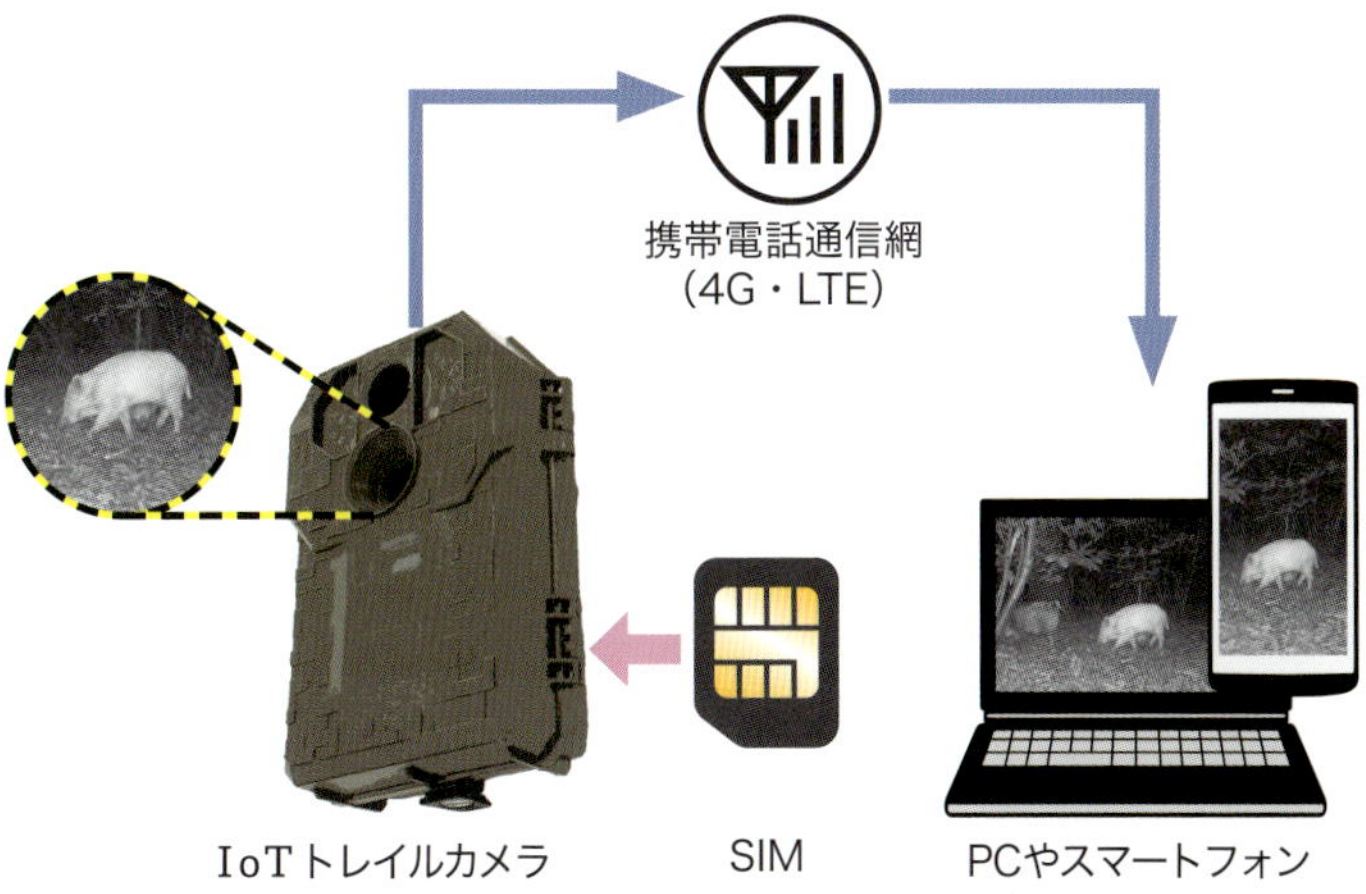

SIMカードを使い、携帯電話回線を利用したトレイルカメラ。パソコンやスマホに撮影した写真や動画が自動的に転送される。これまでSIMの利用は月に5000円近くかかっていたが、近年格安SIMの登場で、運用費用は月数百円程度ですむようになった。プリペイドSIMのように、使い捨てタイプもあるので猟期中だけの契約もできる

携帯の電波が取れない（SIMが使えない）山のなかでは、LPWA（広域無線通信）が利用される。これは山に中継器を立て、わなにつけた子機からの情報を電波として発信するシステム。データ転送量が小さいため写真や動画は送れないが、子機1台が数千円と安価。わな起動情報はメールで届く

小型のトレイルカメラも性能が上がっているため、鮮明な写真が転送されてくる

うした処置をしておけば、獲物はかからないので見回りをする必要もなくなる。

ふたつ目が、わなに電波発信器を使う方法だ。わなの発信装置は獲物がかかるとスイッチが入り「ピ…ピ…ピ…」といった電波を発する仕組みになっているので、通勤や通学時に無線を聞きながら、わなをかけた場所周辺を車で移動する。もし電波の発信をキャッチしたら、帰宅時などに現場へ向かえばいい。なお、装置は適法品（技適マーク）のあるものを使おう。

3つ目がテクノロジーの活用だ。わな発信機には電話回線やLPWAと呼ばれる電波を出して、スマホやパソコンに情報を送る装置がある。これを使えば在宅のまま、わなの状況を知ることができる。

暴れないように固定する

わなにかかった獲物を見て喜ぶのはまだ早い。窮地に立った獲物は死力を尽くして逃れようとする。反撃のチャンスを与えると、一転してこちらが危険にさらされる。油断大敵だ

最後まで気を抜かずに確実に拘束する

わな猟には「獲れない獲物を過信するな、獲れた獲物をバカにするな」という格言がある。つまり、獲物がとれない原因を〝野生の勘〟といった言葉で片づけてはいけないし、もう一度五感を駆使してわなの設置状況や周囲を観察する。そして獲物が獲れたら止め刺しを終えるまで油断せず、相手を危険な野生動物と認識して対峙すべきという教えだ。

獲物がわなにかかっている姿を見ると、つい嬉しくて近寄ってしまいがちだが、わな猟ではこの瞬間が最も危ない。わなにかかった獲物は、人間の姿を目撃すると渾身の力を込めて逃げようとする。くくりわなならリードワイヤーがちぎれ、箱わなは扉が壊れてしまうこともある。

逃げられるだけならまだマシだが、イノシシやイタチ科の動物（イタチ、テンなど）は、人間に立ち向かってくる凶暴さを持っている。実際にわな猟の際にイノシシの牙で腹部を刺されたハンターが死傷する事故も起きている。

獲物がわなにかかったら、まずは可能な限り動きを止めて拘束しなければならない。拘束する方法にはいくつかあるが、くくりわなでは鳶口《とびぐち》やアニマルスネア（鼻くくり）と呼ばれる道具を使い、箱わなでは差し木が使われる。

くくりわなの場合

column

アニマルスネアを自作する

アニマルスネアは、棒を操作してスネア（輪）を獲物の首にかけ、反対側のワイヤーを引いてスネアが締めあげる道具。イノシシはワイヤーを噛もうとするので、上あごを縛る（鼻くくり）のがコツ。市販品もあるが、くくりわななどに使う部品で自作するハンターも多い。

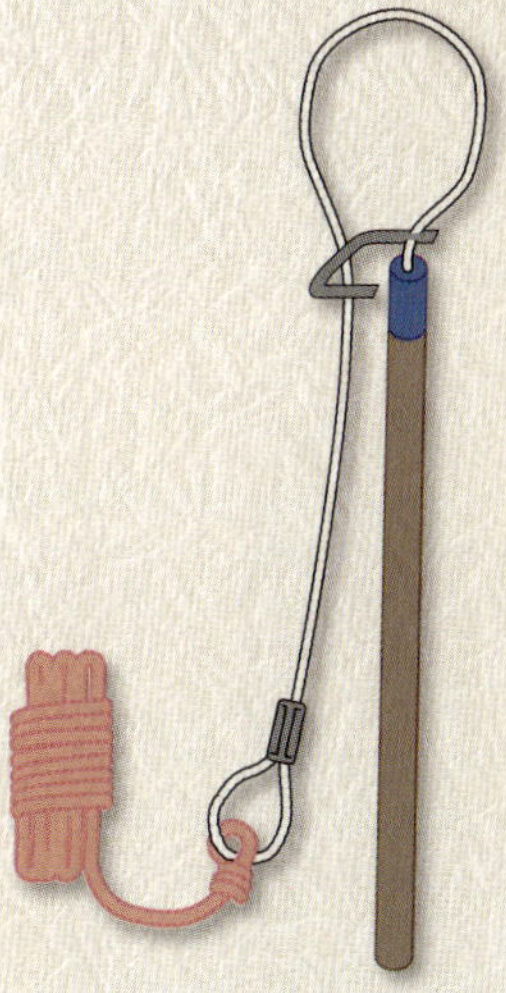

アニマルスネアを引っかける

アニマルスネアを足に引っかけてロープを引っ張り、くくりわなのワイヤーと一直線になるようにして獲物を拘束する

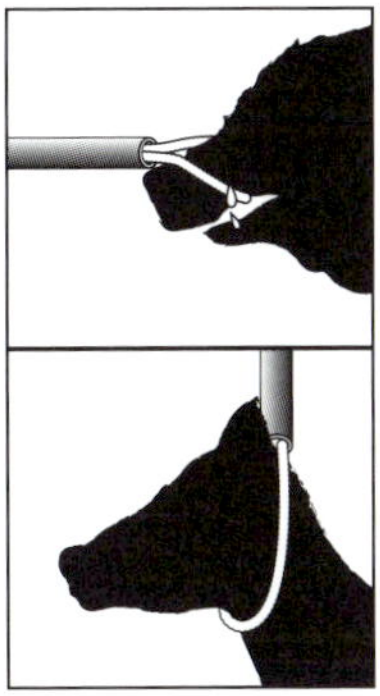

鼻くくりと首くくり

イノシシの場合は鼻をくくり、シカなどは首をくくる

アプローチは上側から

イノシシに近づくときは、突進の勢いでワイヤーが切れるのを防ぐため、上側から接近するのが基本

箱わなの場合

木材を差し込んで動きを封じる

反撃の危険性が少ない箱わなでも、突進を繰り返すと扉が外れる可能性がある。そこで箱わなのメッシュに木の棒を差し込んで、獲物の動ける範囲を少なくする。イノシシは棒に噛みついて振り回してくるので、しっかりと握って対処する

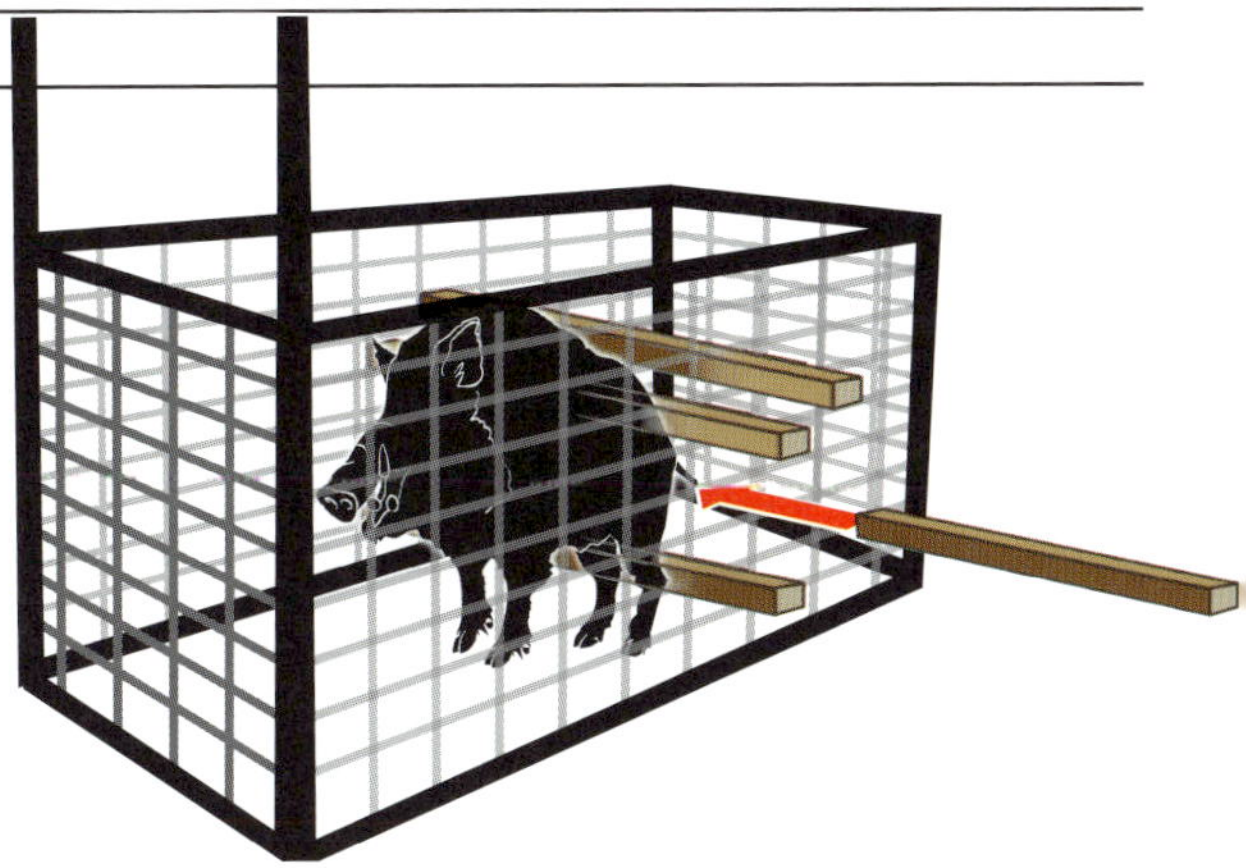

獲物を絶命させるのが止め刺し

銃による止め刺し

銃による止め刺しの条件

- 当該都道府県で銃猟者登録を受けている人が止め刺しをする
- 止め刺しをする場所が銃猟禁止エリアでない
- 獲物に接近するのに危険が伴う
- わなにかかっているのがどう猛かつ大型の動物（イノシシやシカ）
- 銃を使用するにあたって跳弾や誤射の危険がない
- バックストップがあり、近くに人家や人工物がない

止め刺しに使う銃と弾

- 散弾銃の場合、スラッグ弾を使って急所を狙う
- エアライフルの場合、銃を木などに依託して6.35㎜ペレットで正確に眉間を狙う

最も安全なのが銃による止め刺し

獲物の動きを拘束したら、速やかに止め刺しを行う。止め刺しの方法で、最も安全で確実なのは、銃を使った方法だ。わな猟ハンターのなかには「銃に頼りたくない」という人もいるが、安全かつ確実に獲物にとどめをさすためには、距離をおいて行える射撃にまさるものはない。

数年前までは銃によるわなの止め刺しは〝違法〟とされていたが、わなにかかった獲物からの反撃でハンターが死傷する事故が多発したため、現在では限定的に合法とされている。なお、銃による止め刺しを行うには、その都道府県の銃猟者登録が必要になる。もし自分が銃猟者登録をして

こん棒を使った叩き止め

耳の間を殴打する

止め刺しでは、こん棒や野球のバットで殴打する方法もよく行われる。イノシシの場合は、近寄るとこちらに向かって突進してくるため、ワイヤーが伸び切った位置でこん棒で叩く。このとき剣道の「メン」のように鼻先を叩いても意味がない。イノシシの脳は耳の間にあるので、振り下ろすようにして脳天に直撃させる。叩いたあとはナイフで刺して確実なとどめをさす。

刃物による止め刺し

刺したあとに素早く抜いて切る

刺し止めは、刃を上（頭側）にしてあばら骨の上から刺し込み、いったん背中側に刺し込んでから素早く刃を抜く。急所を切断できていれば、傷口から血がツーッと滴り落ちてくる。急所から出た血は胸腔内に溜まるので、漫画のように血がドバドバと噴き出すことはない。失血死までは最低でも数十秒かかる。ここで手を緩めると最後の一撃を食らう可能性があるため、気を緩めてはいけない。

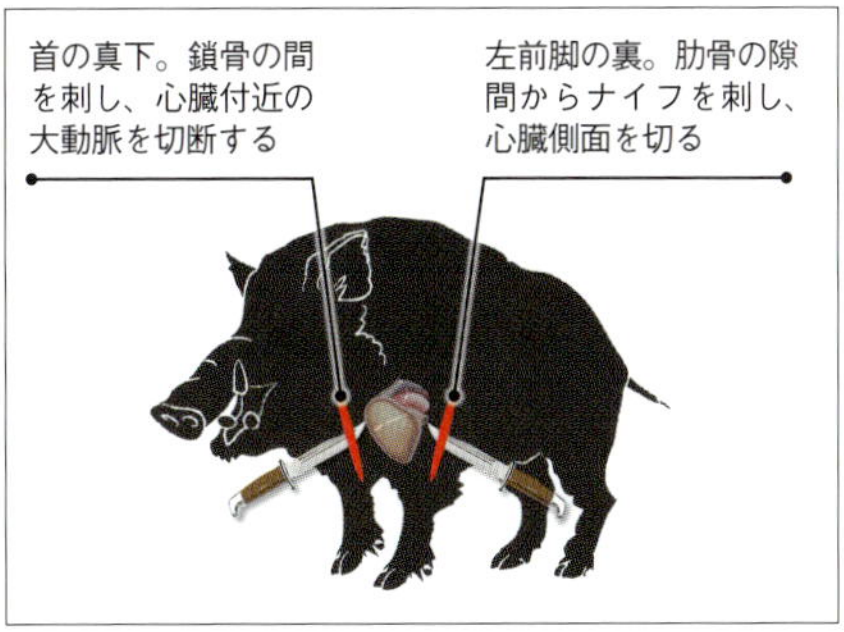
首の真下。鎖骨の間を刺し、心臓付近の大動脈を切断する
左前脚の裏。肋骨の隙間からナイフを刺し、心臓側面を切る

column

窒息による止め刺し

小型箱わなの止め刺しは、箱の隙間からアニマルスネアを入れて首をくくり、一気に引っ張って首を締め上げる方法がある。首に瞬間的な負荷をかけると失神するため、獲物に対する苦痛が少ないとされている。一方、箱わなごと水に沈めて水死させるという方法もある。水が肺に入る苦痛があるが、失神するまでの時間は短い。

いないのであれば、知り合いにお願いするようにしよう。

現実には、最も一般的なのがナイフによる刺し止めだ。これは拘束した獲物の胸元に刃を入れ、心臓か心臓上部の大動脈あるいは静脈を切断し、速やかに失血死させる方法だ。ナイフは短すぎると急所に届かないため、最低でも刃渡り12cm以上のナイフを使う。獲物が暴れて手を滑らせてしまうことも多いので、ナイフには鍔やスリップガードがついたタイプを利用する。長い棒にロープでナイフを固定し、簡易的な〝槍〟にして止め刺しをする人も多い。

なお、刃物類には銃刀法で所持が規制されているタイプ（刀や薙刀、ダガーなど）もあるので、不安な人は公安委員会に問い合わせてみよう。

電気ショッカーで気絶させて止め刺し

くくりわなでは電極を首に刺して、動きを麻痺させる。片手で持てるように、両電極の柄が1本になったタイプが使いやすい

バッテリーとインバーターはセットで持ち運ぶ。どちらもカー用品店などで手に入るので、自作する人も多いが、感電にはくれぐれも注意する

新しい方法だが取り扱いには要注意

　ここ数年で一般的になったのが、電気ショックによる止め刺しだ。これは「電気ショッカー（電気止め刺し器）」と呼ばれる道具を使い、獲物に高電流を流して仕留める方法だ。一般的には電気ショックで心臓麻痺を誘発する目的で使われるが、電気を流しすぎると肉が変質するため、狩猟では電気を流して獲物の動きを麻痺させて、その間にナイフで失血死させる〝足止め〟に使うことも多い。

　電気ショッカーの電気供給源には、自動車用のカーバッテリー（12V）がよく使われており、それを自動車用のインバーター（12V→100V）で昇圧して使用する。プラス極とマイナス極の電極が2本とも尖っている「両突タイプ」と、片側がワニ口クリップになっている「片突タイプ」がある。

　両突タイプはふたつの電極で獲物を挟み込むように刺して使用するため、電流を確実に流すことができるが、電極が片方でも折れると使用できなくなる。片突タイプは槍のように使いやすいが、地面が乾燥していると電気抵抗が大きいため、うまく電気が流れず不発になることも。

　電気ショッカーの100Vは、人間が触れたら感電する危険性があるので、使用時はゴム手袋とゴム長靴を着用し

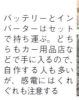

電気ショッカーの仕組み

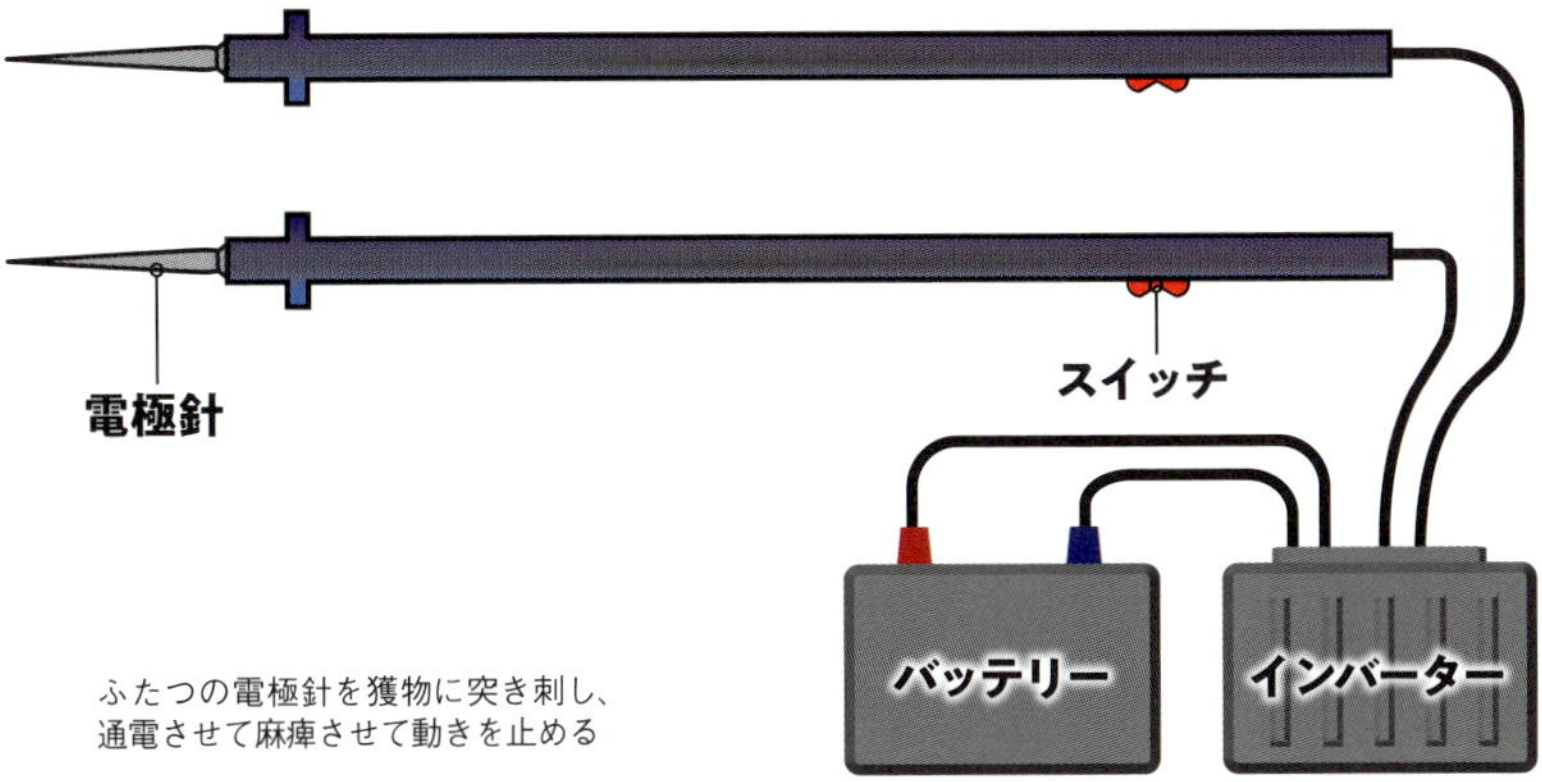

ふたつの電極針を獲物に突き刺し、
通電させて麻痺させて動きを止める

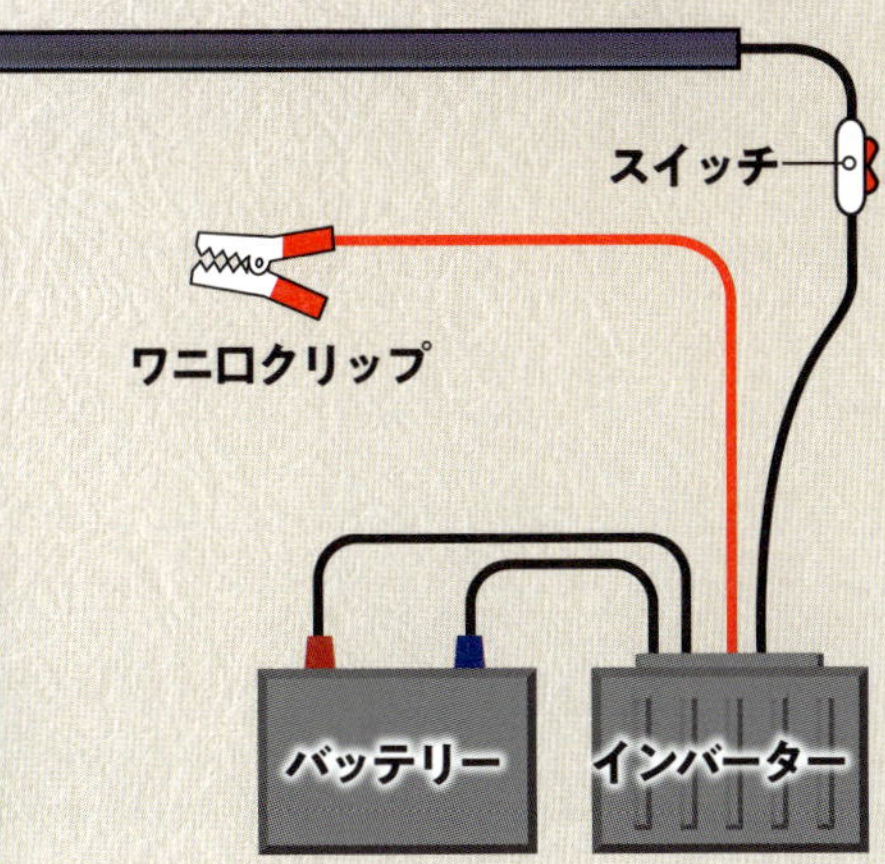

column

箱わな用の電気ショッカー

箱わな用の電気ショッカーは、片側のワニロクリップを檻に固定し、もう片方の突電極を獲物に刺す。箱わなに絶縁体（ペンキなど）が施されていることもあるので、購入前に確認しておく必要がある。

嬉野狩部の太田さんが考案した電気止め刺し棒

て、雨の日は絶対に使用しないこと。また、鋭く砥がれた電極は刺さりやすく、触れただけで感電する危険性もある。取り扱いには銃器と同様の気配りが必要になる。

電気ショッカーは獲物の動きを完全に止めることができるため、銃に次ぐ安全な止め刺し方法といえる。しかし、電気ショッカーはまだ登場して間もない止め刺し用の道具なので、行政のスタンスは「認知はしているが合法とも違法とも明確な判断をしていない」という、いわゆるグレーゾーンの状態だ。電気ショッカーによる死傷事故などが起きれば、たちまち規制される可能性も高い。危険な扱い方はしないよう、狩猟者一人一人が心がけなければならない。

ソリを使えば山道での運搬もラク

単独猟の場合は運搬方法も考えておく

獲物が息を引き取るのを確認したら、命をいただいたことに感謝しながら、撤収作業を行おう。

くくりわなの場合、まず獲物にくくりついたバネやスネアを解除する。獲物が暴れてワイヤーがこんがらがっていることも多いので、ワイヤーカッターを装備しておくといい。バネは伸び切ったりへたったりしていなければ、使い回しできるが、スネアのワイヤーは基本的に使い捨てだ。

ワイヤーロープのほつれている個所や、ねじれている部分は、極端に強度が落ちるため再利用しない。〝くくり金具〟と呼ばれる部品も、普通は伸びて変形しているので使

ソリで運ぶ

わな猟で獲物を引き出すときは、仲間がいれば協力して引っ張っていこう。単独の場合は、獲物をソリに乗せてロープで縛って固定する。ソリの上は不安定なので、段差を越えるときなどにひっくり返さないように注意する。獲物が100kgを超える大イノシシなら、その場で内臓を出して軽くするのも手だ。20%は体重が落ちるので、運ぶのがずいぶんとラクになる。

1 獲物からワイヤーやバネをはずす。トリガーも一旦すべて持ち帰る

2 獲物をソリに乗せて、しっかりとロープで固定する

3 人数がいる場合は、みんなで力を合わせてロープで引っ張ろう

4 段差を越えるときにひっくり返ることが多いので、地面を見ながら慎重に

5 車にウィンチを積んでおくと、獲物を荷台に積み込むときにとても便利だ

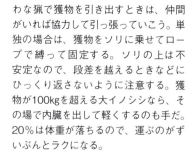

ウインチを使う

重い獲物を一人で運ぶ場合や、谷底から獲物を引き上げる場合は、ウインチが活躍する。手動式は引き上げたい方向の木にウィンチをくくりつけて、バランスが崩れないように慎重に巻き上げていく。チェーンブロックと呼ばれる滑車を利用してもいい。充電式のポータブル電動ウィンチはかなり高価だったが、最近は1万円弱で手に入るようになった。車を寄せられる場所があれば、カーバッテリーから電源を取るカーウインチを利用するのも一案だ。

かついで運ぶ

イノシシをかつぐときは、上あごにロープを通して前足を縛り、シカの場合は首と前足を縛る。頭と前足の3点を結ぶことで、運搬中に木に引っかかったり、バランスが崩れるのを防止する。後ろ足はスネの部分にロープを巻きつけて結ぶ。

column

半円形ソリを自作する

運搬用ソリには、プラスチックのドラム缶を縦半分に切断したソリがよく利用される。普通のソリだとバランスを取るのが難しいが、この形だとボブスレーのように姿勢が安定するため非常に運びやすい。

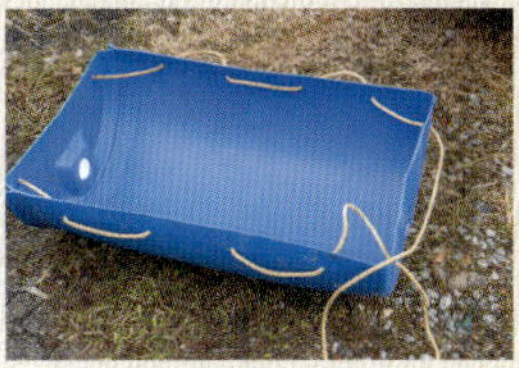

い捨てる。

箱わなの場合、特に損傷がなければ、床面の泥を入れ替えるくらいでいい。獲物の血や撒き餌が残ったままだと、再稼働させたときに警戒心を強めてしまう。ネジ止めでつくられている箱わなは、ネジのゆるみをチェックする。

獲った獲物は車まで運ぶわけだが、わな猟は単独で行動することのほうが多いため、一人でかついで運ぶのは大変だ。あらかじめソリを用意しておけば、平坦な場所ならひとりでも運び出せる。

わなをかけた場所から獲物を引き上げる場合は、滑車を利用するという手もある。ポータブルの電動ウインチがあれば、作業もはかどる。これらはホームセンターで入手できる。

ジビエは低温調理でおいしくなる！

初めて自分で仕留めたカモやシカ肉を、期待に胸をふくらませて食べてみると……。「ん？なんかレバー臭くて、あんまりおいしくない……」と感じたハンターは、意外に多いのではないだろうか。確かにジビエと呼ばれる肉のなかには、それが鳥でも獣でも、レバーのような何とも言えない〝臭み〟をもつものが少なくない。

　しかし、ここで「臭くておいしくない」と結論づけ、食べるのを諦めてしまったのでは、ジビエというものの深遠な魅力を見逃してしまうことになりかねない。

　そもそも〝レバー臭〟とは、「酸化アラキドン酸」という化学物質の臭いがその正体。動物の筋細胞に含まれるアラキドン酸という物質は、85℃の熱を加えられると鉄分と結合し、この独特な臭みが発生する。

　ならば、肉に熱を加えなければこのレバー臭も発生しないという仮説が成り立つわけだが、実はその通り。意外かもしれないが、新鮮な生のレバーにはほとんどレバー臭さがない。実際に生のレバーを食べたことがある人は、レバー臭さを感じたことがないはずだ。

　とはいえ、牛の生レバーの販売・提供が禁止されているいま、野生のシカ肉を生のまま刺身で食べるのは、食中毒のリスクが高すぎる。熱をかけずに調理することで、レバー臭さのないジビエ本来の味を楽しむ方法を考えてみたい。

　おすすめしたいのが、いわゆる「低温調理」だ。食中毒のリスクが抑えられる65℃付近の温度で調理すれば、酸化アラキドン酸も発生しないので、レバー臭はかなり抑えることができる。しかも、肉は60℃前後でタンパク質が凝固し、68℃を超えてしまうと水分が抜けて硬くなるので、低温調理ならば柔らかく調理できるというメリットもある。

　下味をつけた肉をジップロックなどに入れて、お湯の入った低温調理器に入れる。お湯の温度は自動管理されているので、65℃付近に設定して45分程度温める。取り出したら表面にだけ、フライパンでサッと焦げ目をつける。手間はかかるが、カモ肉もシカ肉も、ただ焼いたときとは比較にならないほど、旨みと香りを楽しむことができるはずだ。

第6章

猟果の活用

Chapter 6

狩猟を始める動機として、
ジビエへの興味を
挙げる人は想像以上に多い。
猟で得た肉や毛皮などは、
ハンターだけに与えられる
素晴らしい〝猟果〟だ。
ぜひ有効に活用しよう。

命に感謝しておいしくいただく

獲物を狩って食べる意味とは？

狩って食べるという行為には、どのような意義があるのだろうか？　肉が食べたければ、スーパーの精肉コーナーにいけばいいし、そこに並んでいるのは、まさに〝食肉のエリート〟たちばかり。すべてが徹底した衛生管理のもと、安定した品質で、味わいも完璧に調整されている。

自分の手を血で汚すこともなく、しかもわずか数百円程度で肉が手に入ることを考えれば、飽食といわれて久しい現社会社会において、肉を得ることを狩猟の目的とするのは、合理的とはいえない。

ここでハタと気づくことがある。「ジビエとスーパーで売られている肉は、まったく違うものではないか？」という根本的な疑問だ。

スーパーに並んでいる食肉は確かにおいしいが、食べるたびに新たな発見があるわけではない。すべての家畜は均一な肉質になるように育てられているため、同じ品種の家畜の肉は基本的に同じ味わいになる。つまり、そこに個性は必要ない。

しかし、ジビエは捕獲場所や個体の年齢、性別、食性など、それぞれにまったく違うバックボーンがあり、その肉

仲間と協力して獲物を狩り、その肉をみんなで食べる。昔から変わらない狩猟の風景だ

質もひとつとして同じものはない。

もちろん、なかには身がやせていたり、肉に臭みがあったりするものもあるかもしれないが、逆に感動を覚えるほど素晴らしい味わいの肉に出会えるのも、ジビエだからこその〝おもしろさ〟といえるのではないだろうか。

しかも、ジビエはハンターみずからが自分の手で得た特別な肉だ。銃猟にせよ、わな猟にせよ、獲物たちと対峙したハンターは、彼らの生前の姿を知っているし、そこで繰り広げられた〝命のやりとり〟を、鮮明に覚えている。だからこそ、自分が奪った命に感謝し、その命をおいしくいただく。それこそが、動物たちに対する、正しい向き合い方なのではないだろうか。

子どもたちと一緒に狩猟を体験することは、肉がどうやって手に入るのかを教えるいい機会になる

クマ鍋

カモの生春巻き

イノシシのカツレツ

栄養価が豊富なジビエ

食肉の栄養成分の比較

	シカ肉 ※1	イノシシ肉 ※2	牛肉 ※3	豚肉 ※4
エネルギー(kcal)	147	268	317	253
タンパク質(g)	22.6	18.8	17.1	17.1
脂質(g)	5.2	19.8	25.8	19.2
鉄(mg)	3.4	2.5	2.0	0.6
ビタミンB1(mg)	0.21	0.24	0.07	0.63
ビタミンB2(mg)	0.32	0.29	0.17	0.23
ビタミンB6(mg)	0.55	0.35	0.35	0.28
ビタミンB12(mg)	1.3	1.7	1.4	0.5
コレステロール(mg)	59	86	86	69

※1ニホンジカ・赤肉生
※2生・脂身つき
※3和牛肉・サーロイン・赤肉・生
※4大型種肉・肩ロース・脂身つき・生（文部科学省「日本食品標準成分表2015年版（七訂）」より抜粋）

ローカロリーで鉄分豊富でヘルシー

「薬食《くすりぐ》い」という言葉をご存知だろうか？　これは日本で肉食がはばかられていた明治以前において、野生獣の肉を「これは薬だから」という名目で食べていたころの言葉だ。もちろん、これは単なる口実で、農閑期の冬になると市中には「百獣屋《ももんじや》」と呼ばれる野生肉専門店が並び、町民はいそいそと足を運んだという。落語の『池田の猪買い』にも出てくる情景だ。

この時代の日本人は米食中心だったため、慢性的なビタミンB群不足に悩まされていた。ビタミンB群が不足すると、体のだるさや冷え、めまいなどの症状が現れ、重症化すると脚気《かっけ》になった。しかし、ビタミンB群は吸収が速いので、病状の回復も速い。ももんじを食べると病状がまたたく間に回復するわけだから、当時の人が野生獣の肉を「薬」と呼んでいたのも、あながち建前ではなかったのかもしれない。

現代社会においては、鉄分不足が深刻だ。鉄分は単体では吸収率が低いので、食品として摂取しなければならないわけだが、鉄分を豊富に含むジビエはうってつけの食材といえる。ジビエはさらに、ホルモン剤や抗生物質などを一切使わない健康的な食品であり、海外のセレブにも人気を博している。

獣類の解体

1 洗浄
きれいな水で体についた泥を洗い落す

2 固定
解体がしやすいように台に固定するか、ウインチで吊るし上げる

3 内臓出し
腹を裂いて胸骨と恥骨を切り開き、気道・食道、横隔膜と肛門を切って内臓をいっぺんに取り除く

4 毛の処理
地方によって、「皮剥ぎ」「湯剥き」「焼き剥ぎ」の3つの方法がある

5 頭を落とす
頚骨の軟骨に刃を入れて切り離し、頭をひねって取りはずす

6 前脚をはずす
脇の下から刃を入れて、肩甲骨ごと切り離す

7 背肉の取りはずし
背骨の中心に沿って刃を入れて、左右の首肉、背肉、尻肉を取りはずす

8 後脚をはずす
ボール状の股関節に沿って刃を入れて切り離す

9 あばら骨の取りはずし
背骨とあばらの関節に刃を入れて、肋骨を一本一本はずす

10 脚の骨抜き
筋肉は部位ごとに筋膜でまとまっているので、筋膜に沿って骨と肉をはずしていく

11 精肉
大きく、前肩肉、肩ロース、背ロース、バラ、モモの5種類に分離できる。また頬肉、コメカミ肉、舌、内ロース、スネ肉なども取れる

※解体所で行う場合は衛生面を考慮し、「頭落とし」後に「内臓出し」を行うこともある
※ここでの説明は「個人消費」を前提としている

食肉にするためには、しっかりとした解体の手順を踏まなければならない。できるだけ衛生的に行おう

肉はブロックのまま手に入る。普通の家庭の冷蔵庫に肉の塊があるという光景は、なかなかエキサイティングだ

column

血を使ったブラッドソーセージ

ジビエは肉だけが魅力ではない。レバーやハツ（心臓）、ホルモン（腸）などの内臓も立派な食材だ。日本人にはなじみが薄いが、血液も非常にメジャーな食材で、ソーセージなどに使われる。新鮮な血液は臭みがまったくなく、火を通すとムチムチとした食感になり美味。

ジビエとしての活用は安全性を最優先

衛生的な解体は食肉処理技法にならう

イノシシやシカなどの大物を解体する方法は、それぞれの地域で伝統的に行われてきたやり方によって違うが、なかにはナイフにフンや泥がついていても、「洗えば大丈夫だから」と、気にもすることなく肉を切るような人たちがいるのも事実だ。

しかし、せっかく苦労して手に入れた肉なのだから、できるだけ安心して食べたいもの。それにはなるべく衛生的に解体することが、ポイントとなる。家畜を解体するときの手順が食品衛生法で決められているので、その食肉処理の技法にならって、解体するようにしたい。

まず気をつけたいのが、解

シカの肉の部位

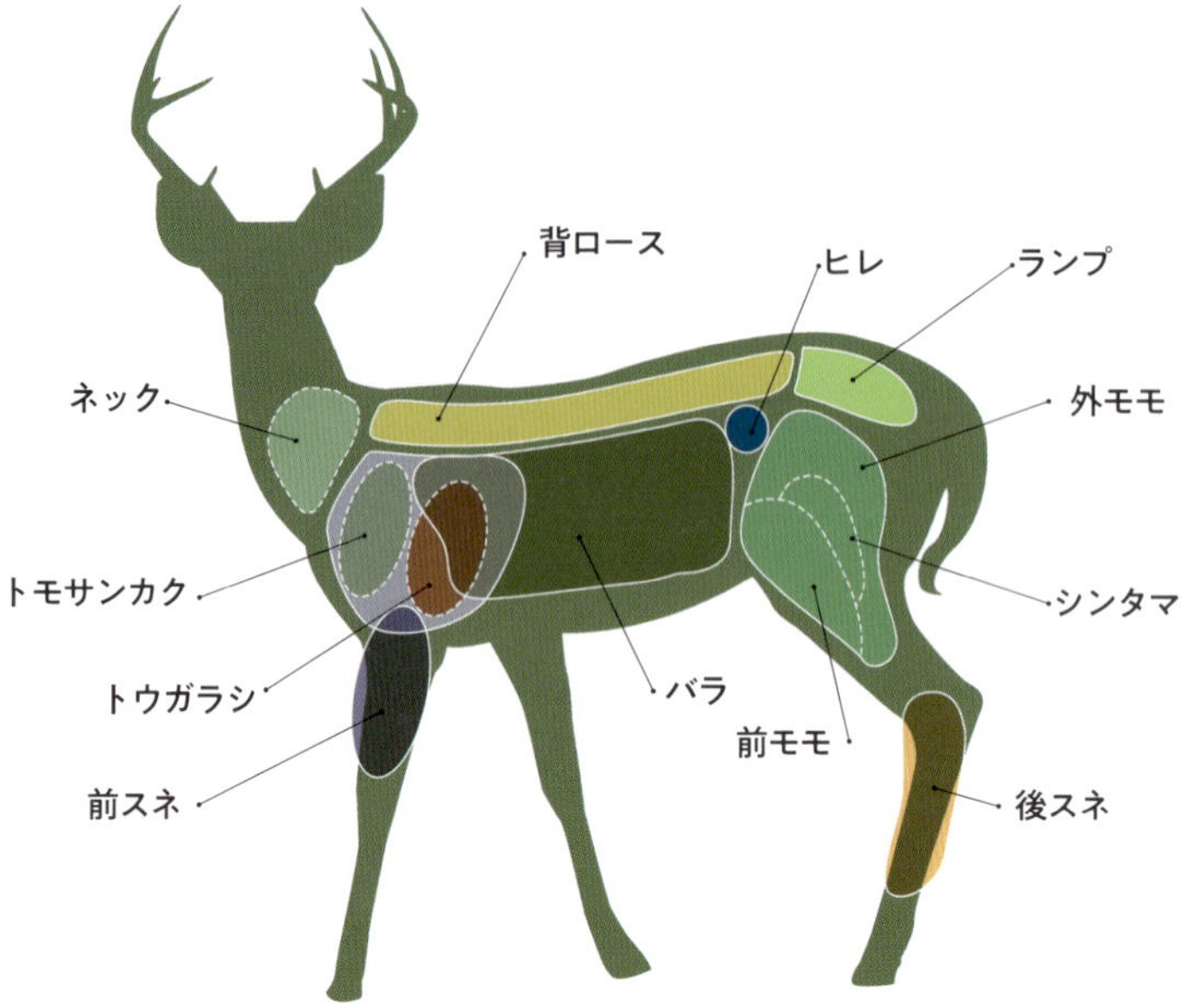

column

解体に使うナイフ

解体に使用するナイフは、なるべく専用のものを使用する。これは食肉に微生物を付着させないためという理由に加え、作業効率を上げるためでもある。それぞれの解体の工程では、皮剥ぎ（スキナー）、骨はずし（ケーパー）、肉切り（ブッチャー）などのナイフが使われる。

シカの解体

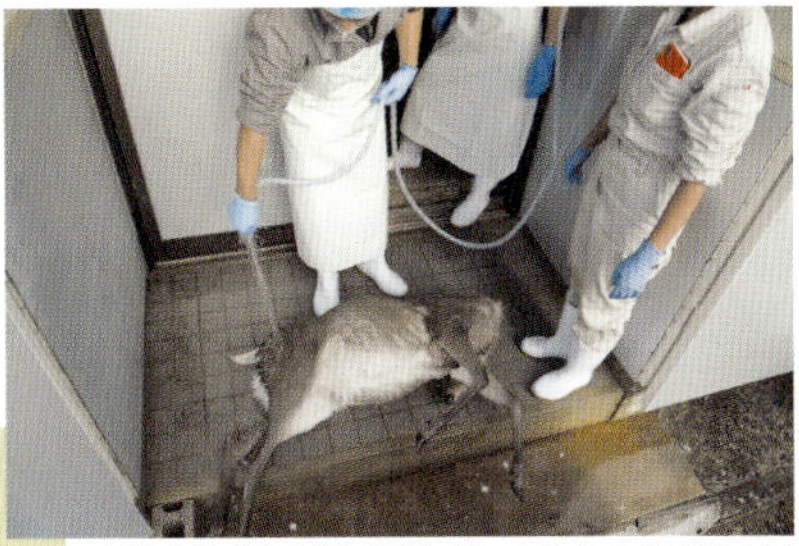

1

屠体を洗浄して泥を落とす。このときお湯をかけてマダニを死滅させることも多いという

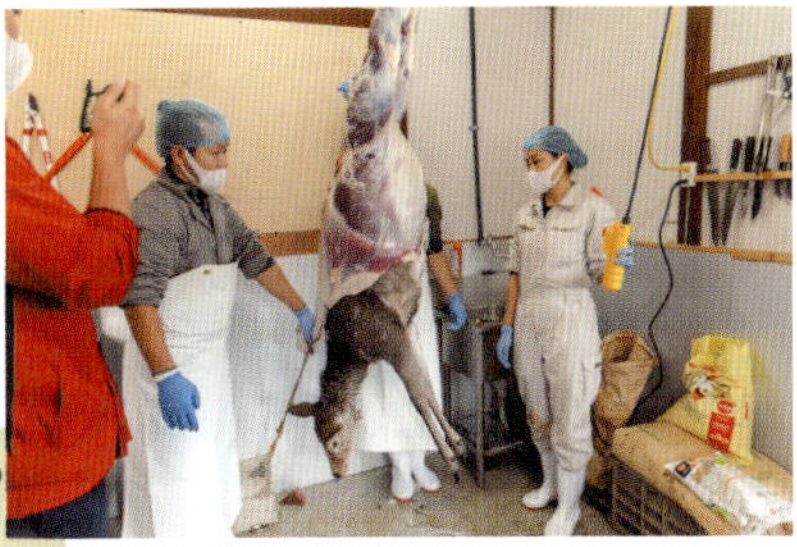

2

屠体を吊るして皮を剥ぐ。シカは途中まで皮を剥ぎ、あとは引っ張って剥がすことも多い

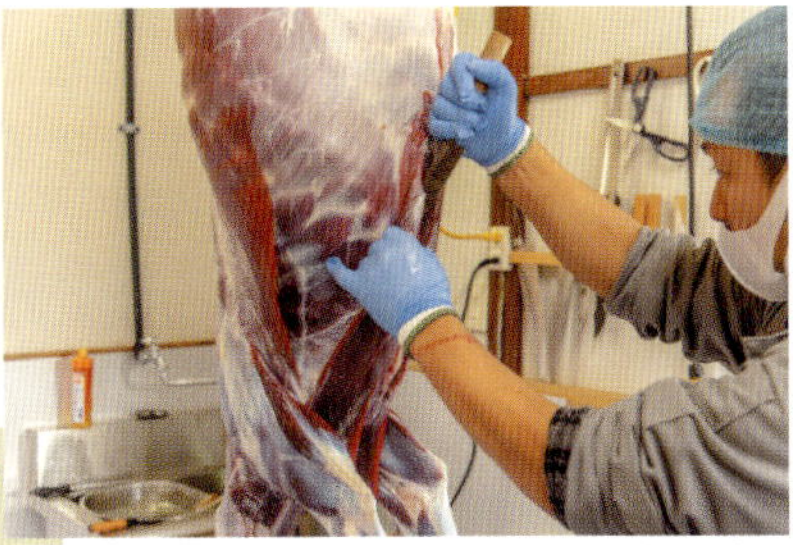

3

腹と胸を裂いて内臓を出す。このとき内臓を傷つけないように刃の方向に注意する

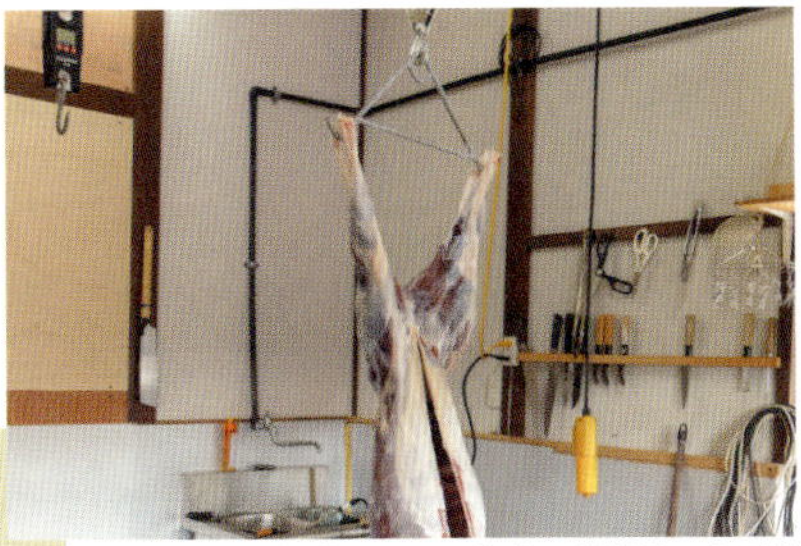

4

吊るすときは解体フックと呼ばれる道具をスネの間に通す。スネの部分は頑丈なので身切れしにくい

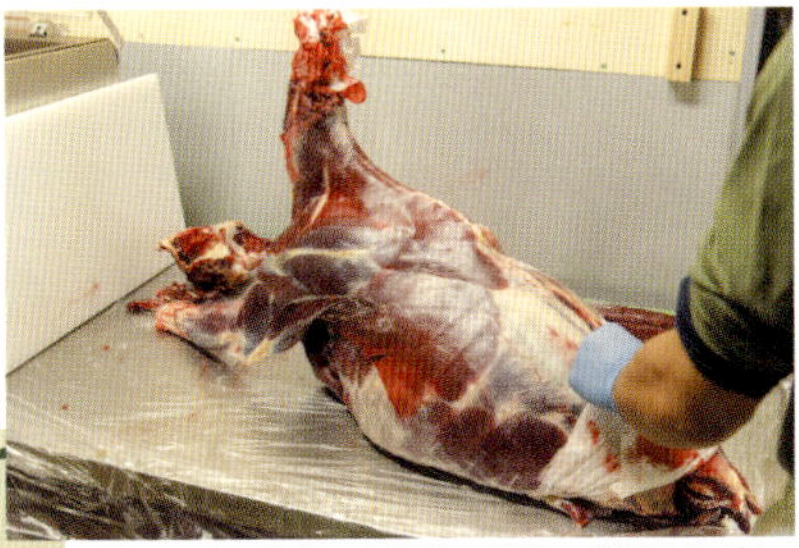

5

吊り下げた状態から胴体、後脚、前脚をはずし、精肉台の上に移して部位に分けていく

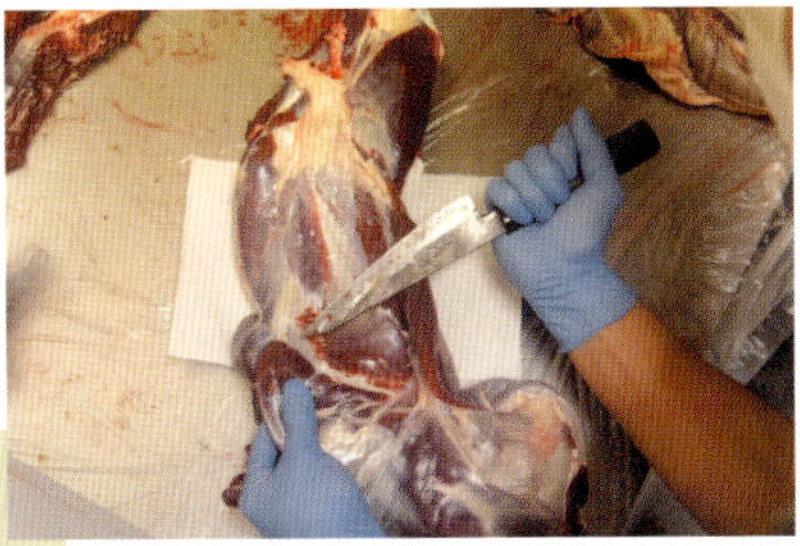

6

はずしたそれぞれの部位からさらに骨をはずして、ブロック状の肉に精肉していく

体時の服装だ。解体の際は、かならずゴム手袋と前掛けを着用する。これは動物のフンなどに含まれる微生物の付着を防ぐためだ。こうした微生物には、食肉に付着すると食中毒を起こすものや、人畜共通感染症もっているものがいるし、さらにはマダニが媒介する病気のリスクもある。

　最終的な食肉にフンや毛、泥などをつけないように、前述した「獣類の解体」の手順を守り、解体器具の取り扱いにも注意する。微生物付着のリスクを抑えるために、毛やフンがつく工程で使ったナイフやまな板などは、精肉作業には使い回さないこと。

　ここでは福岡県でシカ肉専門解体場を営む本間滋さんに教えてもらった、シカ肉解体の手順を紹介する。

自家消費なら屋外での解体もOK

イノシシの肉の部位

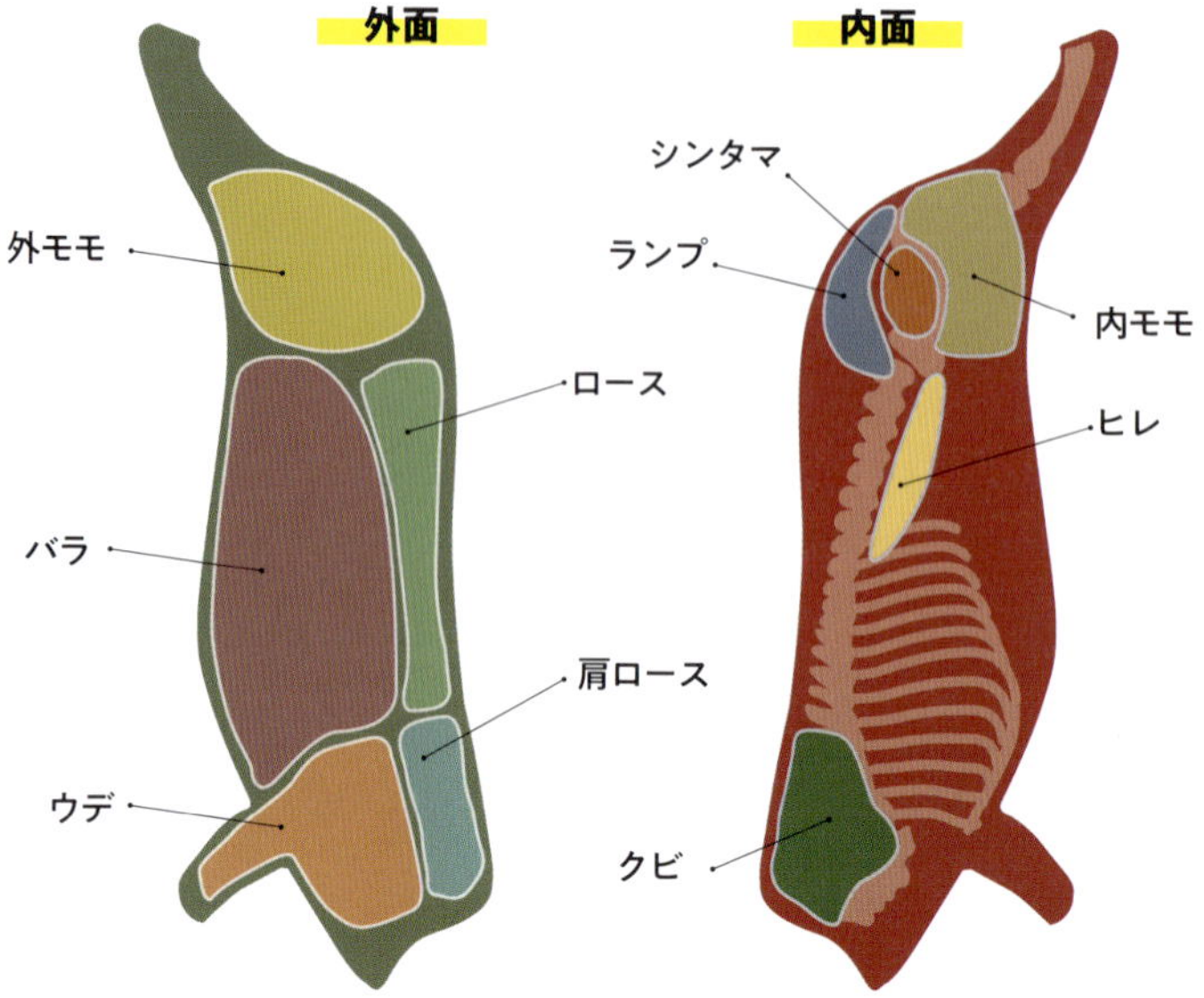

野外解体でも衛生管理は十分注意

当然だが、すべての猟隊が解体施設を持っているわけではないし、単独猟で山中で獲物を仕留めたときなどは、その場で解体する野外解体（フィールド・ドレッシング）もよく行われる。そんなときも、なるべく家畜の食肉処理の技法に沿って衛生に気を配り、食中毒などのリスクを低く抑えなければならない。

野外解体では、まず水の確保を考えなければならない。清潔な水が使える解体施設とは違い、野外ではどうしても沢や川の水を使用することになる。このとき上流に養豚場などがあると、沢や川に流れ込んだ排水が肉に付着し、食中毒のリスクが高まる可能性もある。さらに、下流にその水を引いて利用している民家がないことも確かめる。

野外で解体するときは、なるべく清潔な台を用意する。軽トラックの荷台に、きれいなビニールシートなどを敷くだけでもいい。そして、内臓出しや皮剥ぎなどの細菌が付着するリスクが高い工程（汚染工程）と、骨外しや精肉作業（清浄工程）は、担当する人を決めて別々に行う。ナイフも使い回さないこと。

なお、野外で解体する場合は、解体する場所をシートなどで覆い、できるだけ一般人に見られないように配慮するのも、ハンターの責任だ。

イノシシの解体

1
捕獲した獲物は、清潔な沢や川まで運搬する。荷台が汚れないように“トロ船”に乗せて運ぶ

2
屠体は内臓を出して水の中で冷やす。肉と脂の締まりがよくなり、解体作業がラクになる

3
台の上に乗せて皮を剥いでいく。体が閉じると毛がつくので、開いた状態で足は縛って固定しておく

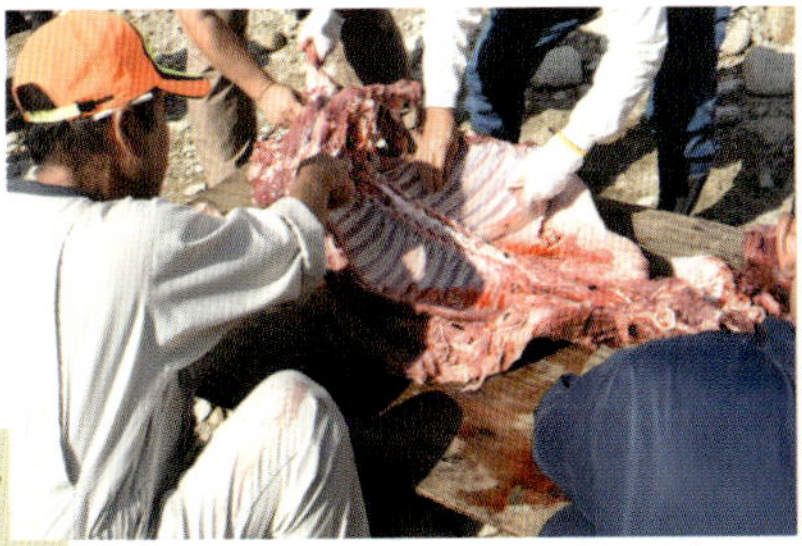

4
肋骨を開いて骨と肉の間に切れ込みを入れて、少しずつ肉を取り出していく

5
清浄工程の場所に肉を移して、精肉作業を行う。担当する人とナイフなどの器具は汚染工程と分けること

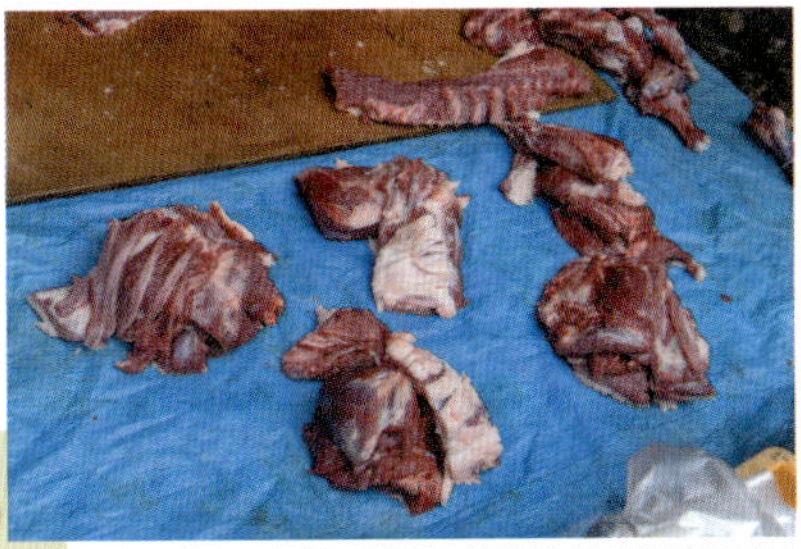

6
それぞれの部位は猟隊の仲間全員で均等に分ける。それが巻き狩りの際のルールだ

column

カラーアトラスで異常を確認

解体時には屠体の外観から判断できる異常や、内臓に病変や感染症の疑いがないかを確認する必要がある。ここで活用したいのが、厚生労働省が公開している「カラーアトラス」だ。シカやイノシシの内臓に多く見られる病変が、カラー写真で解説されている。もし該当する病変などが見つかったら、すべてを廃棄すること。

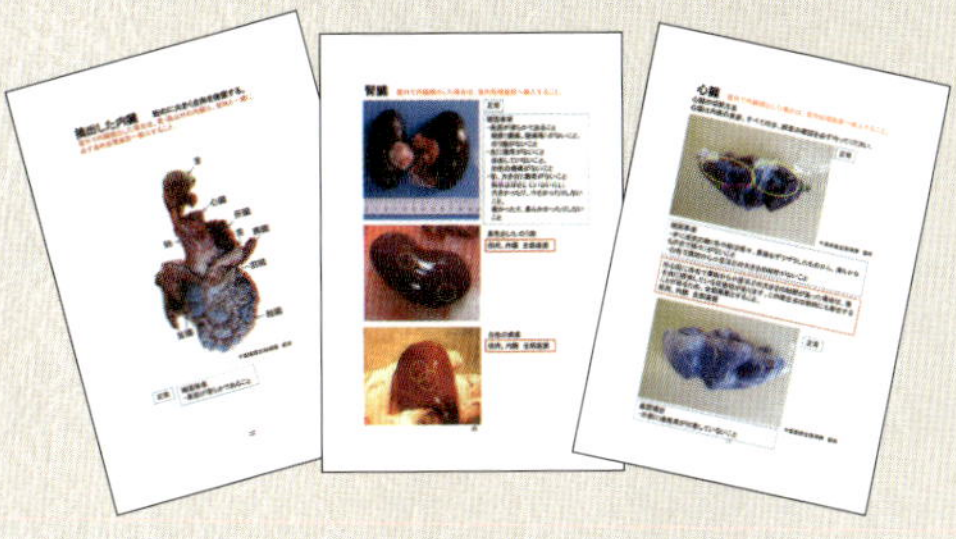

羽をていねいにむしるのがポイント

鳥の肉の部位（キジ）

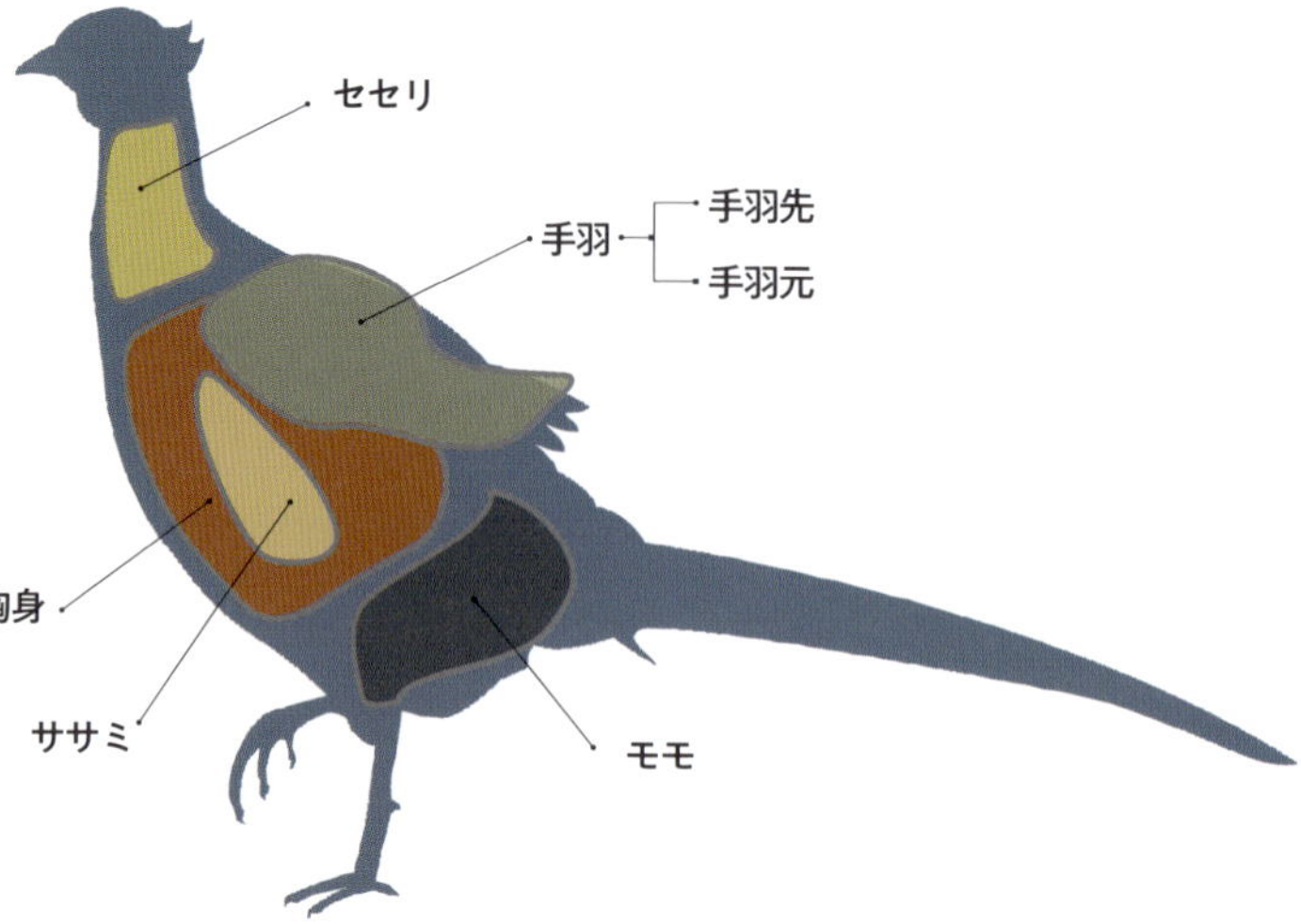

小型鳥と大型鳥では解体方法が少し異なる

野鳥の解体方法は、キジバトやヒヨドリ以下の小型鳥か、カモやキジなどの大型鳥かで、ちょっと違ってくる。

小型鳥の場合、捕獲したらすぐに羽をむしってしまう。体温があるうちは毛穴が開いているので、羽をむしりやすい。逆に冷えてから羽を引っ張ると、身切れを起こしてしまうので注意しよう。羽をむしったら、バードナイフやキッチンバサミで胸骨を切り、内臓を出す。頭はつけたまま料理することもあるが、嫌なら切り離してしまおう。

最後に、背中側に折って一枚に開いたら、下処理の完了だ。小鳥の料理は骨つきのまま炙り焼きにし、骨ごとバリバリ食べるのがうまい。

大型鳥の場合は、捕獲したらすぐに腸を抜く。これは鳥の消化器官に含まれる危険な微生物（病原性大腸菌、鳥インフルエンザなど）を台所に持ち込まないためだ。その後、「フェザンタージュ」と呼ばれる熟成をするのなら、軒先などに吊るしておく。肉の傷みが激しい場合や、ご近所の目が気になる人は、精肉してから冷蔵庫で熟成させよう。

大型鳥の肉からは、ムネ肉とモモ肉が手に入るが、長距離を飛ぶカモ類は赤身で濃い味わいをしているのが特徴。瞬発力のあるキジは、白身であっさりとした味わいだ。

鳥類の解体

1 羽をむしる

小型鳥の場合は一本ずつ羽をむしるか、皮ごと羽を剥ぐ。大型鳥の場合は熱湯に20秒ほど浸けると、毛穴が開いて抜きやすくなる。ダックワックスに浸して取り除く方法でもいい

2 内臓を取る

小型鳥の場合は肛門からハサミで腹を割って内臓を出す。大型鳥の場合は、肛門付近の腸骨（O形の骨）の手前と首を切り、気道・食道ごと肛門を引き出して内臓を抜く

3 部位に解体

小型鳥の場合は胸骨をハサミで切り、背中から押しつぶして一枚に開く。丸鳥の場合は鎖骨辺りにナイフを入れて上に引っ張ってはずす。頭、脚、羽先を切り離す。骨をはずして肉だけにする場合は、鳥の背側から十字に切れ込みを入れて、背中に癒着している肩甲骨と、大きな関節を切り離して上身（胸肉側）と下身（モモ肉側）に分離する

4 胸肉の解体

胸骨の中心線に沿って刃を入れて、左右の胸肉を取りはずす。このとき胸肉の内側には「ササミ」がついている。胸肉と手羽は筋でくっついているので、関節に沿って切り離す

5 モモ肉の解体

脚の腱からモモ側へ刃を入れて、一枚に開く。骨に沿って刃を入れて肉と骨を分離する

6 その他の部位

内臓からは、心臓（ハツ）、肝臓（レバー）、砂肝などが取れる。精肉し終わったガラからは、首肉（セセリ）、尻肉（ボンジリ）などが取れる。ガラからはよい出汁が取れるので捨てないように

column

ダックワックスで羽をむしる

鳥の羽をむしるのは、なかなか大変な作業だ。そこで、「ダックワックス」と呼ばれる蝋を溶かして鳥を浸け、30分ほど冷やしてから固まった蝋ごと、羽をバリバリと剥ぎ取っていく方法もある。キジや海ガモの場合は、皮下脂肪が少なく皮に魅力がないので、皮を剥いで羽を処理することも多い。

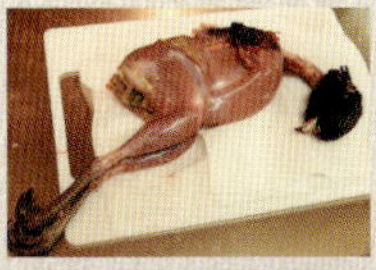

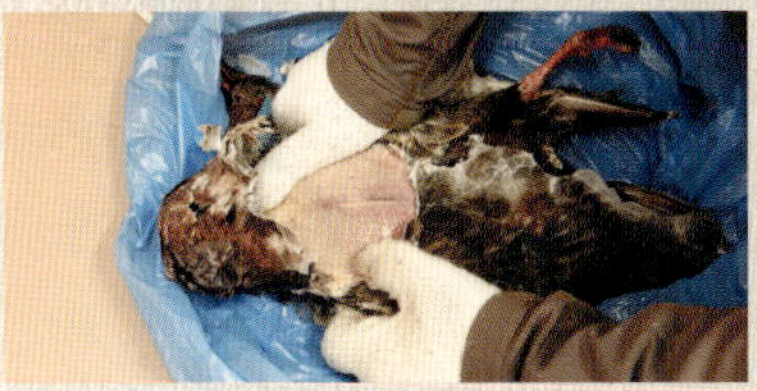

ジビエをビジネスにする人も増加中

ジビエを流通させて獲物を有効活用する

32ページで紹介した捕獲許可制度における有害鳥獣駆除などの活動では、捕獲した屠体の処理までが、従事者の業務とされているが、捕獲されたイノシシやシカの多くは、産業廃棄物として焼却処理をされていた。イノシシやシカ肉の販売には、これまで明確な基準がなかったこともあり、地元のハンターが旅館や料亭に細々と卸しているのが関の山だった。

しかし、平成26年に厚生労働省がジビエの安全性と消費拡大を目的としたガイドラインを策定、ジビエ処理施設のルールが明確化された。さらに平成29年には政府が「ジビエ消費倍増計画」を打ち出したことにより、近年はジビエ関連産業を地方創生の目玉に掲げる自治体も増加。それに呼応して、獣肉を有効利用してビジネスにつなげようという人も増えている。

シカの解体を教えてもらった福岡県嘉麻市の本間滋さんも、そんなひとりだ。食肉処理業と食肉販売業の許可を取り、平成29年にシカ肉専門の解体施設『鹿肉専門しかや』をつくった。

しかし、ビジネスとしてジビエを扱うことは、けっして簡単ではない。安定した肉質の個体を確保することが、想像以上に大変だという。「駆除の方法としては、わな

野生鳥獣と家畜の違い

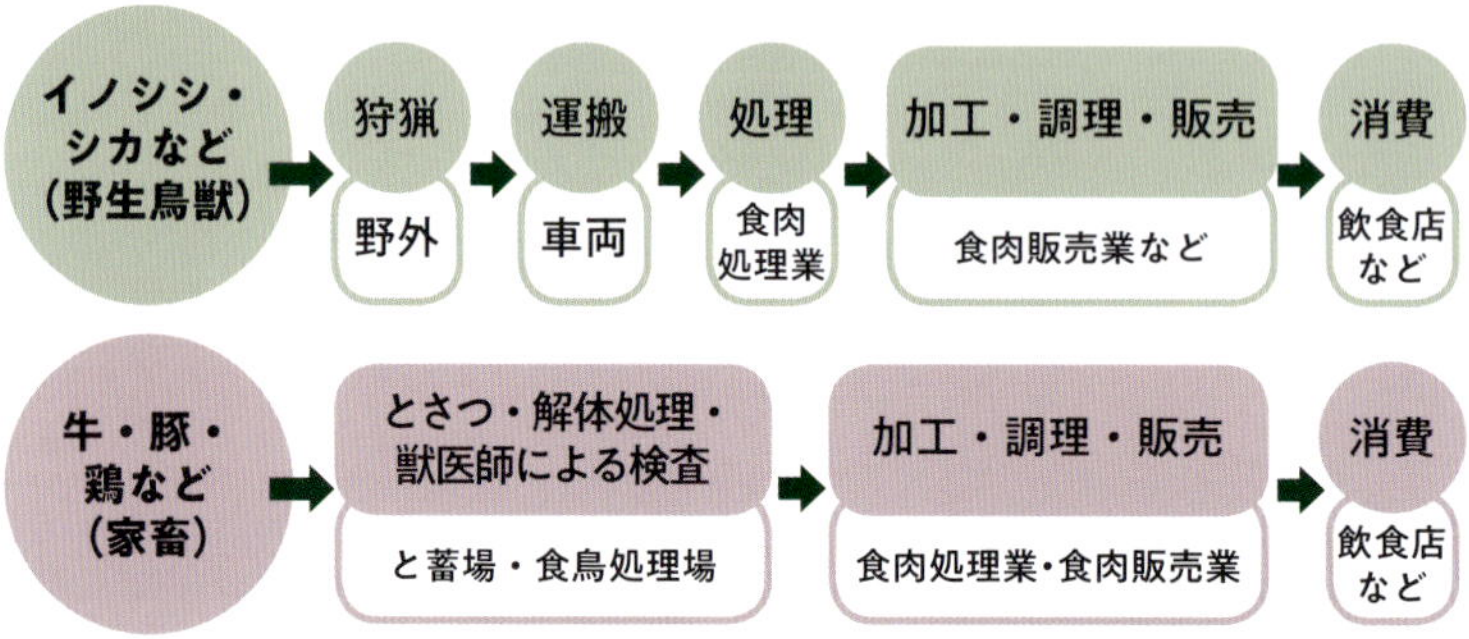

出典：東京都福祉保健局「食品衛生の窓」

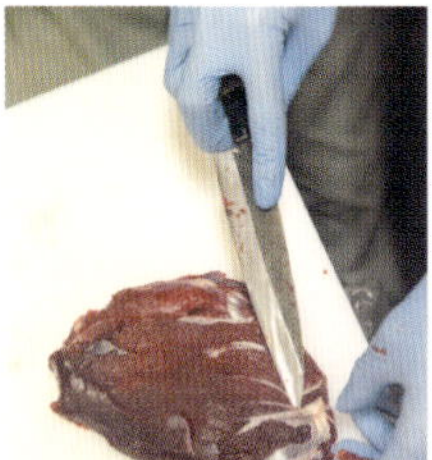

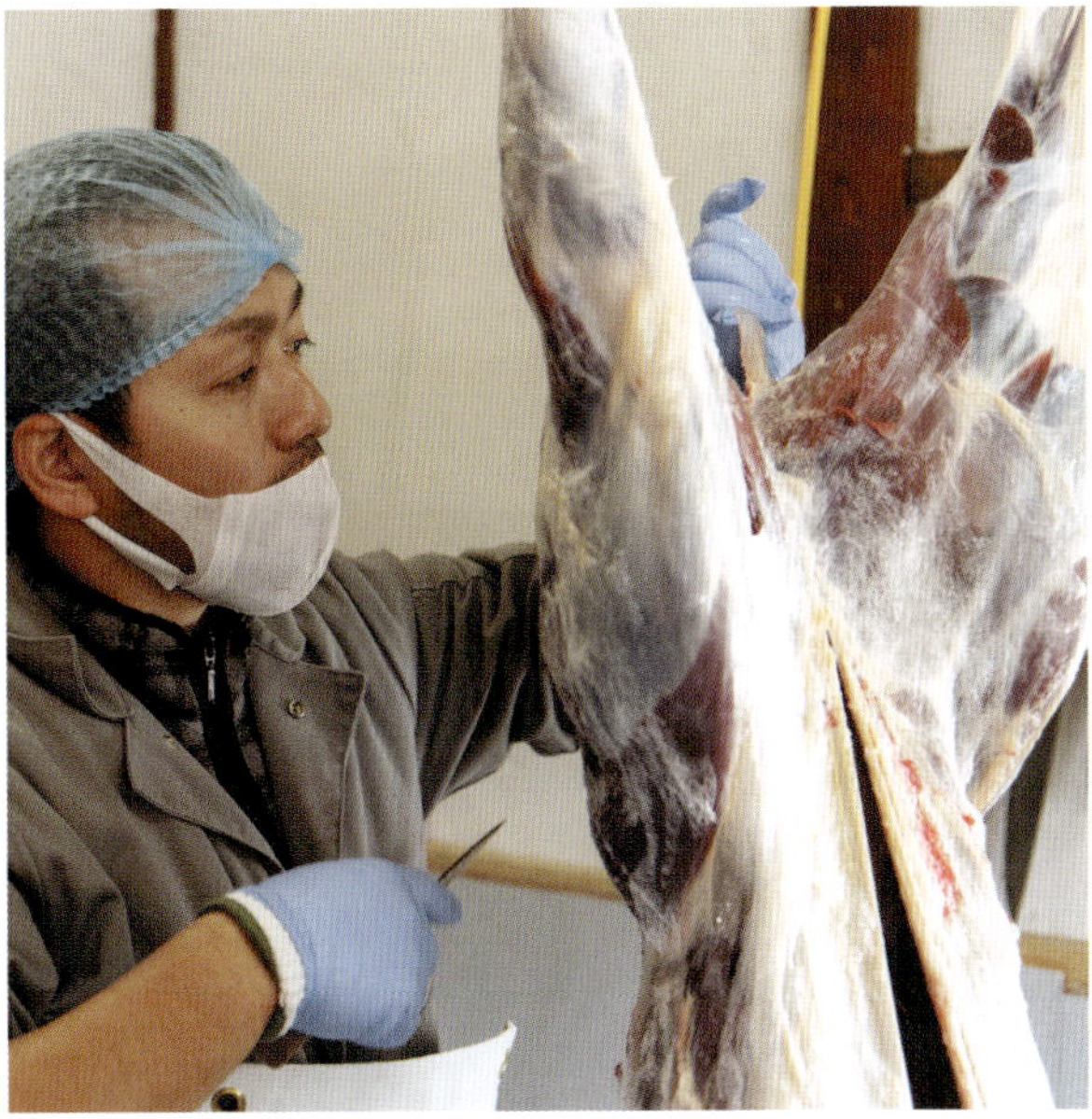

かつてレストランだった建物を改造してつくった食肉処理施設で、シカを解体する本間さん。取引先は福岡市内のジビエレストランなど

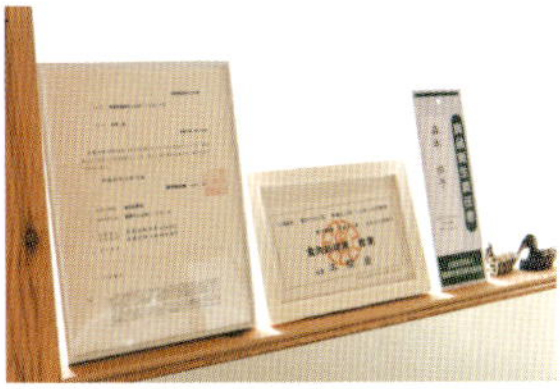

シカ猟から解体まで、すべてを自分たちでこなす本間さんが、ジビエビジネスで最も大切にしているのが、高品質な肉を安定供給することだという。そのためにも、日々銃の腕を磨き、シカ肉を解体するスキルを上げ続けなければならない

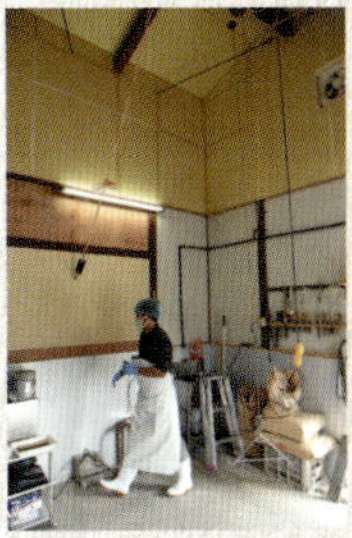

column

食肉処理施設をつくる

新たに食肉処理施設をつくるには、食品衛生法で定められている食肉処理業の許可と、食肉販売業の許可を取り、厚労省のガイドライン（野生鳥獣肉の衛生管理に関する指針）に準拠した施設だということを、保健所に許可してもらう必要がある。

猟が一般的ですが、わなにかかった獲物はストレスによって肉質が悪化します。そこで、肉の品質を最高の状態にするために、銃猟にこだわっています」

そう話す本間さんは、銃の一撃で獲物を即死（クリーンキル）させる方法にこだわっている。わなにかかって強いストレスを感じた肉と、ストレスなしの肉は、食感と旨味がまるで違うという。

とはいえ、わが国のジビエはまだ端緒についたばかり。ジビエが世間に受け入れられて、フランスのように季節の定番料理として多くの人が食べるようになるには、まだまだ時間がかかりそうだ。

そんな日がくることを夢見て、本間さんは狩猟の腕を磨き、新たな販路の開拓に余念がない。

シカのスカルはインテリアとしても人気

シカのスカルは古くから、家族を病魔から守るお守りとされてきた。オブジェとしても迫力があり、特に若い人にインテリアとして人気だ

獲物との出会いを思い出の品にして残す

狩猟で得られる猟果は、ジビエだけではない。古くは毛皮や角、油脂、骨から取れる膠《にかわ》なども、狩猟における重要な副産物であり、むしろ肉よりもメインであったほどだ。

科学技術が発達した現代において、これらの副産物に生活必需品としての需要はない。しかし、だからといって捨ててしまうのは、あまりにもったいない。もし時間があるのなら、シカは角やスカル（頭蓋骨）、イノシシは牙、タヌキやアナグマ、テンなどは毛皮をなめして、思い出の品をつくってはいかがだろう？

スカルのつくり方にはいくつかの方法があるが、おすすめするのは「ゆでる」方法だ。土に埋める方法が一般的だが、ゆでるほうが骨の色合いが美しく表れるからだ。しかも、最近はほしいという人が意外に多く、シカのスカルがネットのフリマサイトで、1万円以上で販売されることも。

毛皮をなめす方法で最も一般的なのは、ミョウバンを使った方法だ。新鮮な屠体ほどなめしやすいので、食べないからといって放置しておくと、脱毛が激しくなる。剥いだ生皮は、塩をまぶして水気を切れば冷凍で保管できる。半年以上はもつので、猟期が終わってからじっくりなめしを楽しむのもいいだろう。

毛皮をなめす

1 洗浄

中性洗剤で生皮を4、5回もみ洗いして汚れを落とす。冷凍保存する場合は毛皮に塩をもみこんでおく

2 裏打ち

毛皮の裏面についている脂肪や肉を、刃の鋭くないナイフなどでていねいにこそげ落とす

3 なめし

お湯に生ミョウバンと塩を2：1の割合で混ぜ、毛皮を浸けて重石をして1週間ほど漬け込む。2日に1回は上下を入れ替える

4 乾燥

毛皮を握ったとき「和紙」のような感触になったら、板に釘打ちして乾かす。ミョウバンのついた毛皮は乾燥が進むと、固まった脂や筋繊維が浮いてくるので、ナイフでゴシゴシこすって取り除く

5 仕上げ

毛皮をよく揉んで柔らかくして、ブラシをかけて完成

スカルをつくる

1 剥ぎ、肉をこそぎ取る

頭から皮を剥ぎ、肉をあらかた取り除く。ゆでる際に鼻の骨が開かないようにひもで縛っておく

2 茹でる

ペール缶に頭を入れて数十分ゆでる。硬くなった肉はブラシなどでこすって取り除き再び煮る。これを2、3度繰り返す。高圧洗浄機があれば水圧で洗い流してもよい

3 漂白

ゆでている最中に漂白剤を加える。塩素ガスが発生する危険性があるので屋内ではやらないこと

4 整形する

ゆでた際に落ちた歯を接着剤で復元して完成

狩猟に使える便利なアイテム

狩猟ではさまざまなアイテムを活用するが、獲物を探すときに活躍するのが双眼鏡だ。シカやイノシシといった大物猟なら、倍率が8～24倍程度のものがいい。あまり高倍率すぎると手の震えが大きく出てしまうため、操作が難しくなる。逆に鳥猟の場合は、遠目からその種類を特定しなければならないことも多いため、高倍率のものが望ましい。水面に反射する光を軽減するための、偏光フィルターがついているものがベターだ。

双眼鏡を選ぶ際は、そのクオリティにはこだわって欲しい。というのも、双眼鏡は値段が数千円のものから数十万円するものまでいろいろあるが、値段によって見え方がまったく違ってくるからだ。高額なタイプはレンズの加工精度とコーティング材の質が違うため、視界のクリアさ、明るさが安物とはまったく違う。とはいえ、上を見ればきりがないので、2～3万円のものを選んでおけば、役目は果たしてくれるはずだ。

双眼鏡は必需品

温度が高いところがはっきりわかる

狩猟で使う便利なガジェットに、「サーマルカメラ」がある。これは温度を可視化する道具で、冬山に向けてスイッチを入れると、温度が最も高い獲物の体温が浮き彫りになって現れるので、単独で流し猟をするときにはとても便利だ。従来のサーマルカメラは安いものでも十数万円ほどしたが、最近は3万円程度まで値段が下がっている。スマートフォンに装着できるタイプもあるので、手軽に使える。

エアライフル猟をするハンターのなかには、スマートフォンに弾道計算アプリを入れている人もいる。自分のエアライフルの排気量と、使用するペレットの情報を入力すると、弾がどのくらい落下するか、また風の影響をどのくらい受けるかを自動計算してくれるスグレモノだ。

スマホ用サーマルカメラ

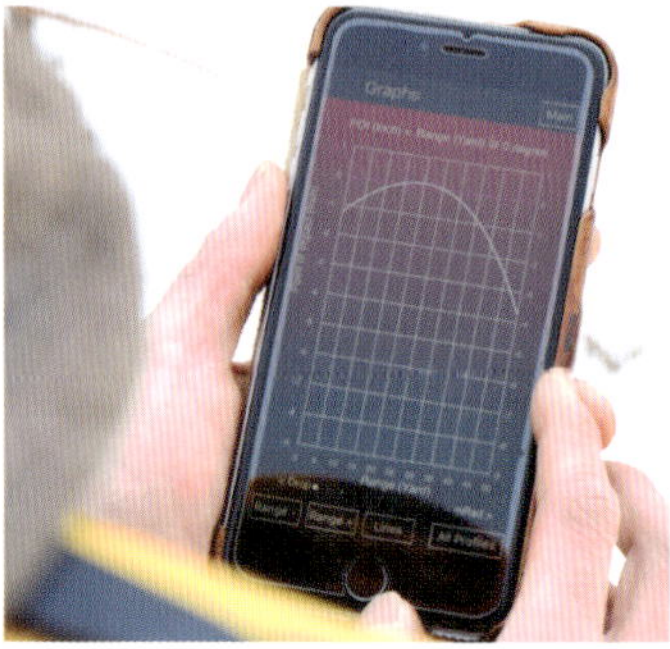
弾道計算アプリ

第７章

痕跡を探す

Chapter 7

足跡、フン、食痕……。
野生動物たちが野山に残した
フィールドサインを探す
アニマルトラッキング。
その知識の有無は、
狩猟を成功させるための
重要なカギとなる。

野生動物の痕跡を読む

シカはかわいらしい動物だが、個体数が増えすぎて食べものが不足すると、樹皮や農作物などを食い荒らす有害獣となってしまう

さまざまなサインがフィールドに残される

狩猟の初心者が抱えがちな悩みのひとつが、「獲物がどこにいるのかわからない」というものだ。銃猟にせよ、わな猟にせよ、獲物のいない場所でいくら粘っても、猟果は望むべくもない。ハンターたるもの、野生動物の〝痕跡〟を読むための最低限のノウハウを身につけておきたい。

「たとえ野生動物の姿は見えなくても、彼らが残した痕跡、つまり〝フィールドサイン〟は比較的簡単に見つかるはずです」と話すのは、富士五湖周辺をメインフィールドに野生動物や野鳥の写真を撮り続けている、動物写真家の外川英樹さんだ。

外川さんによると、フィールドサインを観察することで、動物たちがどこに出没し、何を食べ、どのように暮らしているのかといった生態や行動パターンが見えてくるのだという。

「たとえば、動物のフンひとつとっても、その形状や大きさから動物の種類を特定できます。さらにフンをよく観察すれば、その動物が何を食べているのかという食性もわかるし、フンの乾燥状態は、排泄してからの時間経過を判断する材料になります」

フンのほかにも、獣道や足跡、樹皮に残された傷痕、ヌタ場など、動物はさまざまな痕跡をフィールドに残してい

フン

フンの形状や大きさは動物の種類によって実にさまざまで、大型獣だから必ずしも大きな塊のフンをするとは限らない。こうした知識を持っていれば、動物を特定する決定的な手がかりとなる。

獣道

フィールドに残される痕跡のなかでも、野生動物たちの通り道である「獣道」は比較的見つけやすい。ヤブのなかに1本の道ができていることもあれば、開けた場所に入り組むように残されていることもある。

樹皮の傷

木の表面にも、さまざまな野生動物の痕跡が残されている。シカなどの動物が樹皮を食べた食痕をはじめ、オスジカが角研ぎをした跡、ツキノワグマが爪研ぎをした跡など、かなりリアルな痕跡が見つかるはずだ。

足跡

野生動物の歩き方には、いくつかのタイプがあり、これによって足の裏をどのように地面につくのかというパターンにも違いが出る。こうした足跡は、ぬかるんだ地面や雪上には比較的はっきりと残されているので、動物の種類を特定する参考になる。

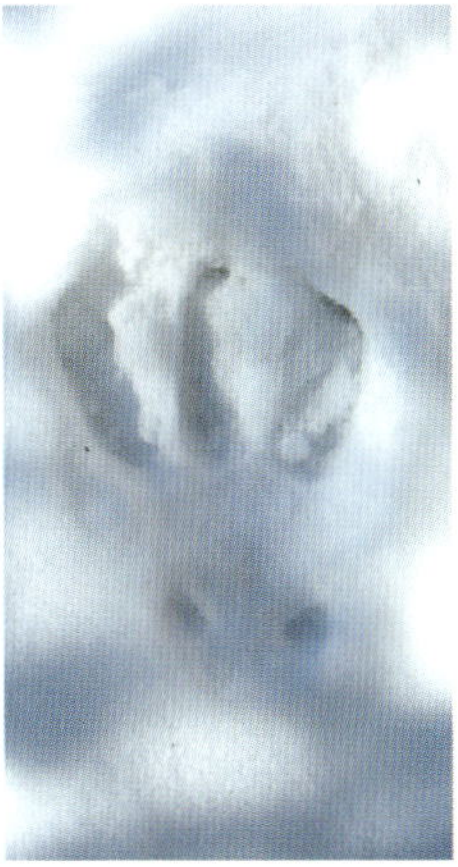

るので、まずは比較的見つけやすい痕跡に注意を払いながら、フィールドを歩いてほしいと外川さんは言う。

　こうした野生動物の痕跡探しは、「アニマルトラッキング」と呼ばれ、最近はバードウォッチングのように、それを趣味にして野山を散策する人も少なくないそうだ。実際に外川さんもネイチャーガイドとして、富士山周辺でアニマルトラッキングの案内をすることもあるという。

　痕跡探しの知識は、狩猟の現場でも間違いなく役立つ。特にわな猟では、狙う獲物がどのようなルートを通っているのかイメージできれば、捕獲率もアップする。ハンターとしての経験値を上げるためには、ぜひ痕跡を読む力を身につけよう。

まずは獣がよく通る道を探す

いくつかの動物がひとつの獣道を共有

「野生の動物たちは、山野を縦横無尽に駆け回っているように思うかもしれませんが、それは違います。彼らは獣道という〝決まったルート〟を移動することが多いのです」

誰も通っていない草だらけの荒れた道を通るよりも、ほかの動物が踏み固めた道を通るほうがラクなのは、動物も人間も同じだと外川さんはいう。特にシカやカモシカは群れで移動することも多いので、彼らが頻繁に通ったあとには獣道ができやすく、こうした獣道はほかの動物にも共有されることが多いという。ただ、テンなどの小型獣は登山道や舗装路を移動するため、獣道は形成されないそうだ。

獣道を見つけたら、その周辺の状況にも注目しよう。足跡やフン、食痕、樹皮の傷、動物の毛といった痕跡が見つかることも多いので、そこを通るのがどんな動物なのか、さらに詳しく特定していくことができるかもしれない。

動物たちの意外な通り道となっているのが、山中に建つ鉄塔などへの巡視路だと外川さんが教えてくれた。周囲が開けているので歩きやすく、動物の姿を見つけやすいというメリットもあるそうだ。

林の中

実際に外川さんと一緒に富士五湖周辺を歩いて、獣道を探してみた。動物が頻繁に通る場所は土が露出しているので、すぐに獣道とわかった（写真上）。林の中では、倒木に残された蹄《ひづめ》のこすれた跡から、獣道を特定できた（写真中・下）

ヌタ場周辺　山にはさまれた谷あいで、イノシシが泥浴びをする「ヌタ場」を発見。よく観察すると、このヌタ場を中心にいくつかの獣道が延びていることがわかった。また、周辺にはイノシシが体を木にこすりつけた痕跡もあった

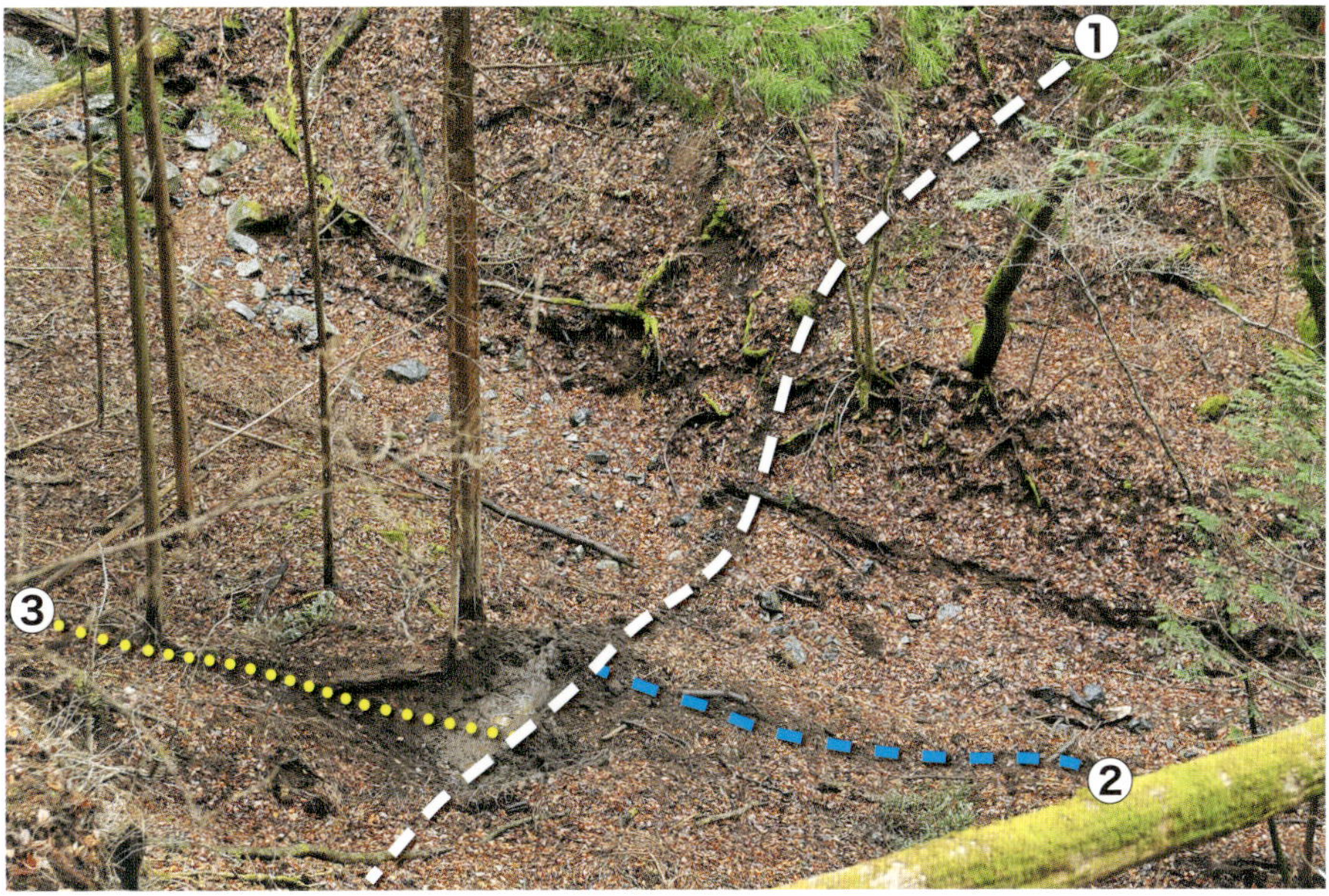

ヤブのなか　人間の目線の高さくらいまで草が伸びているヤブのなかは、動物にとっては見つかりにくい場所でもあるので、イノシシなどの通り道がつくられることが多い。少し開けた場所で姿勢を低くして見回すと、見つけることができる

急傾斜地　かなりの急傾斜の場所にも、獣道が数多くあった。木立のあいだを縫うように道がついているので、わなを仕掛ける場合はこうした傾斜地を狙うという手もある

足跡の形から動物の種類を特定する

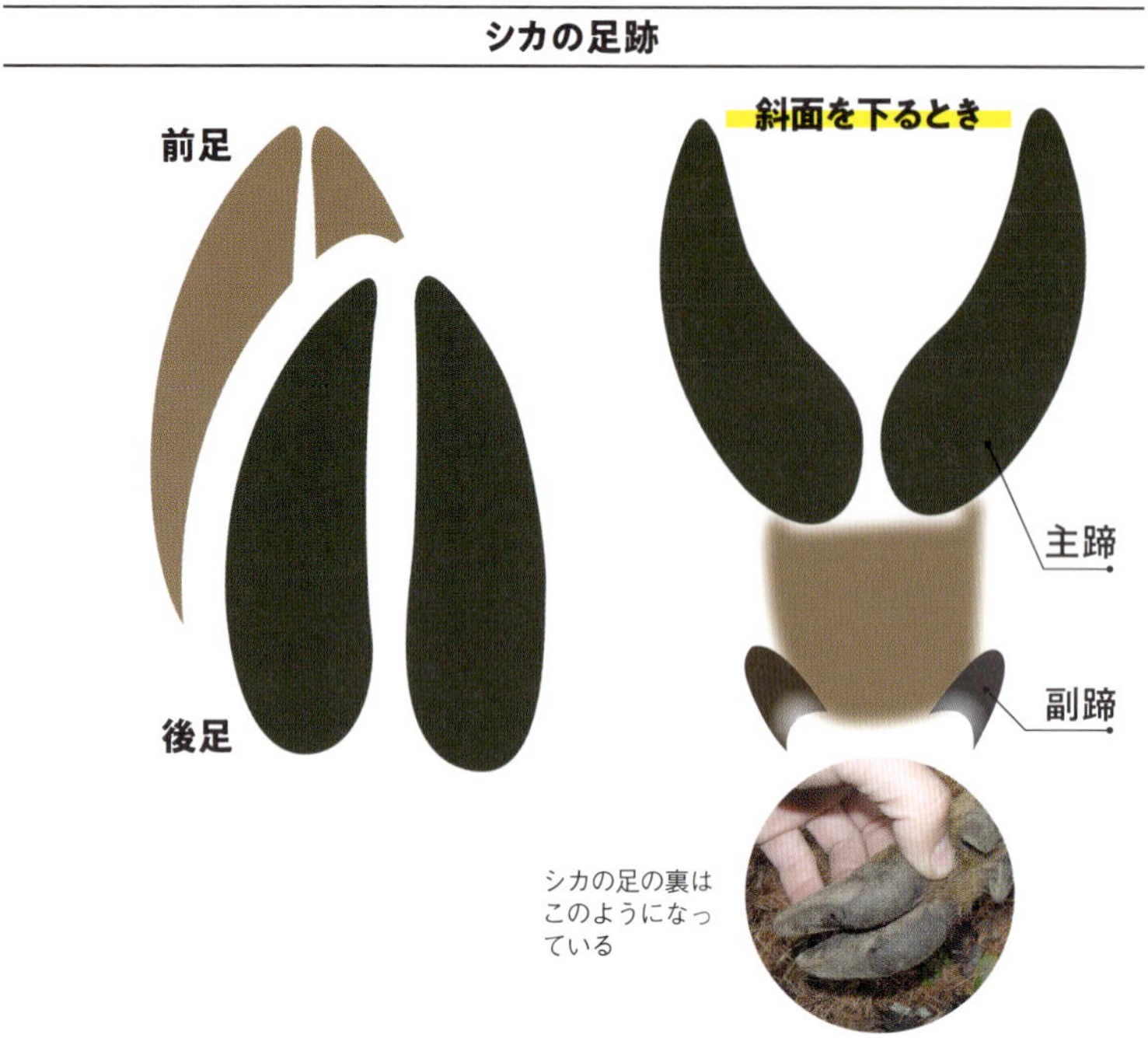

シカの足の裏はこのようになっている

動物の足跡は歩き方で3つに分かれる

　動物の歩き方はいくつかのタイプに分かれるが、シカやイノシシのように指先の爪が「蹄」として進化した動物は、足の先端の蹄だけを地面につけて歩く「蹄行性《ていこうせい》」と呼ばれる。上のイラストはシカの足跡だが、普段は指先にあるふたつの主蹄に、後方にある小さな副蹄を添えて歩くため、足跡に副蹄は現れない（左）。しかし、急斜面を下るときや足場が悪いときは主蹄を開き、さらに副蹄をストッパーとして使うため、足跡はまったく違った形状になる（右）。

　また、蹄を持たない動物の歩き方は、「蹠行性《しょこうせい》」と「指《し》行性《こうせい》」に分かれる。前者は人間と同じように、足をかかとまでベッタリとつけて歩く歩き方で、アナグマやクマ、イタチ、テンなどが該当する。

　後者は人間がつま先歩きをするように、前後の足の指骨部だけを地面につけて歩く歩き方で、キツネ、タヌキ、ノイヌ、ノネコなどが該当する。

　フィールドで足跡を見つけても、実際にはその形状がはっきりとわかるケースは多くない。しかし、そこに残された足跡のおおよその形がわかれば、動物の種類も類推できるはず。左ページの「足跡の形状分類」を参考にして型を割り出し、そこから手がかりを少しずつ広げていくのもいい。

足跡の形状分類

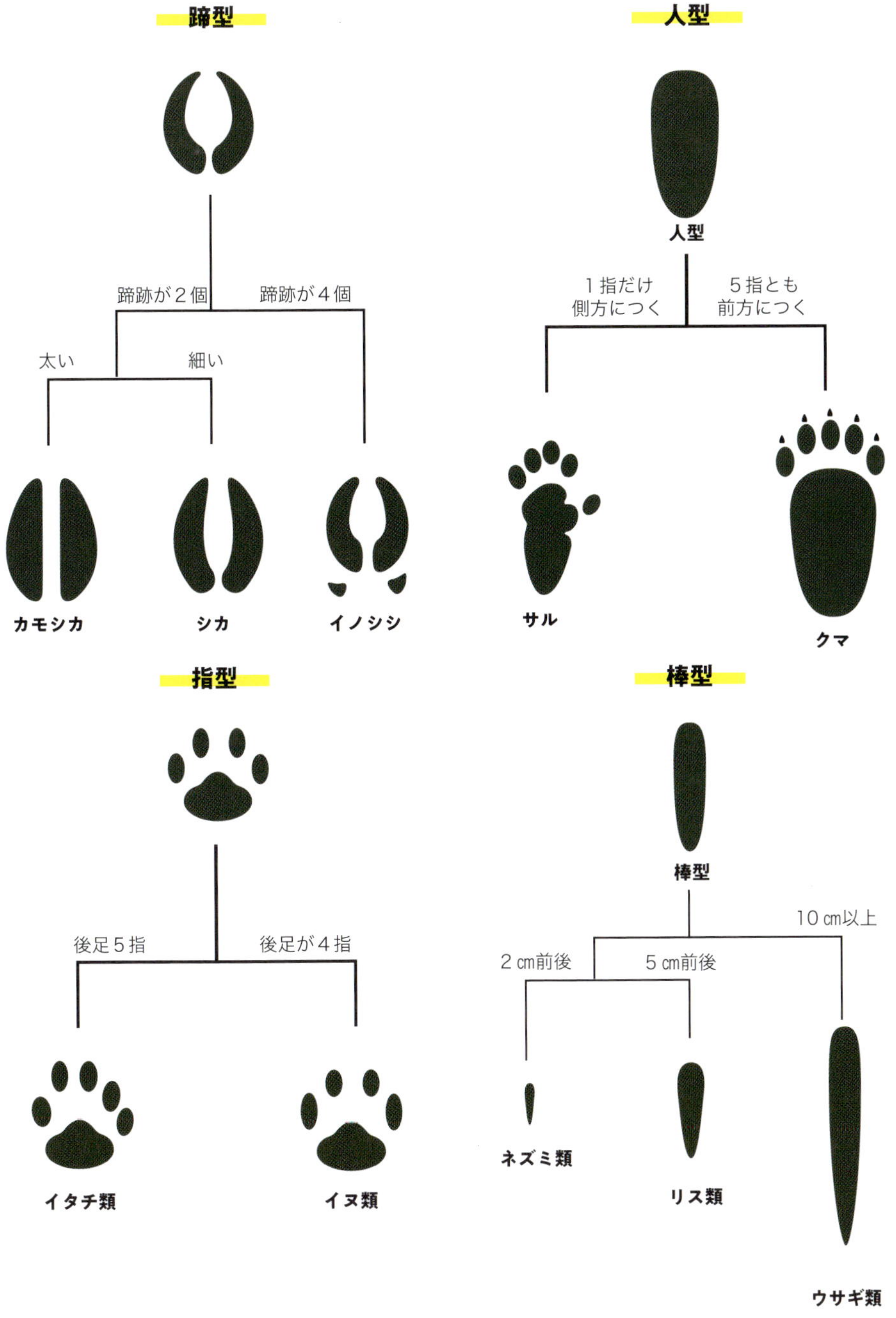
蹄型
蹄跡が２個
蹄跡が４個
太い
細い
カモシカ
シカ
イノシシ
人型
人型
１指だけ
側方につく
５指とも
前方につく
サル
クマ
指型
後足５指
後足が４指
イタチ類
イヌ類
棒型
棒型
10 cm以上
２ cm前後
５ cm前後
ネズミ類
リス類
ウサギ類

歩行パターン

足のつき方で進行方向を読む

シカ

歩行時は副蹄の跡はつかない。前足のほうが主蹄の先端がやや開いている

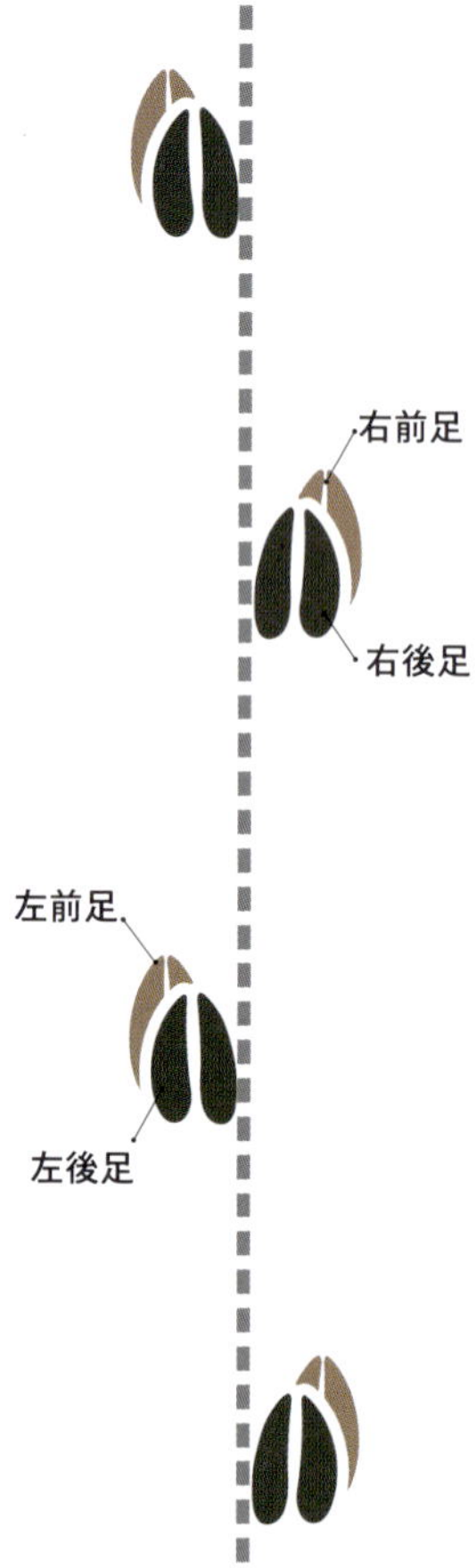

歩行パターンには足跡以上の情報が潜む

動物の足跡は、それを残したのが何者なのかを推理するヒントになるわけだが、単体の足跡を見つけただけでは、なかなかそれ以上の情報を得ることは難しい。

そこで、ぜひ探してほしいのが、足跡が連続する一連の「歩行パターン」だ。動物が足をどのようについているのかという歩行パターンがわかれば、その進行方向やどんな速さで移動していたのかを、知ることができるからだ。

たとえば、地面に残された人間の足跡と歩行パターンをイメージしてほしい。単体の足跡からわかるのは、それをつけた人間の身長や、右足か左足かということくらいだ。

アナグマ

前後足とも5本指で、前足に後足を重ねるように歩く。前足には長い爪の跡が残る

クマ

前後足とも5本指と爪跡がはっきり残るが、後足はかかとの跡もわかる

イノシシ

副蹄が地面に近い位置にあるため、副蹄の跡がしっかり残ることが多い

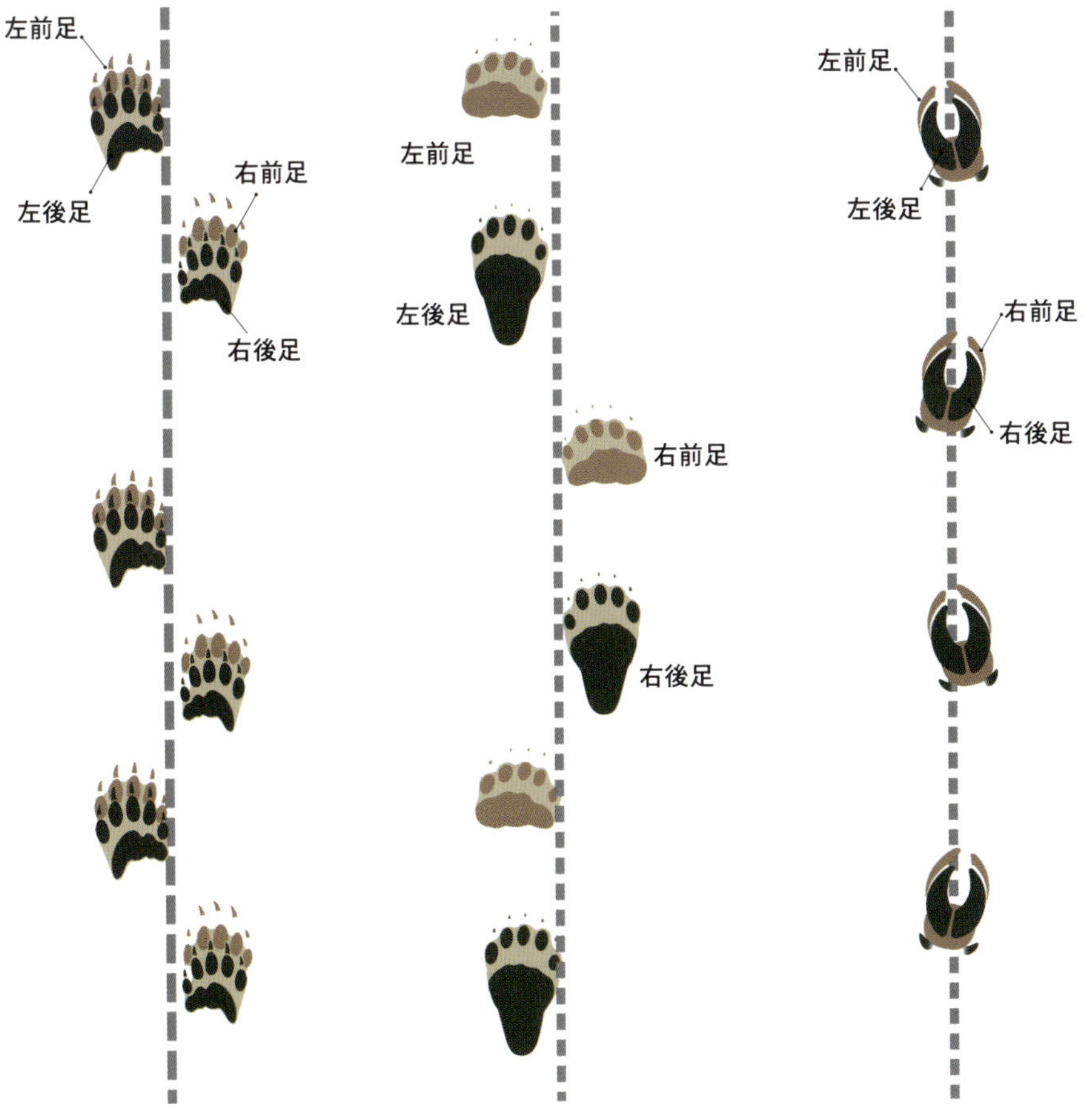

しかし、歩行パターンを見れば、その人がどっちからやってきてどの方向に向かったのかがわかる。さらに歩幅からは、その人が歩いていたのか、それとも走っていたのか、移動速度を知ることもできる。

こうした分析は野生動物にもあてはまるが、四足歩行が基本の野生動物の歩行パターンは、二足歩行の人間ほど単純ではない。しかも、前足と後足のつき方が、歩行時と走行時ではまったく違う動物も多いので、やはり何度も野山に足を運んで、ひとつずつ覚えていくしかない。

もし耕し終えたばかりの平らな農地や、新雪が積もったばかりの雪原があれば、残された歩行パターンも見つけやすいので、ぜひ探してみてはどうだろう。

樹皮に残るリアルな食痕や傷痕

樹皮の食痕

シカハギ

伐採された小枝の表面の樹皮が、器用に剥がされていた。さぞかしおいしかったのだろうか

前歯でこそぐようにして食べたシカの食痕。樹皮は食べられた直後のようにみずみずしい

周辺の木には葉っぱがあるので、おそらく冬場に食べられたものと推察できる

木の幹の周辺すべてをきれいに食べられたミズキ。周囲には枯れてしまった木も散見された

目的があるからこそ生息の痕跡が残る

草食動物のシカは、春の終わりから秋の始めにかけては、おもに草や木の葉、木の実などを食べている。しかし、木々が葉を落とす秋の終わりから、新緑が芽吹く早春にかけては、野山から彼らの食べものがなくなってしまうため、樹皮や小枝などを食べるようになる。特に地表が雪に覆われる冬は、シカも生きるのに必死だ。

こうした食べ跡は「食痕」と呼ばれ、シカが生息する場所では、比較的簡単に見つけることができる。実際、外川さんと一緒に歩いた富士五湖周辺でも、シカがミズキなどの樹皮を剥がして食べたと思われる痕跡を多数発見した。しかし、幹まわりの樹皮を一

樹皮の傷痕

クマの爪痕

ツキノワグマは木登りも得意。木の実を食べるために、樹皮に爪を立てて器用に登っていく

樹皮を剥がそうとしたクマの爪痕。傷の方向が斜めなので、シカハギとは違うことがわかる

シカの角研ぎ

たまたま近くに落ちていた角で、オスジカが角研ぎをする様子を再現してみた

かなり深々と傷痕が刻まれているので、立派な角をもったオスジカが角研ぎしたのだろう

周すべて剥がされてしまうと、木そのものが枯れてしまうこともあるという。

　樹皮に残される痕跡は、ほかにもある。オスジカが毎年生え替わる角を研いだ痕跡が、木の幹に傷となって残っていることもある。4～5歳のオスジカは枝分れした立派な角を持っているので、樹皮には深々とした跡が残っていることも多い。木の幹にフィールドサインを残すのはシカだけではない。クマも強力な爪で樹皮を剥ぐことがある。これは「クマハギ」と呼ばれ、スギやヒノキの内樹皮の糖分を摂取するために行うと考えられている。

　こうしたフィールドサインがいつごろのものなのかは、樹皮の状態からおおよその時期を判断することができる。

獣の食性や大きさを類推しよう

フンの色を見れば日数の経過もわかる

　アニマルトラッキングでは、フンは重要なフィールドサインだ。ただし、動物の体の大きさとフンの大きさは必ずしも比例するとは限らない。

　たとえば、甘納豆にたとえられるシカのフンは体格の割にかなり小さく、長さはわずか1cmほどしかない。これに対してツキノワグマのフンは、見た目どおりのサイズ感で、人が両手ですくわないと持てないほどの大きさがある。

　フンの色はその動物の食性によって違ってくる。雑食性の動物の場合、一般的に植物食だと暗褐色系の色になり、動物食だと黒色系で光沢のあるフンになる。日数の経過につれて表面は乾燥し、雨の影響などで色も失われていくため、植物食のフンは黄褐色に、動物食のフンは灰色がかっていく。

　フンをよく観察すると、果実のタネや小鳥の骨などが混じっていることもあるので、その動物の食性をうかがい知ることができる。

キツネ

縄張りを示すためにキツネのフンは比較的目立つ場所に落ちていることも多い。イヌのフンよりも少し小さくて細い

テン

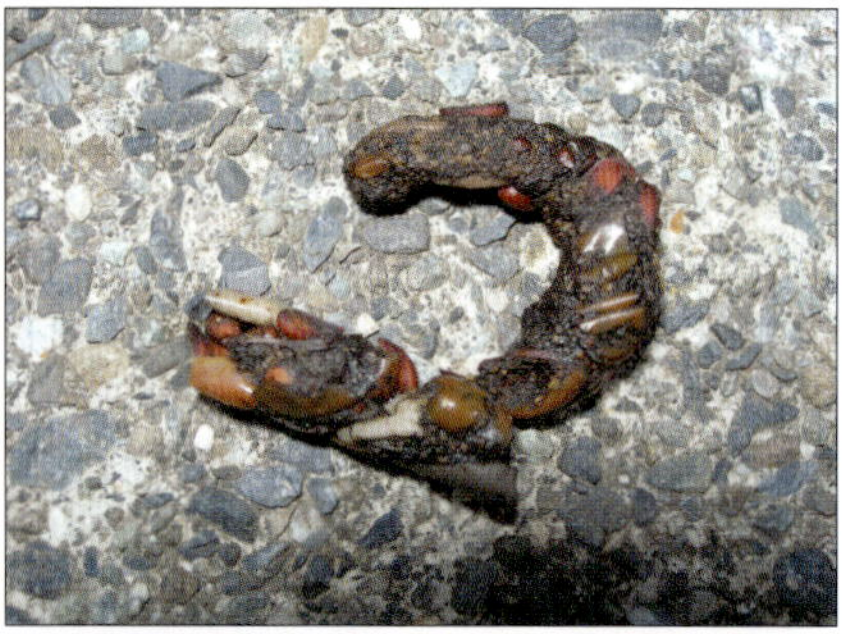

テンも縄張りのために、目立つ場所にフンをする。秋から冬にかけては、内容物の大半が果実の種子になる

ツキノワグマ

クマのフンは驚くほど大量になることもある。写真のフンには大好物のクロスズメバチの死骸が混じっている

イノシシ

直径数cmほどの塊粒がつながって成形されるイノシシのフンは、肉食傾向が強いのでかなり黒っぽいのが特徴

column

タヌキの溜めフン

タヌキは家族や集団間の縄張りを示すために、複数の個体が同じ場所に繰り返し排泄することで、フンを集中させる習性がある。これがいわゆる「タヌキの溜めフン」と呼ばれるものだ。溜めフンは、いわばタヌキの公衆トイレのようなものだが、大きなものだと直径50cm、高さ20cmほどまでフンが積もることがあるというから驚く。フンの内容物から得た情報を、食べもの探しに役立てているという説もある。

シカ

俵型のフンが散らばっていることが多いが、塊状で落ちていることもある。表面の光沢から経過日数を判断できる

フィールドサインの宝庫がヌタ場

寄生虫を落とすための泥浴びがヌタ打ち

イノシシやシカの仲間には、「ヌタ打ち」という独特の習性がある。これは体に付着したダニなどの寄生虫や汚れを落とすために、全身に泥を浴びるというもので、とくにきれい好きで知られるブタの仲間・イノシシは、頻繁にヌタ打ちをすることがわかっている。

　こうしたヌタ打ちする場所は「ヌタ場」と呼ばれ、動物たちの水場にもなっている。ヌタ場は地下水が染み出した湿地のように、ほどよく湿っている場所に多いが、沢沿いの傾斜地などでも見かけることが多い。

　ヌタ場の周辺では、足跡や体毛などのフィールドサイ

ヌタ場

富士五湖周辺の森を歩いていて見つけたヌタ場。泥の状態から判断すると、かなり頻繁に使われていると思われる

泥をこすりつけられて変色したヒノキ。体高は60㎝程度のイノシシと思われる

ヌタ場近くに残っていたイノシシの足跡。これはかなりクッキリしているので、わかりやすい

その他の痕跡

シカの角

毎年生え替わるシカの角は、4～6月ころに根元から落ちる。その後、毛が密集した袋角が伸び始め、内部に硬い骨質が形成され、8月下旬から10月上旬に角ができあがる

掘り返し痕

林道沿いの草地の地表が、イノシシによって掘り起こされている。「ミミズやコガネムシの幼虫を探したのではないか」と外川さんはいう

クマ棚

ツキノワグマがクリやミズナラの木に登り、枝ごと折って木の実を食べ、その枝を尻の下に敷いていくと、まるで棚のようになる。クマ棚は近くにクマがいるサインだ

休み場

ヌタ場から斜面を上がった平坦な場所に、枝に囲まれてそこだけ凹んだような場所を発見。寝屋ではないが、イノシシがちょっと休むための場所として使っていたようだ

ンもいろいろ見つかるので、じっくり観察してみるのもいい。泥の状態や水の濁りぐあいを見れば、最後にヌタ打ちをしたのがいつなのか、判断できる。

イノシシは体についた泥を落とすために、体を木にすりつける習性もある。こうした木には泥が付着し、それが白っぽく変色していることも多い。それを目印にしてトラッキングしていけば、イノシシがヌタ場に通ってくるルートがわかるし、木が地面からどの程度の高さまで変色しているかを見れば、体高を推理することも可能だ。

「ヌタ場には野生動物が落とした寄生虫が潜んでいることも多いので、泥などを素手で触らないほうがいい」と外川さんはアドバイスする。

足跡の新しさも特定しやすい

雪上にはっきり残る動物たちのやりとり

アニマルトラッキングを楽しむ人たちにとって、ベストシーズンといわれるのが冬だ。その理由は単純明快。あたり一面まっ白な雪で覆われた雪原には、野生動物たちの足跡と歩行パターンがくっきりと残されるからだ。本のイラストでしか見たことがなかった歩行パターンが、まるでそのまま抜け出てきたかのように残されている光景は、神々しさを覚えるほどだ。

しかも、足跡は新しく雪が降れば消えてしまうので、最後に雪が降った日までさかのぼれば、その足跡がいつごろつけられたものなのかを、知ることができる。

「たとえば、テンとノウサギの足跡が並んでいることがあります。足跡を見ているだけで、テンに追われたノウサギが必死に逃げている様子が伝わってきます。雪の上で繰り広げられる生きものたちのやりとりを想像できるのも、雪上の痕跡探しのおもしろさですね」と外川さん。

日本では狩猟ができる期間が、11月15日から翌年の2月15日までと決められているわけだが、この季節はまさに絶好のアニマルトラッキングのシーズンでもある。もし雪のある場所で狩猟をする人は、そんな痕跡探しも楽しみながら動物を追いかけてみてもいいかもしれない。

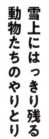

キツネ

キツネは胸幅が狭いため、左右の足がほぼ一直線に並ぶ歩行パターンが特徴だ。夏の足跡はまさにそのとおりだが、雪上では足が沈み込む分、細長くなっているのがわかる

リス

雪のコンディションにもよるが、体の小さなリスは、前後の足がひとかたまりの跡となって雪上を飛び跳ねるように移動しているのがわかる

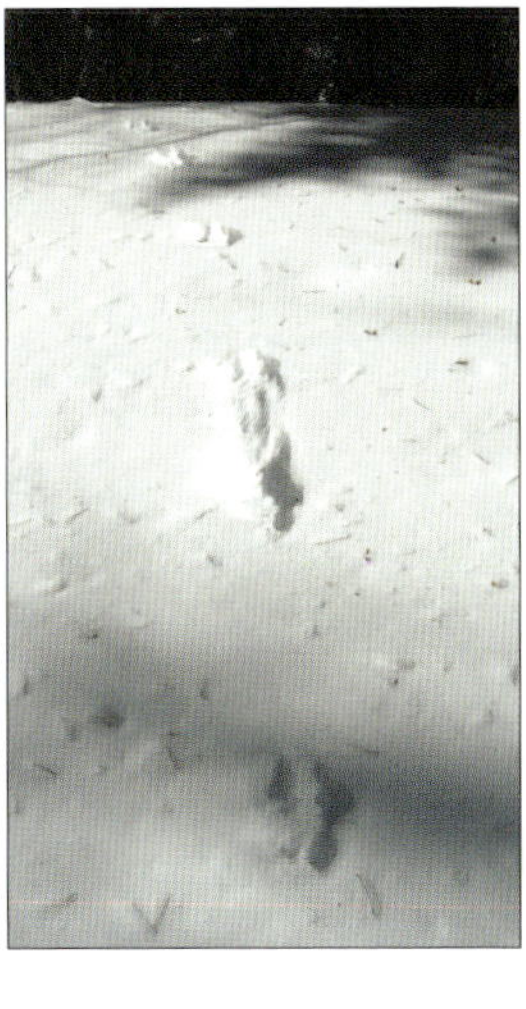

テン

雪の上にくっきりと残るテンの足跡。ジャンプしているときの歩行パターンはノウサギと似ていて、後足が左右に並び、前足が縦に並ぶ

ノウサギ

下から上へとジャンプしているノウサギの歩行パターン。後足の跡が左右に並び、前足の跡は縦方向に前後に並ぶのが特徴

見つけたら静かに近づくのが基本

狩猟対象の鳥か確認

群れで泳ぐ水鳥を発見。肉眼ではどんな種類の鳥か判別できないので、双眼鏡を使って確実に確認しよう

狩猟対象かどうかを見分けるためにも、クチバシの色や尾羽の長さといった鳥の特徴について、日頃から知識を得ておくこと

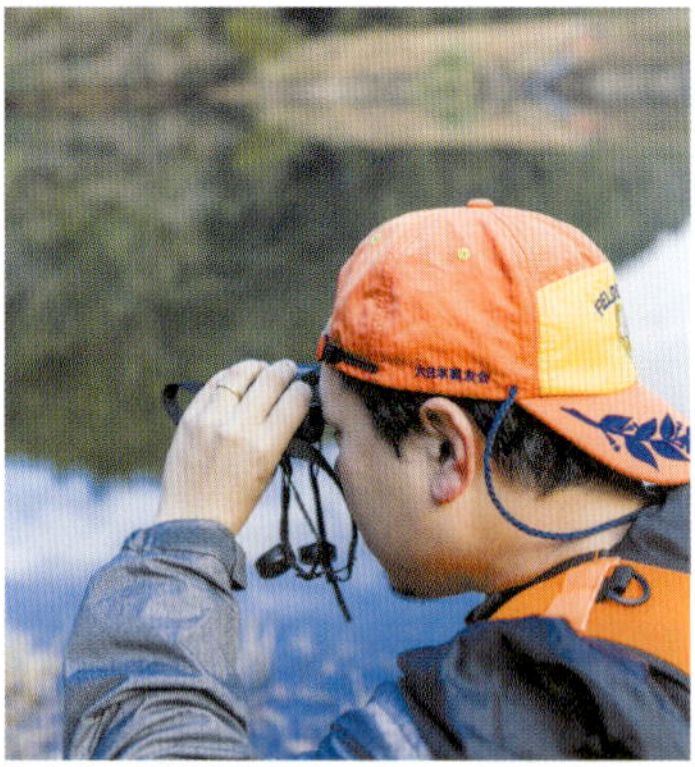

初心者は狩猟対象の鳥かわからない場合もあるものだが、そんなときは撃ってはいけない

鳥はエサのある場所を探して移動している

鳥は広範囲にわたって移動する種が多いため、限られた特定のエリアを生活圏にしている獣のように、そこに生息している手がかりとなる、痕跡を探すのは難しい。水鳥を狙うにしても陸鳥を狙うにしても、鳥を探す場合は、「鳥がいる場所」を見つけることが先決となる。

それを見つけるポイントとなるのが、「エサが豊富にある場所かどうか」ということだ。というのも、鳥はいつもエサを探して移動しているので、エサとなる木の実や小魚、昆虫などが多い場所がわかれば、おのずとめざす鳥に出会う確率も上がるというわけだ。

いざ狙う鳥を発見したら、

体勢を低くして近づく

貯水池は代表的な水鳥の生息地だが、堰堤の下から近づいていく場合は、とにかく姿勢を低くして静かにアプローチするのが基本。単独猟ではなく複数で狙う場合は、なるべく横一線になって、リーダーの合図で近づいていくようにする

まずはその鳥がはたして狩猟対象の鳥かどうかを、双眼鏡を使って確認しよう。とくにカモの仲間は似ているものも多いので、注意が必要だ。

確認できたら、獲物が射程圏内に入るところまで近づくわけだが、鳥は警戒心が強いので、気づかれないように接近しなければならない。

「鳥の視力や色彩を認識する能力はとても優れているので、姿勢を低くして近づくのがポイントです。人間の目を嫌う鳥も多いので、サングラスなどで顔を隠すのもいいでしょう。冬は姿を隠す葉っぱなども少ないので、迷彩柄のウエアを着るのも有効です」と外川さんは言う。野生動物や鳥は音にも敏感なので、なるべく音を立てないように近づくことも大切だ。

column

キジは警戒心が薄い!?

キジは日本の国鳥ながら、狩猟対象の鳥でもある。警戒心が薄く、飛ぶよりも走るほうが得意などと揶揄されることもあるが、その走る能力はかなりの速さだ。危険を察知するとヤブのなかに逃げ込むので、意外に手ごわい相手なのである。

子どもと一緒にハンティング

たとえ狩猟免許をもっていなくても、狩猟には何歳からでも参加できるので、子どもを猟に同行させる親が増えている。その理由を尋ねると、狩猟がもつ「リアルな世界」が、子どもたちに食べものの大切さや、命の大切さというものを教える〝きっかけ〟になるからだという。

そもそもハンターは、程度の差はあれ、動物を仕留めるという行為を〝楽しみ〟として行っている。もちろん、なかには自分の農地を守るために、しかたなく狩猟をやっているという人もいるが、楽しくなければ高い税金を払ってまで、狩猟を続けることはあり得ない。

誤解を恐れずにいえば、狩猟者は狩猟という行為のなかで、少なからず〝嗜虐的欲求〟を満たしている部分があるのだと思う。こんなことをいうと、「動物を殺すことに快楽を覚えるのはおかしい」と思う人もいるだろう。しかし、テレビや映画、ゲーム、マンガなど、われわれのまわりのありとあらゆるジャンルの娯楽に暴力があふれている状況も、換言すれば嗜虐的な欲求を満たす行為にほかならない。

幼い頃からゲームのなかで、架空の暴力に埋もれて育ってきた現代の子どもたちは、銃やナイフが相手を殺傷する武器だということは知っていても、その銃やナイフのリアルな威圧感や危険性など、知るよしもない。ゲームという架空の世界では、数え切れないほど人や動物を殺したことはあっても、実際に動物が死ぬ直前に漏らす声や、その目が光を失う瞬間を知らないのである。

これは子どもだけに限った話ではない。自然や野生動物とふれあう機会が減り続けている現代の日本では、狩猟こそがそんな〝リアル〟と向き合える数少ないチャンスであり、その現場に親子で立ち会うことで、何かを考える〝きっかけ〟が生まれるとしたら、これほど意義深いことはないと思う。

まるで動物園にでもいくように、休日は気軽に親子で猟に出かける。そんな時代は意外に近くまできているのかもしれない。

第8章 狩猟鳥獣

Chapter 8

日本で狩猟が認められている
狩猟鳥獣の数は48種類。
どこに分布し、
どんな特徴をもっていて、
食味はどうなのか？
獲物について知るための
基本データをまとめた。

地域による規制と非狩猟鳥獣の保護

自信がもてなければ捕獲しないのが原則

現在、日本で狩猟が認められている「狩猟鳥獣」の数は、獣類20種、鳥類28種の合計48種類と決められているが、だからといってすべての鳥獣の捕獲が、無制限に認められているわけではない。1章でも解説したように、そこにはいくつかの例外がある。

たとえば、ツキノワグマは狩猟鳥獣に指定されており、北関東や東北地方では、毎年のように山菜採りの人がツキノワグマに襲われる事故があとを絶たない。しかし、国際自然保護連合（ＩＵＣＮ）が発表している「レッドリスト」では、四国や紀伊半島のツキノワグマを、絶滅のおそれのある野生生物としてリストアップしており、実際に和歌山県のように、ツキノワグマの捕獲を禁止（平成34年9月14日まで）している自治体もいくつかある。

このように、地域による規制をはじめ、捕獲数の制限や捕獲できる期間などに条件がつく狩猟鳥獣も多いので、毎年の猟期が始まる前に、自分が狩猟を行う都道府県における規制の状況を確認しておく必要がある。

もうひとつ、ハンターは非狩猟鳥獣を間違って捕獲してはならない。そのためには、普段から鳥獣を注意深く観察するクセをつけ、積極的に図鑑などで鳥獣の生態を調べるといった努力も必要だ。

鳥獣は野外で1カ所にじっと留まっていることはないし、その姿を全部人目にさらすということもまれだ。

「形態（大きさ、色、形など）」「行動特性（走り方、飛び方など）」「生息環境（食性など）」といった情報をもとに、鳥獣が目の前に現れた一瞬で、それが狩猟鳥獣かどうかを判別しなければならないが、もしどうしても自信がもてなければ、一切捕獲してはいけない。

エゾリスは狩猟鳥獣のタイワンリスよりも耳が長く大きい

一見するとリスのように見えるモモンガは非狩猟鳥獣

ツキノワグマは狩猟鳥獣だが、地域によって
は規制の対象になっていることも多い

ニホンジカ

Shika Deer

分　布：本州、四国、九州ほか

分　類：ウシ目シカ科シカ属

大きさ：体長110～170cm、尾長8～20cm、体重25～80kg

歩行パターン

歩　　幅：40cm

跳躍距離：1.5 ～ 2m

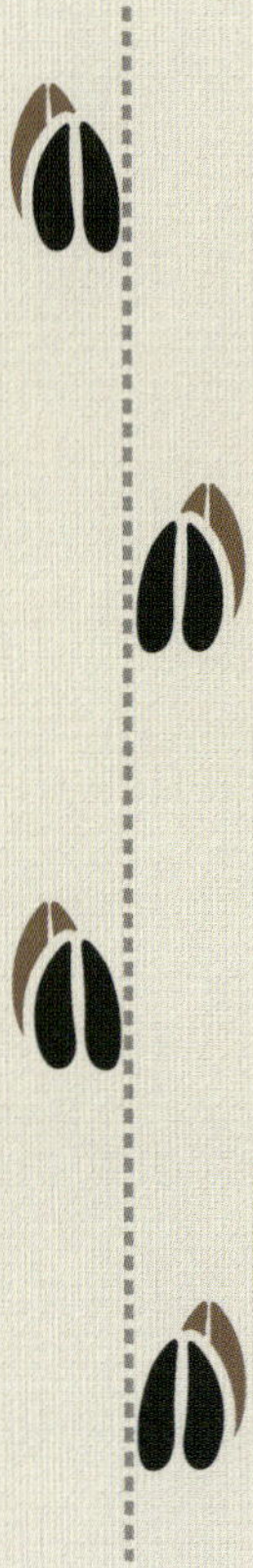

足跡

足跡長：5.5cm

足跡幅：4.5cm

歩行時に先端にかかる負荷が大きく蹄の先端がくっきり残る。斜面を下る際は蹄を開いてバランスを取っている

特徴

別名ホンシュウジカともいい、日本列島に幅広く分布。日本国内に生息するニホンジカとしては、北海道のエゾシカ、屋久島のヤクシカ、沖縄・慶良間諸島のケラマジカなど7つの地域亜種に分類される。

平地から標高2500mほどの山地にかけての森林に幅広く生息し、多雪地帯では冬になると常緑針葉樹林帯や海岸部などに小規模な季節移動を行う。草食性だが、食欲が旺盛で1日に2〜5kgの植物を食べるという。昼は茂みに潜んでいることが多く、夜間に出てきて木の葉や木の芽などを食べるが、エサが減る冬季には農作物や植林の新芽、樹皮なども食べるため、これが農林業被害につながり、社会問題となっている。

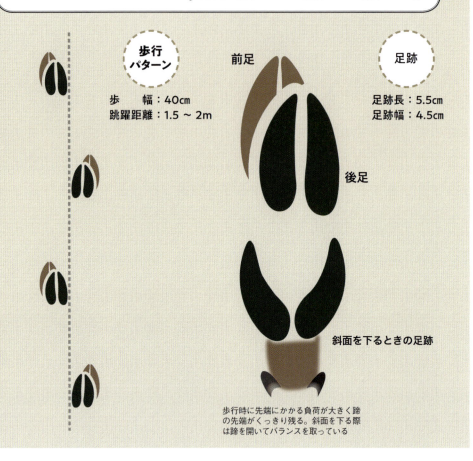

足跡 副蹄（足の後ろ側にある小さな蹄）の跡はつかず、前足の上に後足の跡が重なるのが特徴

食痕 樹皮を剥いで形成層まで食べられると、樹木は育たなくなる

フン フンは俵型で、獣道の周辺にパラパラと落ちていることが多い

夜行性のシカが夜間に水を飲みにきた様子を無人カメラで撮影

食味 部位によって異なるが、一番人気が背ロース。低温調理でローストすると強い旨みが感じられる

イノシシ
Wild Boar

分　布：本州、四国、九州ほか
分　類：ウシ目イノシシ科イノシシ属
大きさ：体長120～170㎝、尾長30～40㎝、体重80～190kg

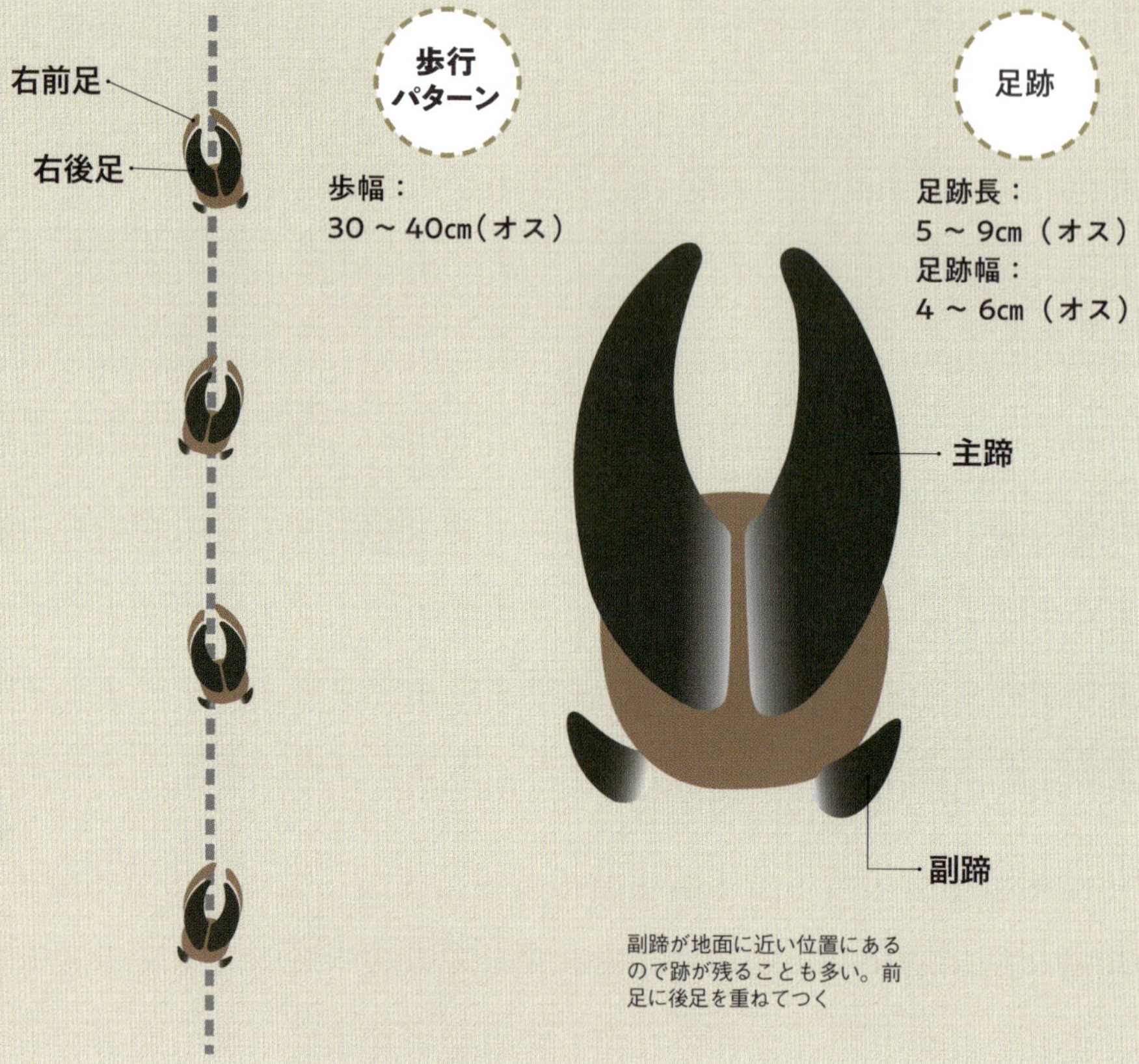

副蹄が地面に近い位置にあるので跡が残ることも多い。前足に後足を重ねてつく

特徴

平地から低山にかけての森林や農耕地周辺に生息。短足なので雪上での移動が苦手なため、これまで多雪地域には生息しないといわれてきたが、近年は長野県などでの目撃例も増え、生息域は北上傾向にあるといわれる。

基本的に夜行性で、小さな群れをつくって行動することが多い。雑食性で、イモやタケノコ、ドングリなどの植物、昆虫や爬虫類などの小動物も捕食する。捕食のために地面を掘り起こした跡は、イノシシのフィールドサインとなっている。また、イノシシには体についたダニなどの寄生虫や汚れを落とすために、「ヌタ打ち」と呼ばれる泥浴びをする習慣があり、その場所は「ヌタ場」と呼ばれる。

足跡 副蹄の跡が残ることも多いが、ヌタ場近くにあった足跡には副蹄跡が見られなかった

ヌタ場 ヌタ場の近くには泥を落とすために木に体をこすった痕跡などもあるはずだ

食痕 イヌ並みの嗅覚をもつイノシシは、地面を鼻と口、牙で掘り起こして食べものを探す

フン 直径数cmの塊粒状のフンがつながっているのがフンの特徴

食味 遺伝子的にブタに近いこともあり、実に美味。引き締まった皮下脂肪は噛むほどに味わいがあふれる

ツキノワグマ

Japanese Black Bear

分　布：本州、四国ほか
分　類：ネコ目クマ科クマ属
大きさ：体長120～190cm、尾長6～11cm、体重40～120kg

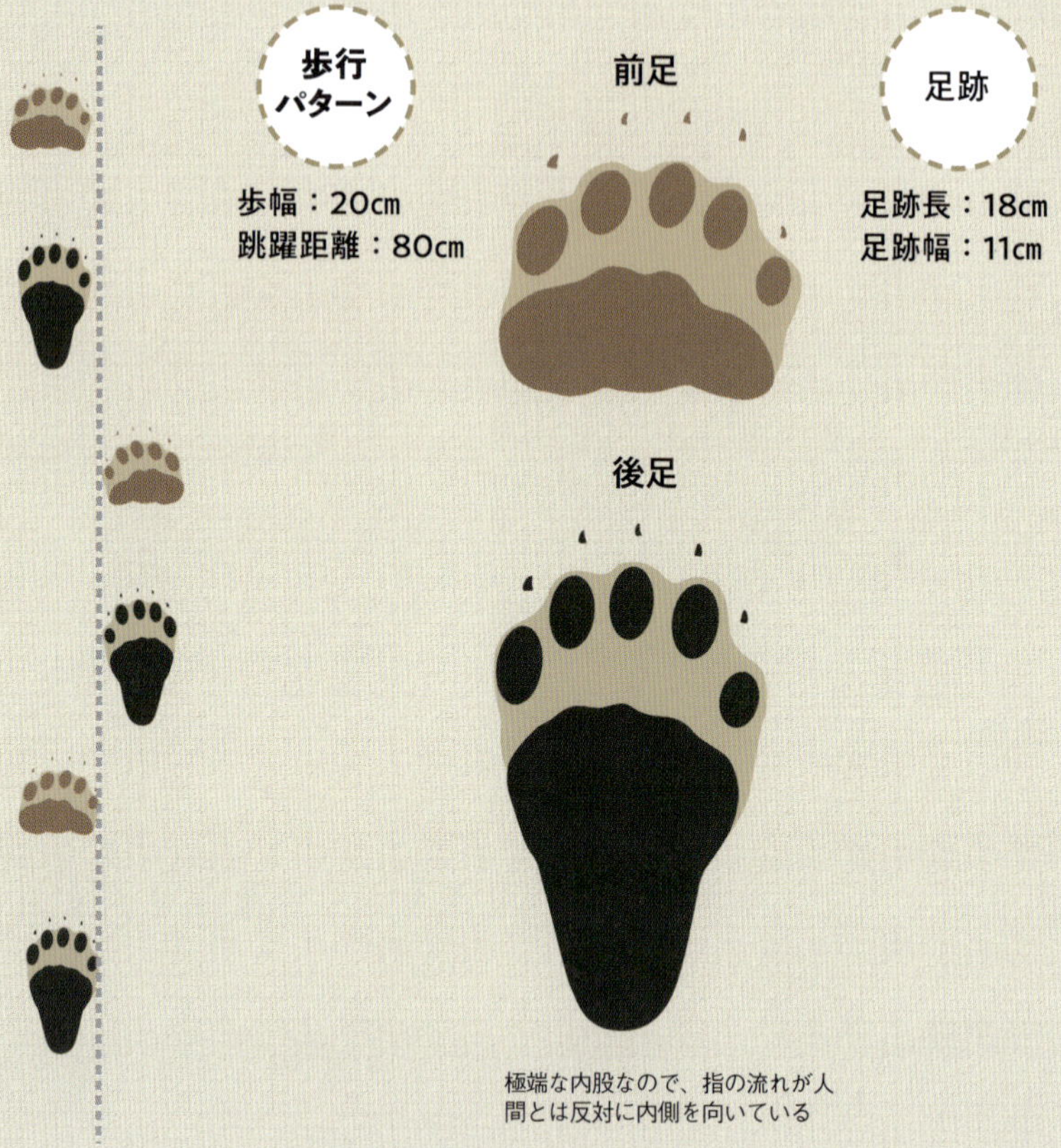

極端な内股なので、指の流れが人間とは反対に内側を向いている

特徴

ここ数年、東北や北関東、中部地方では山菜採りの人がツキノワグマに襲われる事故も増えているが、九州では絶滅したと考えられている。

平地から亜高山帯の森林に単独で生息し、森に棲む個体は昼行性だが、人里近くに棲む個体は夜行性に変わる。木登りが得意で、雑食性。春から夏にかけてはブナの新芽やタケノコ、コブシの花を、秋には冬眠に備えてドングリや果実を大量に食べるほか、アリやジバチなどの昆虫、小型の動物、猛禽類のヒナなどを食べることもある。

エサが少なくなる11月末から翌4月頭にかけて、斜面の枯れ枝の下にできた樹洞などを利用して冬眠する個体もいるが、すべてではない。

フン 植物の種子やドングリの殻が多数見られる大きなフン

爪痕 若葉を食べるためにモミの木に登ったクマの爪痕

クマ棚

ナラやクリなどの木に登り、枝ごと折って木の実を食べたあと、その枝を尻の下に敷いて積み重なったものがクマ棚

クマハギ 甘皮や樹液、蜂の巣などを求めて樹皮を剥いだカワハギ痕

食味

冬眠前のクマ肉はサラッとした脂が乗り、臭みもなく美味。急激に熱を加えると肉が縮んで固くなる

ヒグマ

Yezo Brown Bear

分　布：北海道
分　類：ネコ目クマ科クマ属
大きさ：体長160～230cm、尾長6～21cm、体重120～250kg

歩行パターン

歩幅：35cm
跳躍距離：100cm

前足

後足

足跡

後足跡長：21cm
後足跡幅：13cm

指の本数は前後ともに5本ずつで、後足が前足よりも大きい。ゆっくり歩くときは足の裏全体を地面につける

特徴　わが国最大の野生動物。北海道の平地から亜高山帯の森林や原野に生息する。雑食でササの芽やナラの実などの植物のほか、アリやハチなどの昆虫、サケやマスなどの魚類、小動物など多種多様なものを採食する。「ヒグマ＝サケ」というイメージも強いが、サケなどを食す個体が生息しているのは、知床半島などの一部地域に限定されている。

食味　ヒグマの肉にはとても野性味あふれる力強さがあり、ウシやブタなどの家畜の肉とは比較にならないほどの滋味深さが楽しめる

タヌキ
Raccoon Dog

分　布：全国
分　類：ネコ目イヌ科タヌキ属
大きさ：体長45～55cm、尾長15～18cm、体重3～5kg

歩行パターン

歩幅：20 ～ 30cm

前足

足跡

足跡長：
3.5 ～ 4.0cm
足跡幅：
3.0 ～ 3.5cm

後足

タヌキの足跡は、掌球を中心に4つの指球と爪痕が残る。前足と後足はほぼ同じ大きさだが、後足のほうがやや細長い

食味　雑食性なので個体差が非常に激しい。臭みの少ないタヌキは、骨から出汁を取って汁物にするといい。ほっこりとした滋味深い味わいだ

特徴　北海道のエゾタヌキ、本州、四国、九州のホンドタヌキというふたつの亜種が生息。おもに低地から山地にかけての森林に生息するが、市街地の公園や住宅地などでも姿が見られる。夜行性で単独、またはペアで生活し、食性は雑食。フンを特定の場所に集中させる「溜めフン」の習性があるが、これはなわばりを示すためと考えられている。

キツネ

Red Fox

分　布：本州、四国、九州
分　類：ネコ目イヌ科キツネ属
大きさ：体長40～70cm、尾長25～44cm、体重3～7kg

歩行パターン

歩幅：30cm

前足

足跡

足跡長：4～5cm
足跡幅：3～4cm

後足

キツネはイヌ科の動物だが、胸幅が狭いため左右の足をほぼ一直線に置き、前足跡に後足を重ねて歩くのが特徴

食味　肉食系の獣肉は総じて臭いがきついが、キツネの肉は特にきつく、死んだザリガニの水槽のような臭いがする個体もいる

特徴　平地から標高3000m級の高山帯まで、多様な環境に適応して生息するが、樹木の多い草原を好む。動きは非常に敏捷で、逃げるときには時速50kmの速さで走ることも。雑食性だが肉食傾向が強く、ノネズミやノウサギ、昆虫や鳥類を主食とする。草原や日当たりのいい林に巣穴をつくって暮らすことが多いが、アナグマの古巣などに棲みつくこともある。

テン

Yellow Marten

分　布：沖縄を除く全国
分　類：ネコ目イタチ科テン属
大きさ：体長45～49cm、尾長17～23cm、体重0.9～1.5kg

歩行パターン

歩幅：25cm
跳躍距離：
50～70cm

前足

後足

足跡

足跡長：
前3～4cm
後4～5cm
足跡幅：
3～3.5cm

テンの足には足裏まで毛が生えていて、しかもいろいろな歩き方をするので、雪上以外では足跡は見つけにくい

食味 木の実などをよく食べるので、肉質は安定している。熟成させるとコーンのような穀物香がする

特徴 日本全国に分布するホンドテンは日本固有種で、対馬にはツシマテンという亜種がいる。森林や沢沿いでよく見られるが、里山周辺の民家の床下や屋根裏に棲みつくこともある。鋭い爪をもち、木登りも得意。雑食性で昆虫、爬虫類、アケビ、ヤマブドウなどの植物も好む。非常に警戒心が強く、後足で立って周囲を見渡す「目《ま》陰《かげ》」という行動をとる。

イタチ

Japanese Weasel

分　布：沖縄を除く全国
分　類：ネコ目イタチ科イタチ属
大きさ（オス）：体長30～40cm、尾長10～20cm、体重0.3～0.6kg

歩行パターン

歩幅：15cm
跳躍距離：
30 ～ 40cm

右前足

前足の第１指の跡が
はっきりしていない
ことが多い

足跡

足跡長：
2 ～ 2.5cm
足跡幅：
1.5 ～ 2.5cm

右後足

前後の足に5指があり、モミジの葉の形に似た足跡を田んぼの畦や川岸で見かけることも多い

食味 食性によりムラが大きく、特に水辺にいる個体は非常にアンモニア臭がきつい。肉も薄いので、焚火で丸焼きにする

特徴 イタチはオスのみが狩猟対象だが、雌雄で体の大きさが明確に違い、オスはメスの1.5～2倍ほどある。全身が茶褐色で、腹の部分が淡褐色。口元は白く、眼の周りは黒い。非狩猟鳥獣のクロテン、オコジョ、イイズナとも体型が似ているので、体の大きさや体色で見分けること。池沼、水田などの水辺に生息し、カエルや魚類、野ネズミなどを採食する。

チョウセンイタチ
Siberian Weasel

分　布：本州の中部以南
分　類：ネコ目イタチ科イタチ属
大きさ（オス）：体長32～44cm、尾長16～21cm、体重0.4～0.8kg

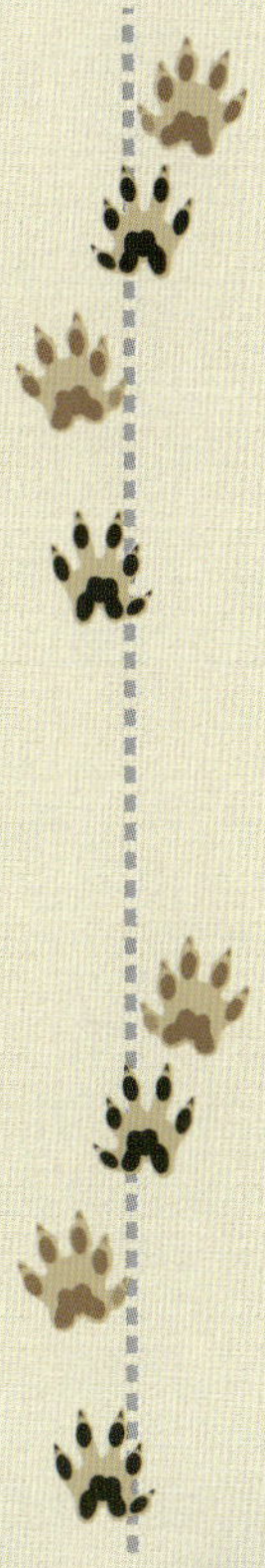

歩行パターン

歩幅：15cm
跳躍距離：
30 ～ 40cm

右前足

イタチと同じく、前足の第1指がはっきりしていないことが多い

足跡

足跡長：
2 ～ 2.5cm
足跡幅：
1.5 ～ 2.5cm

右後足

足跡の特徴や歩行パターンは、ほぼイタチと同じと考えていい

食味　イタチとまったく同じ食味だが、チョウセンイタチのほうがおいしいという人もいる。ただし、どこが違うのかはよくわからない

特徴　別名シベリアイタチ、タイリクイタチと呼ばれ、ニホンイタチとは別種。かつては長崎県の対馬にのみ分布していたが、近年は本州の中部以南、四国、九州にも侵入。毛皮養殖のため持ち込まれたものが逃げ出して、野生化したと思われる。西日本の都市部で見つかるのは大半がチョウセンイタチであり、ビル街にも生息している。平成29年からはメスも狩猟鳥獣。

ミンク

American Mink

分　布：北海道

分　類：ネコ目イタチ科ミンク属

大きさ：体長36～45cm、尾長30～36cm、体重0.7～1.0kg

歩行パターン

歩幅：28 ～ 66cm

足跡

前足

後足

足跡長：
前3.6cm
後3.4cm

足跡幅：
前3.5cm
後3.5cm

足跡はテンよりも小さく、イタチよりは大きい。水辺で生活するため、足跡が水中に消えたり水中から現れることも

特徴　北米原産の移入種で、正式名称はアメリカンミンク。湿原や湖沼、河川沿いなど水辺の林地周辺に生息。巣穴を掘って陸上でも活動するが、水中で甲殻類や魚類を捕食することが多い。イタチとは張り合う関係にあり、地上に営巣する鳥類の天敵となっている。非狩猟獣のカワウソと間違われることもあるが、カワウソはミンクの倍近い大きさがある。

食味　おもにサワガニや貝を食べる動物は、総じて身に臭みをもっているが、ミンクの肉にもこの例に漏れず独特な生臭さがある

アライグマ

Common Raccoon

分　布：国内各地に生息
分　類：ネコ目アライグマ科アライグマ属
大きさ：体長42～60cm、尾長20～41cm、体重4～10kg

歩行パターン

歩幅：35cm

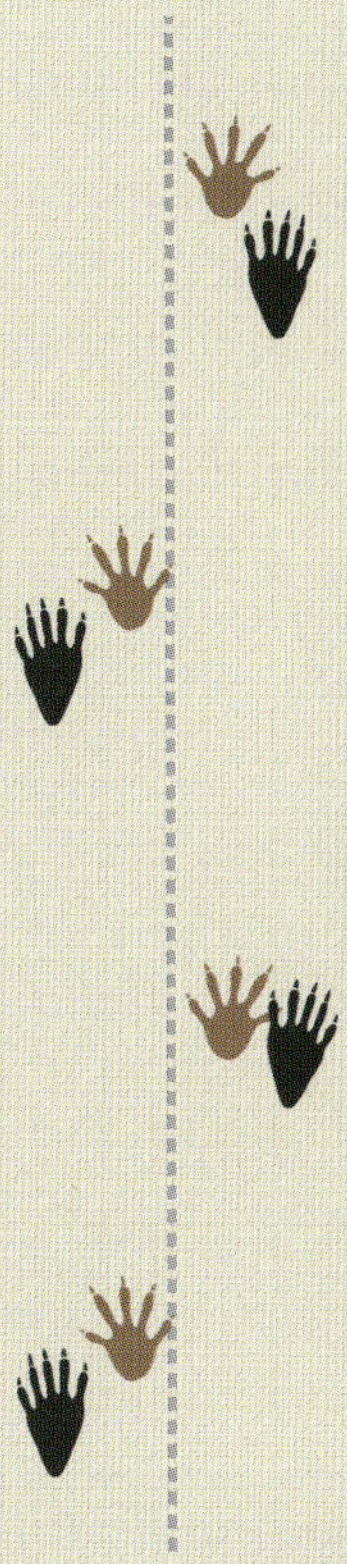

前足

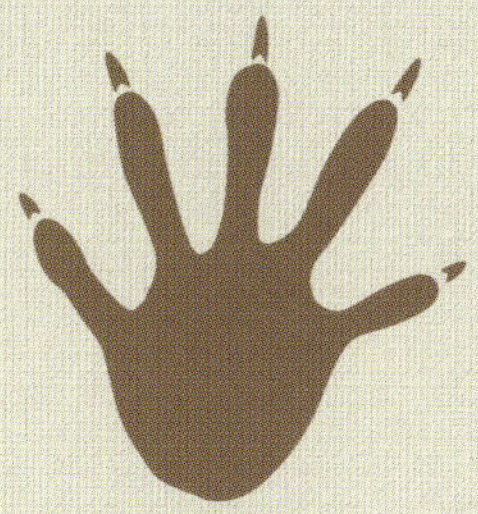

後足

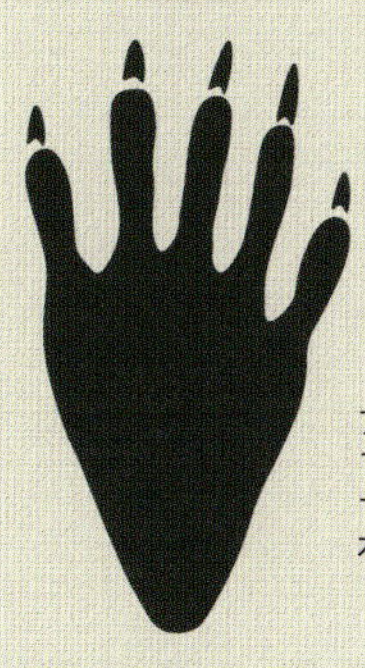

足跡

足跡長：
前7.5cm
後9.5cm
足跡幅：
前7cm
後5.5cm

アライグマの前足はとても器用で、５本の指も人間の子どもやサルのように長い。歩行時には右前足の左横に左後足が並ぶ

特徴　北アメリカ原産で、ペットとして輸入されたものが野生化した特定外来種。全都道府県で捕獲記録がある。夜行性で水辺を好むが、木登りも得意。市街地から森林まで、幅広い環境に生息する。雑食性で、果実、野菜、穀類、魚類、昆虫などを採食する。河畔の林などに巣をつくり、数頭の群れで移動するため、農作物に大きな被害をもたらすことも多い。

食味

脂肪層に臭腺があるため、皮下脂肪を取り除いて筋肉だけを食す。雑食性が非常に強いため、生息環境によっては肉質に臭みがあることも

アナグマ

Japanese Badger

分　布：本州、四国、九州、小豆島ほか
分　類：ネコ目イタチ科アナグマ属
大きさ：体長48〜65cm、尾長12〜16cm、体重8〜13kg

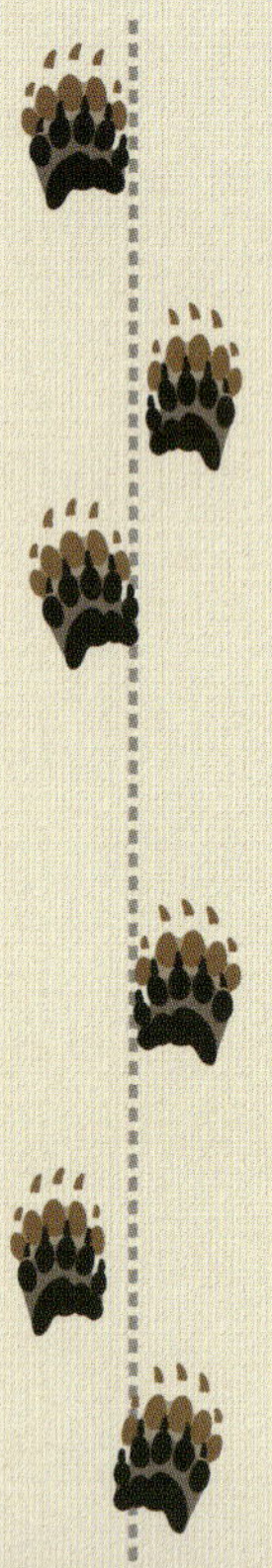

歩行パターン

歩幅：15cm
跳躍距離：30cm

足跡

前足跡長：6.5cm
前足跡幅：5.0cm

足跡には土を掘るのに適した頑丈な爪の痕も残る。歩行時は前足の位置に後足を重ねて乗せるのが特徴

食味　繊細な脂がとても美味で、すきやきにして食べるハンターも多い。この肉を求めて、巣穴に潜る猟犬ダックスフンドが改良されたといわれる

特徴　平地の丘陵地帯に広がる里山などに多く生息する、「ムジナ」と呼ばれる動物がアナグマだ。地中に穴を掘ってつくる巣穴の出入り口は、岩の下や斜面、木の根元などにある。内部では複数の部屋がつながっている。食性はタヌキに似ていて、ミミズや昆虫、カエルなどの小動物や、果実などの植物を好んで食べる。タヌキと同じく「溜めフン」の習性もある。

ハクビシン

Masked Palm Civet

分　布：東北から関東、紀伊、中国の一部、四国ほか
分　類：ネコ目ジャコウネコ科ハクビシン属
大きさ：体長51～66㎝、尾長40～60㎝、体重3～5kg

歩行パターン

歩幅：15㎝

前足

足跡

後足跡長：10㎝
後足跡幅：4㎝

後足

前後足ともに５本指で、歩くときは足裏全体を着くが、走るときは後足のかかとはつかない

食味

一般的なハクビシンの肉はマトンのようなクセがあるが、中国語で「果子狸」と書くとおり、果樹を多く食する個体の肉はフルーティな香りをもつ

特徴

漢字で「白鼻心」と書くように、額から鼻にかけて白い線が通っている。明治時代に毛皮用として中国から持ち込まれたものが、野生化したと考えられる。樹上棲のため木登りが得意だが、樹洞や岩穴などをねぐらにするほか、民家の軒下や屋根裏にも棲みつくこともある。夜行性で、食性は昆虫や鳥の卵、果樹、野菜などを食べる雑食性。

ヌートリア

Nutria

分　布：中部、関西、中国など
分　類：ネズミ目ヌートリア科ヌートリア属
大きさ：体長56～63cm、尾長30～43cm、体重6～9kg

歩行パターン

歩幅：28cm

前足

足跡

足跡長：
前5.5cm
後11cm
足跡幅：
前5.5cm
後7cm

後足

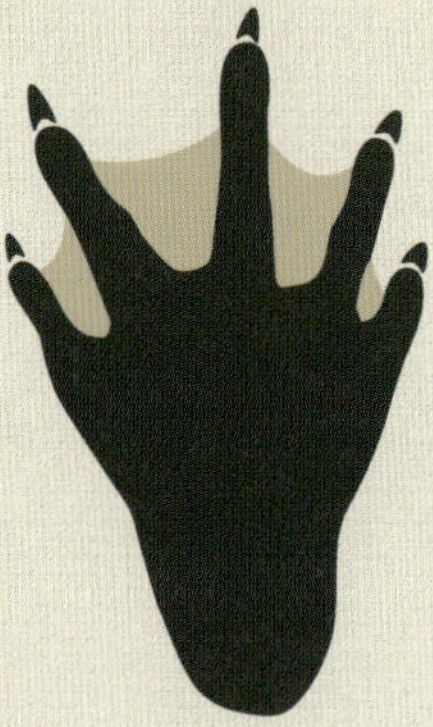

小さな前足跡と大きな後足跡がペアになっており、後足の第1指から第4指の間には水かきがある

食味　風体は巨大なドブネズミのようだが、水草を採食しているためか肉質に臭みがなく、七面鳥のような食味でおいしい。南米では食用にされている

特徴　南アメリカ原産の大型の水辺ネズミで、おもに西日本エリアで野生化している。生息場所は池や沼、流れの緩やかな河川などで、昼は岸辺にある巣穴や排水溝などに隠れていることが多く、夜になると活動を始める夜行性。泳ぎや潜水が得意なので、水生植物や水辺の植物、ドブガイなどを採食するほか、イネなどの農作物を食べて被害を与えることも。

ユキウサギ

Mountain Hare

分　布：北海道
分　類：ウサギ目ウサギ科ノウサギ属
大きさ：体長50～58cm、尾長5～8cm、体重1.6～2.6kg

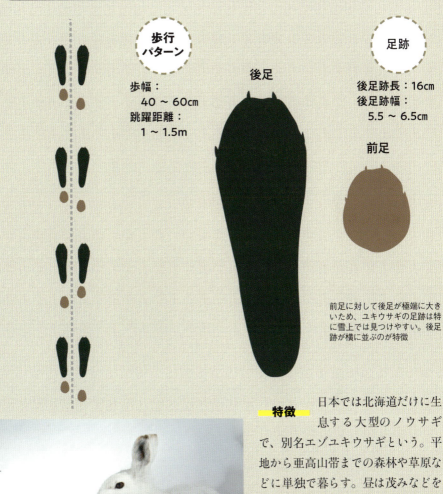

歩行パターン

歩幅：
40 ～ 60cm
跳躍距離：
1 ～ 1.5m

足跡

後足跡長：16cm
後足跡幅：
5.5 ～ 6.5cm

後足

前足

前足に対して後足が極端に大きいため、ユキウサギの足跡は特に雪上では見つけやすい。後足跡が横に並ぶのが特徴

食味　1羽2羽と数えるウサギは、赤身肉だが食味が鶏肉と似ていてそれほどクセがなく、ジビエとしての人気も高まりつつある

特徴　日本では北海道だけに生息する大型のノウサギで、別名エゾユキウサギという。平地から亜高山帯までの森林や草原などに単独で暮らす。昼は茂みなどを休み場にし、夕方から活動を開始して、植物の葉、芽、枝、樹皮などを採食する。夏になると毛色は褐色から灰褐色になるが、冬毛は白色で、耳の先端部だけが一年を通して黒いままだ。

ノウサギ

Japanese Hare

分　布：北海道と沖縄を除く全国
分　類：ウサギ目ウサギ科ノウサギ属
大きさ：体長43～54cm、尾長2～5cm、体重1.3～2.5kg

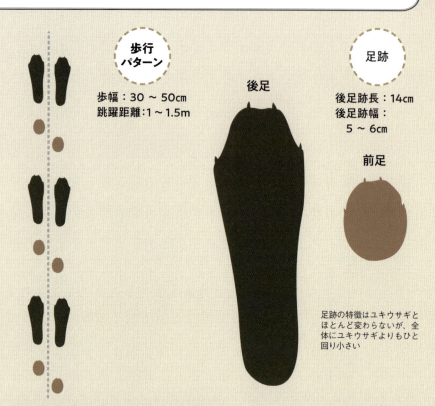

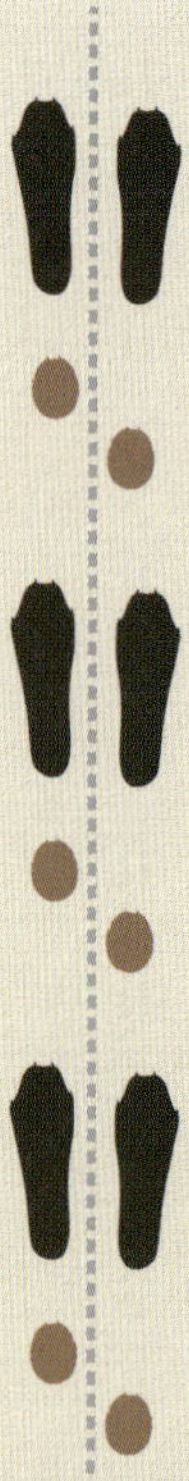

歩行パターン

歩幅：30 ～ 50cm
跳躍距離：1 ～ 1.5m

足跡

後足跡長：14cm
後足跡幅：5 ～ 6cm

足跡の特徴はユキウサギとほとんど変わらないが、全体にユキウサギよりもひと回り小さい

食味　ユキウサギ同様、クセがなくて食べやすいが、どうしても血の香りが気になるという人は、ソテーなどの調理法がおすすめ

特徴　日本には4種類のウサギが生息しているが、最も広い範囲に分布しているのがノウサギだ。平地から標高1500mほどの森林や草原に生息し、東北地方から山陰地方にかけての多雪地域に分布する個体は、冬になると白化する。単独で生活し、巣穴をつくらないのが特徴。行動範囲は直径400mほどで、おもに草や枝、木の芽、樹皮などを食す。

シマリス

Chipmunk

分　布：北海道
分　類：ネズミ目リス科シマリス属
大きさ：体長12～15cm、尾長11～12cm、体重0.07～0.12kg

歩行パターン

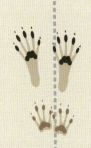

歩幅：10cm
跳躍距離：
20 ～ 40cm

前足

後足

足跡

後足跡長：
3.0 ～ 3.5cm
後足跡幅：
0.8 ～ 1.2cm

体が小さいため足跡はアカネズミなどに似ている。足跡を観察できるのは雪上でも稀だ

特徴　ユーラシア大陸北部に分布するシベリアシマリスの亜種。平地から高山帯にかけての森林や草原、岩地などに生息し、深さ50cm、長さ1.2mほどの巣穴を掘って生活する。体毛は茶色で、その名が示すように背中と顔に黒い縞模様がある。頬の内側に頬袋をもっており、木の実などを大量に積めて巣穴に運ぶことができる。木登りはニホンリスよりヘタだ。

食味　リスの肉は欧米ではジビエとしても人気が高い食材として知られる。木の実がエサなので肉は臭みもなく、脂肪分も少ないので食べやすい

タイワンリス
Taiwan Squirrels

分　布：日本各地に広く分布
分　類：ネズミ目リス科ハイガシラリス属
大きさ：体長20～26cm、尾長17～20cm、体重0.3～0.4kg

歩行パターン

歩幅：10cm
跳躍距離：
40 ～ 50cm

前足

後足

足跡

後足跡長：5cm
後足跡幅：2.5cm

前足に4本、後足に5本の指があり、跳躍歩行のため前足の位置の前方に後足をつく。雪上で足跡を確認できる

食味　タイワンリスの肉もシマリス同様、食べやすいが、体が大きい分、肉も多く取れる

特徴　東南アジアや台湾原産の移入種が逃亡・放棄され、伊豆大島や神奈川、静岡、岐阜、兵庫、大分、長崎などで野生化した。寺社の境内や人家の庭などでも多く見られ、昼行性でとくに朝晩活発に行動する。ガッガッガッガッという大きな鳴き声が特徴。非狩猟鳥獣のニホンリスに体形が似ているが、ニホンリスは腹が白く、耳の毛が長いので識別できる。

ノイヌ
Wild Dog

分　布：全国
分　類：ネコ目イヌ科イヌ属
大きさ：体長さまざま、尾長さまざま、体重さまざま

足跡

前足

歩　　幅：さまざま
跳躍距離：さまざま

後足

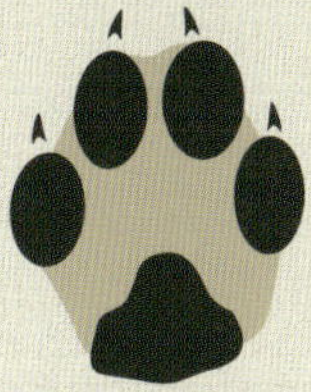

特徴 ペットだったイヌが人間による飼育環境を離れ、野外の自然条件下で生活し、世代を重ねて「野化生物」となった。非狩猟獣の「野犬《やけん》」や「野良犬」とは区別される。

ノネコ
Wild Cat

分　布：全国
分　類：ネコ目ネコ科ネコ属
大きさ：体長さまざま、尾長さまざま、体重さまざま

足跡

前足

歩　　幅：さまざま
跳躍距離：さまざま

後足

特徴 鳥獣保護法に規定される「ノネコ」は、「ノイヌ」同様、ペットなどのネコが野化生物となったもの。一時的に人間から離れて暮らしている、非狩猟獣の「野良猫」とは区別される。

マガモ

Mallard

分　布：おもに冬鳥だが、一部は本州中部以北の湖沼で繁殖
分　類：カモ目カモ科マガモ属
大きさ：全長約60cm

食味　"カモの王"の名に恥じない素晴らしい味わい。家禽のアヒルにくらべて肉質に鉄分が多く、レバーっぽさがやや強い

特徴

陸ガモに分類され、カモ類ではカルガモと並んで大型。オスは頭部が光沢のある緑色で、首から胸にかけては褐色。体は灰色で尾の部分が黒く、首には白い首輪のような模様がある。クチバシは黄色で、先端が黒い。足は橙色。メスは全体が地味な褐色。植物食で、水面に浮いたまま採餌を行う。

カルガモ

Chinese Spot-Billed Duck

分　布：全国的に分布する留鳥、または漂鳥
分　類：カモ目カモ科マガモ属
大きさ：全長約60cm

食味　マガモより肉質は劣るといわれるが、エサ場の良し悪しによってマガモをしのぐ。大豆畑に出入りする個体の肉はとても美味

特徴

湖沼や河川、内湾に生息し、水辺近くの草むらで営巣する陸ガモ。狩猟鳥のカモ類では唯一、オスとメスがほとんど同じ色の雌雄同色だが、体はオスがやや大きい。体は褐色で全体に黒い斑点があり、尾に近いほど黒みが増す。目の部分に黒い2本の過眼線があり、黒いクチバシの先端だけが黄色い。

コガモ
Teal

分　布：おもに冬鳥だが、一部は本州中部以北の湖沼で繁殖
分　類：カモ目カモ科マガモ属
大きさ：全長約40cm

食味 小ぶりだが肉のうまさには定評がある。特に胸肉は歯切れもよく、食べごたえがある。鍋でよし、焼いてもよし

特徴

陸ガモに分類され、日本産のカモ類では最小。オスは頭部が赤褐色で、目の周りが光沢のある緑色。体は灰色で、体側に白い水平線が見られる。クチバシと足は黒い。雌雄異色で、メスは全体が地味な色調。湖沼や河川などの淡水域に多く生息し、ヒュルヒュルという笛のような鳴き声を発する。身が軽いので飛翔速度も速い。

ヨシガモ
Falcated Duck

分　布：大部分が冬鳥だが、本州中部以南に多い
分　類：カモ目カモ科マガモ属
大きさ：全長約50cm

食味 見た目はマガモに引けを取らない美しさだが、身の旨味に関しては格が落ちる。香りはマガモとほぼ同じ

特徴

オスの頭部は光沢のある緑色と、光沢のある赤みがかった褐色で、長い冠羽を持つ。ノドが白く、長く蓑《みの》状に垂れ下がった三列風切りが目立つ。体の両側に白斑があり、クチバシと足は黒色。メスはほかのカモ類と同じく、全体に褐色がかった地味な色調。陸ガモの一種で、水面に浮いたまま採餌する植物食。

ヒドリガモ

Wigeon

分　布：冬鳥として全国的に飛来する
分　類：カモ目カモ科マガモ属
大きさ：全長約50cm

食味　まずいといわれるヒドリガモだが、内陸部で水草などを食べている個体は臭みが少なくてうまいが、動物食の個体は匂いが強い

特徴

陸ガモの一種で、ほかのカモにくらべると首とクチバシが比較的短い。オスは頭部が赤褐色で、額から頭頂にかけてクリーム色をしており、全体に灰色がかった体色とのコントラストが目立つ。メスは全体が地味な褐色だが、やや赤みがかっている。湖沼や河川のほか、干潟でもその姿を見かけることがある。

オナガガモ

Pintail

分　布：冬鳥で全国的に分布
分　類：カモ目カモ科マガモ属
大きさ：全長約75cm（オス）・50cm（メス）

食味　食用のカモとしてコガモ、マガモに次いでうまいといわれるオナガガモだが、やや水っぽさが強いため、料理に工夫が要る

特徴

陸ガモの一種で、首と尾が長いのが特徴。雌雄異色で、オスは頭部が濃褐色。頭の横から首、胸、腹の中央にかけての白色が目立つ。体は灰色で、腰に淡黄色の斑がある。メスはほかのカモ同様、地味な色調だが、やや灰色がかった褐色で、尾羽が長い。水面に浮いたまま採餌し、大群をつくることもある。

ハシビロガモ
Northern Shoveler

分　布：冬鳥として本州以南に飛来
分　類：カモ目カモ科マガモ属
大きさ：全長約50cm

食味 カモ肉のはずだが、干したイワシのような味わい。旨みはあるが脂分は少ない

特徴

その名のとおり、ショベル状の扁平で幅の広いクチバシが特徴。オスは頭部が光沢のある濃緑色で、目が黄色。首から胸にかけては白く、脇腹は栗色で背中が黒い。メスは地味な褐色だが、オス同様にカモ類では最も大きいといわれるクチバシを持っている。クチバシを水面につけてうつぶせ状態で採餌する姿が印象的。

バン
Common Moorhen

分　布：おもに夏鳥で、全国的に分布
分　類：ツル目クイナ科バン属
大きさ：全長約30cm

食味 江戸時代のうまい三鳥（バン、ツル、ヒバリ）にもなっており、肉質はクニャクニャしているが、火にかけると身がぎゅっと締まってうまい

特徴

雌雄同色で大きさもほぼ同じ。体全体が黒っぽいが、背面と雨覆羽のあたりが褐色を帯びている。クチバシと額板が赤く、クチバシの先端部だけが黄色い。体側に白い斑があり、足は緑黄色で大きい。水上では尾を上げて首を前後に振って泳ぎ、潜水もうまい。水面を蹴って助走をつけて飛び立つ。捕獲制限数は1日3羽まで。

ホシハジロ

Common Pochard

分　布：冬鳥として全国的に飛来
分　類：カモ目カモ科ハジロ属
大きさ：全長約45cm

食味　カルガモなどにくらべると、レバーっぽさが強いため、血の鉄分が苦手という人にはおすすめしない

特徴

雌雄異色だが、オスメスともに頭部の形状がおにぎり型をしている。オスは頭から首にかけて赤褐色で体は灰色だが、胸と尾の黒色が目立つ。メスも基本的にオスと同様の配色だが、より地味な色合いで赤みを欠く。いわゆる海ガモの一種で、陸ガモが一気に高角度で飛び立つのに対して、水面を蹴って滑走して飛び立つのが特徴。

キンクロハジロ

Tufted

分　布：冬鳥として全国的に飛来
分　類：カモ目カモ科ハジロ属
大きさ：全長約40cm

食味　海藻をつぶして発酵させたようなクセのある匂いがあるが、下処理などをしっかりやれば、普通に食べられるレベルといえる

特徴

オスは頭部が紫を帯びた黒色で、後頭部に長い冠羽が垂れている。体全体が黒色だが脇と腹は白く、そのコントラストが際立つ。クチバシは青みがかった灰色だが、先端だけが黒い。メスも基本的にオスと同様の配色だが、体全体がほぼ褐色で、冠羽はオスよりも短い。海ガモの一種で、潜水して水底の貝など動物質を採食する。

スズガモ
Greater Scaup

分　布：冬鳥として全国的に飛来
分　類：カモ目カモ科ハジロ属
大きさ：全長約45cm

食味 総じて海ガモは陸ガモにくらべると臭みが強く、まずいといわれるが、スズガモもほぼ想像どおりの味と考えて間違いない

特徴

オスの頭部は光沢のある濃緑色で、胸部と尾部は黒色。細かな縞模様がある羽色の背面と、脇腹の純白のくっきりとしたコントラストが目立つ。目は金色で、鮮やかな青灰色の大きなクチバシは先端が黒い。メスもオスと同様の配色だが、全体が褐色。クチバシの付け根周囲が白色帯で囲まれている。海ガモの一種で動物食。

クロガモ
Common Scoter

分　布：冬鳥として九州以北に飛来
分　類：カモ目カモ科クロガモ属
大きさ：全長約50cm

食味 魚を主食にしている海ガモであり、その肉もまるで魚のような生臭さがあり、食用には向かない

特徴

海ガモの一種で、おもに沿岸部の海上に多く生息するが、特に外洋に面した急崖の海岸に多い。オスは体全体が黒く、クチバシも黒いが、クチバシ付け根の上側のふくらんだ部分だけが鮮やかな黄色をしている。メスは体全体が暗褐色だが、頬から首にかけて白っぽいのが特徴。内陸の湖沼などではほぼ見ることがない。

ヤマシギ
Woodcock

分　布：全国に分布。おもに冬鳥だが、北海道では夏鳥
分　類：チドリ目シギ科ヤマシギ属
大きさ：全長約30cm

食味 “ジビエの王”ともいわれるが、肉質的にはキジバトに似ている。内臓のコクと旨味は一級品！

特徴

雌雄同色で、オスがやや大きい。体全体がやや暗い褐色で、黒褐色や茶褐色の細かい斑が点在。背と腹は縞模様に見える。頭頂部が三角形で、目の位置が頭部後方に寄っている。長くてまっすぐなクチバシをもち、これを地面に刺して虫などを採食する。夜行性で昼は林床などで休んでいる。捕獲制限数はタシギと合計で1日5羽。

タシギ
Common Snipe

分　布：冬鳥または旅鳥として全国的に飛来
分　類：チドリ目シギ科タシギ属
大きさ：全長約30cm

食味 焼き鳥にしてうまい代表的狩猟鳥。その身は小粒ながら旨みが強く、1羽でも充分満足できるレベルだ

特徴

おもに平野部の内陸湿地や水田などに飛来する。雌雄同色で、全体が褐色の体は、淡褐色や黒褐色の細かな縞模様で覆われている。長いクチバシで水生昆虫やミミズなどを採食する。とても警戒心が強く、人が近づくと鋭く鳴いて飛び立ってしまう。狩猟期間中は南下するため、雪の多い関東以北では少ない。

カワウ

Great Cormorant

分　布：全国的に分布
分　類：カツオドリ目ウ科ウ属
大きさ：全長約80cm

食味 カワウの肉は生臭さとクセが強いため、下味つけや調理方法、ソースで工夫する必要がある

特徴

カモ類に似た体型だが、体が大きく、先端が鉤状の細長いクチバシと長い尾羽をもつ。クチバシの付け根は黄色く、丸みがある。体全体が光沢のある黒色で、背面と雨覆部分が茶褐色をしている。雌雄同色で、大きさもほぼ同じ。非狩猟鳥のウミウと似ているが、カワウは淡水域を好み、ウミウは海域に生息する。

ゴイサギ

Bittern

分　布：全国に分布するが、冬季は関東以南に多い
分　類：コウノトリ目サギ科ゴイサギ属
大きさ：全長約60cm

食味 ゴイサギの肉は生臭さがかなり強いため、下味をつけて臭みを取る必要がある、焼き鳥などで食べるのが無難

特徴

成鳥のゴイサギは頭頂から背中にかけて黒色で、首と腹は白色、翼と尾が灰色をしている。クチバシは黒く、足は黄色。雌雄同色。幼鳥は全身が褐色で、白い小斑紋が点在しているため、「ホシゴイ」と呼ばれる。河川や湖沼、湿原などに生息し、日中は林のなかで休み、夜間に水辺に移動して小魚などを採食する。

ヤマドリ
Copper Pheasant

分　布：北海道と沖縄を除く全国に分布
分　類：キジ目キジ科ヤマドリ属
大きさ：全長約120cm（オス）・メス（約50cm）

食味　キジと似た食味をもつが、出汁のうまさはヤマドリが格段に上。市販されることはないので、ハンターになって自分で獲るしかない

特徴

オスは全体に赤褐色で、胸や背、翼、腹にかけての羽の縁が白い。目の周囲に赤い裸出部があり、尾がキジなどにくらべると非常に長く、縞模様になっている。オスの体色によっていくつかの亜種に分類されるが、南方のものほど赤みが強くなる。九州南部に生息する腰が白いコシジロヤマドリは、非狩猟鳥だ。

キジ
Pheasant

分　布：北海道と沖縄を除く全国に分布
分　類：キジ目キジ科キジ属
大きさ：全長約80cm（オス）・メス（約60cm）

食味　見た目と食味の素晴らしさから国鳥に選ばれたともいわれるだけあり、数日熟成させて旨みが増した胸肉は臭みもなくとても美味

特徴

平地から山地の草原や農耕地、河川敷などに生息。顔に大きな赤い裸出部があり、頭部から首、胸、腹にかけては光沢の強い暗緑色。背面の明るい青灰色とのコントラストが目立つ。尾は長く、褐色の縞模様がある。雌雄異色で、メスは全体に茶褐色の体色をしている。ヤマドリと合計して1日２羽の捕獲制限がある。

コジュケイ

Partridge

分　布：北海道と沖縄を除く全国に分布
分　類：キジ目キジ科コジュケイ属
大きさ：全長約30cm

食味 素速く走り回るコジュケイはモモ肉が発達しており、肉質は鶏肉の味わいを凝縮した感じで、どんな調理方法でもおいしい

特徴

中国原産の外来種で、かつては全国各地で狩猟鳥として放鳥されていた。体は全体に丸みを帯びていて、雌雄同色。頭頂部から背中にかけて灰褐色で、背には黒褐色の斑がある。頬が赤褐色だが目の上と胸が青灰色で、黄褐色の腹部には丸みのある黒色黄斑がある。雑木林で十羽前後の群をつくっていることが多い。

キジバト

Turtledove

分　布：全国的に分布
分　類：ハト目ハト科キジバト属
大きさ：全長約33cm

食味 ハト肉は世界中で親しまれている食材だが、キジバトの肉はややレバーっぽさがあるので、料理ではこれを緩和する工夫が必要だ

特徴

平地や明るい森林に生息し、都市部の公園などでも見られる。体は灰色を帯びた茶褐色で、首の側面に黒と水色の横縞がある。翼は黒褐色だが、赤褐色と灰色の羽縁がある。雌雄同色で、つがいでいることが多い。昼行性で地表の植物質のものをよく食べる。デデッポウボウという鳴き声を耳にすることも多い。

ヒヨドリ

Bulbul

分　布：全国的に分布
分　類：スズメ目ヒヨドリ科ヒヨドリ属
大きさ：全長約28cm

食味 繁殖期を終えた猟期のころがヒヨドリの旬。甘味のある脂が乗った肉は、炭火焼きがおすすめ。噛むほどに芳醇な味わいが楽しめる

特徴

全国に留鳥として分布し、低地から山地の林、都市の公園や家の庭などでも見られる。雌雄同色で、大きさも同じ。体は全体に灰色っぽく、頭部が青灰色で頬が茶褐色。腹と脇腹の羽の縁が白い。頭頂部の羽毛が長いのも特徴。木に止まって「ピーヨ」「ヒーヨ」と鳴くが、波の形を描くように飛ぶときは「ピーピー」と鳴く。

ニュウナイスズメ

Russet Sparrow

分　布：全国に分布するが、分布域は局所的
分　類：スズメ目スズメ科スズメ属
大きさ：全長約14cm

食味 スズメよりも少し小柄な個体が多いが、味の濃さはスズメより上。焼き鳥にするとその違いがわかるはずだ

特徴

本州中部以北で繁殖し、冬は暖地で越冬する。おもに平地から山地の集落周辺の樹林地や、農耕地に生息し、大きさはスズメとほぼ同じ。オスは頭部から背中にかけて明るい栗色をしており、腹は白っぽい。目の上にはっきりした眉斑があり、ノドの部分が黒いのが特徴。雌雄異色で、メスはより地味な淡褐色をしている。

スズメ

Sparrow

分　布：全国的に分布
分　類：スズメ目スズメ科スズメ属
大きさ：全長14cm

食味 ひと昔前までは中国産のスズメが普通に出回っていたが、国産はやはり鮮度が違うのでうまい。骨までカリカリに焼いてバリバリ食べるべし

特徴

人間の生活との結びつきが強く、平野部から山地にかけての市街地、集落、農耕地に生息。雌雄同色で、体の上面が茶褐色で、黒色の縦斑がある。頭部がより濃い色をしており、腹側はくすんだ白色。ノドと頬に特徴的な黒斑がある。地面を歩くときは両足をそろえて、ぴょんぴょんと跳ねるように移動する。

ムクドリ

Starling

分　布：全国的に分布
分　類：スズメ目ムクドリ科ムクドリ属
大きさ：全長約25cm

食味 雑食傾向が非常に強いこともあり、生活環境で食味は大きく変わるが、動物性のものを食べている個体は臭みが強く人気がない

特徴

体は濃い灰色で、頭部から背中、尾にかけて黒みがかっている。雌雄同色だが、オスのほうが頭部の黒さが濃い。目の周りや頬の部分に白い羽毛があり、腰の部分も白い。クチバシと足が明るいオレンジ色をしているのが特徴。農耕地や市街地にも数多く生息し、雑食性。冬季には1万羽以上の大群が見られることもある。

ミヤマガラス
Rook

分　布：おもに本州西部、四国、九州に冬鳥として飛来
分　類：スズメ目カラス科カラス属
大きさ：全長約47cm

食味 日本だけでなく西洋にも、カラス肉には強い忌避感があるといわれるが、普通に食べることができるレベルの味だ

特徴

かつては九州に飛来する冬鳥だったが、現在は全国的に農地や水田にやってくる。胴体はハシボソガラスよりもやや小さく、雌雄同色。全体が光沢のある黒色で、成鳥はクチバシの付け根の周囲に羽毛がなく、裸出部は灰白色。数十から数百羽の群れで行動することが多い。雑食性だが、畑などの地上で採食することが多い。

ハシボソガラス
Carrion

分　布：全国的に分布
分　類：スズメ目カラス科カラス属
大きさ：全長約50cm

食味 シカの背ロースによく似ていて、旨みもあって想像以上においしい。カラスと聞かないほうがおいしく食べられそうだ

特徴

クチバシが細いことから「ハシボソ」と名づけられた。そのクチバシはやや湾曲していて、足も含めて全身が黒色だが、上面には紫がかった光沢がある。額が出っ張っていないので、ハシブトガラスと区別できる。雑食性で、地上や樹上で採食する。地面を歩くときは足を1歩ずつ交互に出す場合と、両足をそろえて跳ぶ場合がある。

ハシブトガラス

Jungle Crow

分　布：全国的に分布
分　類：スズメ目カラス科カラス属
大きさ：全長約57cm

食味 ハシボソガラス同様、想像上に普通に食べられるが、雑食性が強いため、食性によって肉の味がかなり違ってくる

特徴

ハシボソガラスとは違い、クチバシが太いことから「ハシブト」と名づけられた。全身が光沢のある黒色で、クチバシは黒くて太い。特に上側のクチバシが大きく湾曲しており、その上の額が出っ張っている。森林、海岸、農耕地、市街地などさまざまな環境に生息しており、雑食性でなんでも食べる。

エゾライチョウ

Hazel Grouse

分　布：北海道のみに分布
分　類：キジ目ライチョウ科エゾライチョウ属
大きさ：全長約40cm

食味 キジなどにくらべても、はるかに濃厚な旨みがある。特にモモ肉には強い旨みがあり、噛めば噛むほど旨みが増す

特徴

北海道の低地から山地の森林に生息。冬に羽毛が白くなるライチョウとは異なり、羽色の季節変化はない。雌雄同色で、頭部から首、背中にかけて全体が灰褐色。ノドの部分が黒く、その周囲を白色帯が取り巻く。目の上が赤く、頭頂にある短い冠羽は緊張すると立ち上がる。頬と胸は白く、胸から腹にかけて褐色の斑紋が点在する。

農業被害を減らすために駆除

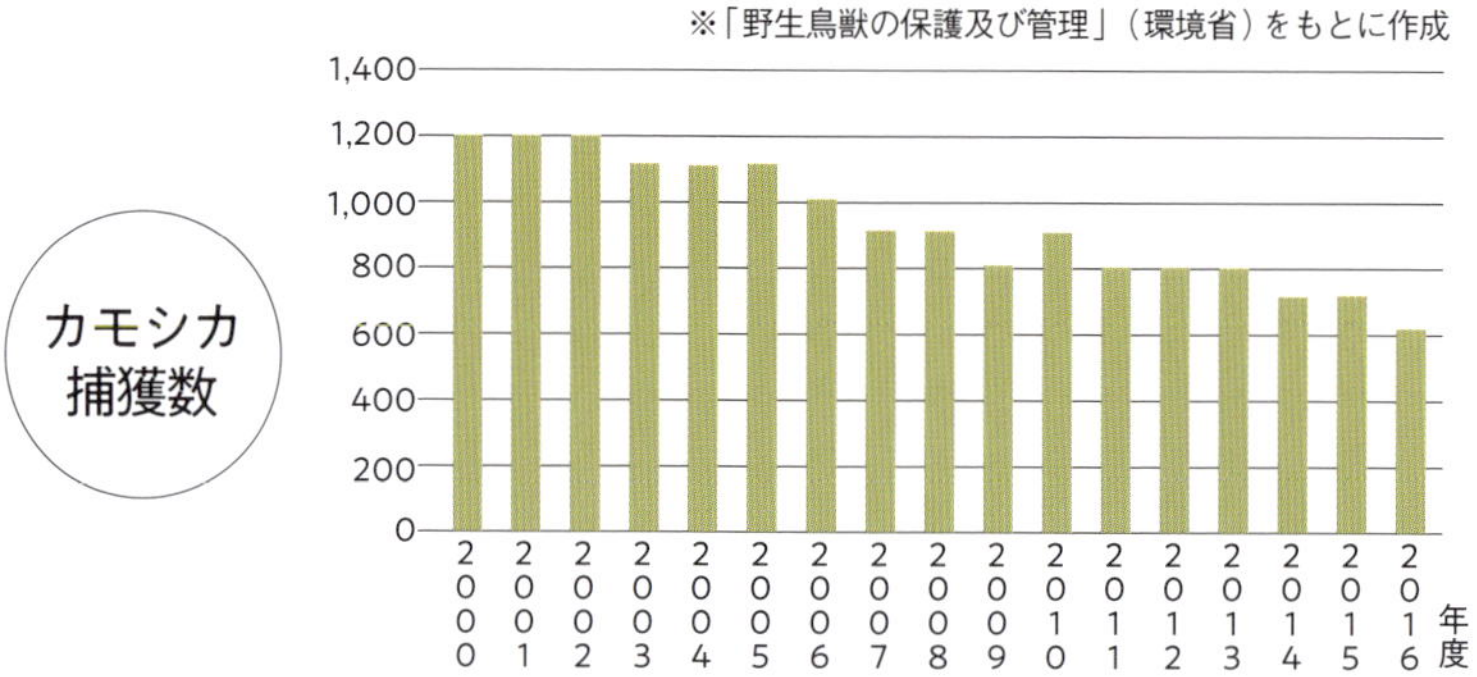

※「野生鳥獣の保護及び管理」（環境省）をもとに作成

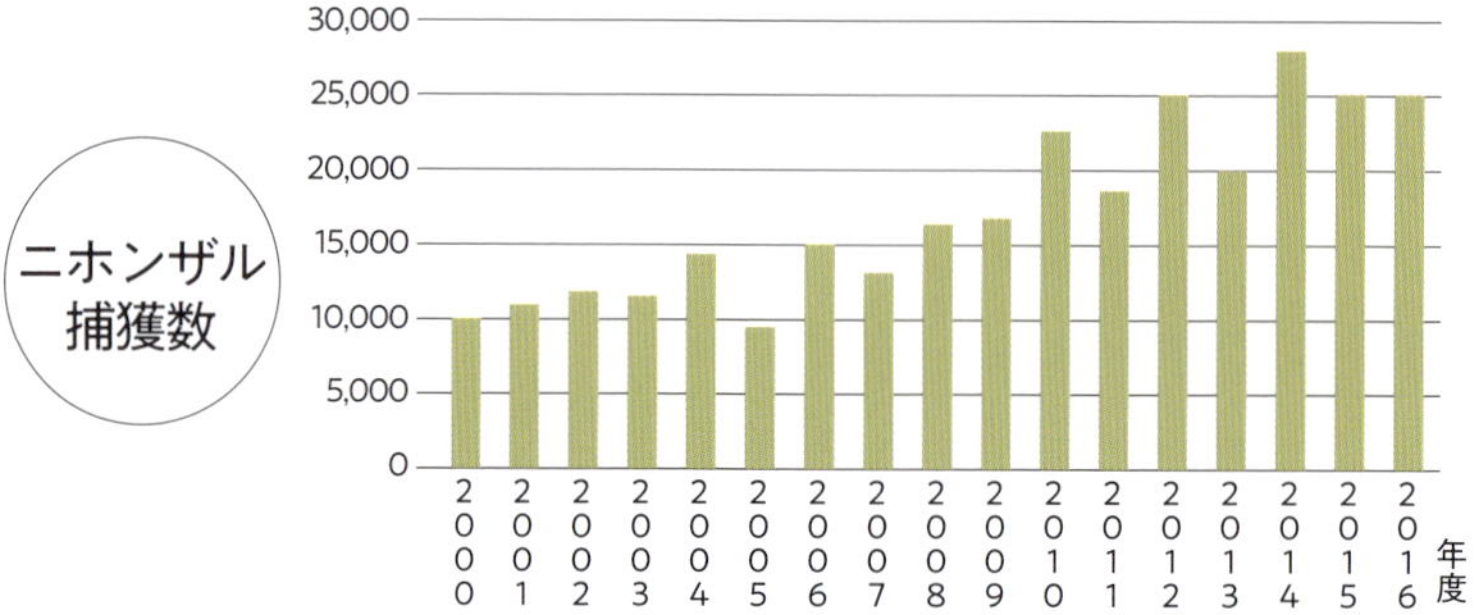

特別天然記念物ながら駆除されるという現実

　文化財保護法に基づき、昭和30年に特別天然記念物に指定され、狩猟が原則的に禁止されたカモシカ。しかし、タンパク源としての肉や、貴重な現金収入源となる毛皮を求めて、その後も公然と密猟が続けられた結果、その生息地は縮小し、いつしかカモシカは「幻の動物」と呼ばれるようになっていった。

　昭和34年に密猟の一斉取り締まりが強化され、さらに昭和40年代に拡大造林が大規模に進められると、格好の餌場を得たカモシカは分布域を拡大し、個体数も急増。造林木の食害に悩む農林業関係者からは、捕獲を望む声が強まっていく。

　現在、カモシカは保護地域を設けて保護される一方、長野県や岐阜県、愛知県、静岡県などいくつかの自治体では、有害鳥獣として年間600頭ほど駆除されており、カモシカ1頭につき10万円の報奨金を出す市町村もある。

　農作物への被害額では、シカ、イノシシ、カラスに次ぐのが、ニホンザルだ。運動能力がとても高く、電流を流している防護柵なども軽々と飛び越えるだけの知能の高さも備えているため、農業被害を防ぐのが難しいといわれる。ニホンザルも狩猟鳥獣ではないが、ほぼ全国で、有害鳥獣として駆除が行われている。

カモシカ
Japanese Serow

分　布：本州、四国、九州
分　類：ウシ目ウシ科カモシカ属
大きさ：体長100〜120cm、尾長6cm、体重30〜40kg

特徴

低山帯から高山帯にかけての落葉広葉樹林、混交林に生息するほか、郊外の住宅地でも目撃される“里山動物”になりつつある。単独で行動することが多く、木の葉や草、ササなどを好むが、冬季には樹皮なども食べる。「シカ」とつくもののウシの仲間なので、その肉はクセもなくうまいといわれている。

ニホンザル
Japanese Monkey

分　布：北海道、沖縄を除く全国
分　類：霊長目オナガザル科マカク属
大きさ：体長48〜60cm、尾長7〜12cm、体重8〜18kg

特徴

ヒトを除けば、日本に生息する唯一の霊長類で、基本的に10頭ほどのグループから200頭近い群れをつくって行動するため、農業被害も甚大になることが多い。食性は植物を中心とする雑食性で、植物の葉や種子、果実などのほか、昆虫や小動物なども食べる。平成29年度は23200頭ほどが、有害鳥獣として駆除されている。

おわりに

先日、野生動物たちの写真を撮るために山に入り、
無残に放置されたシカの死体を見つけました。
近づいてみると、銃で撃たれたのであろうと思われる痕跡が確認できました。
毛艶の感じから死後それほど経っていない印象を受けましたが、
内臓の部分はきれいになくなっています。
おそらくタヌキやキツネといった小動物や、
カラスやオオタカといった大型の鳥が食べたのでしょう。
このシカが寿命によって、
ほかの生きものたちの餌になったのであれば仕方ありません。
しかし、ハンターが散弾銃で撃ち、
そのままほったらかしにするのは問題です。
というのも、散弾の鉛による中毒で死に至る野生動物が少なくありません。
特に多くの鳥には砂嚢（いわゆるスナギモ）という消化器官があり、
鉛はここを通過できないため、鉛は胃液で急速に酸化され、
中毒を引き起こしてしまいます。
たとえそれが狩猟であれ、有害鳥獣の駆除であれ、
シカの命を奪うことに変わりはありません。
食肉としていただかないのであれば、
穴を掘って埋めてやるのが狩猟者の努めではないでしょうか。
その場に放置するというのは、もってのほかです。
私が暮らす富士五湖周辺でも、
野生動物による農業被害が深刻になっていて、

「人間よりもシカのほうが多い」という集落も少なくありません。
シカやイノシシの個体数を適正な数に管理していくために、
捕獲するのはやむを得ないと思います。

しかし、だからこそ捕獲する側には、
埋めるなど最後まで処理する責任があると思うのです。
野生動物と人間が共生できる社会をつくっていくためにも、
これから狩猟を始める人たちには、
そんなルールやマナーを守って、
楽しくハンティングを楽しんでいただきたいと切に願います。

2019年3月　外川英樹

［STAFF］
カバー・表紙デザイン／緒方修一
本文デザイン／小野寺勝弘
撮影／早﨑太郎
東雲輝之
動物写真／外川英樹
編集・執筆／後藤 聡（Editor's Camp）
東雲輝之
編集／村尾竜哉（山と溪谷社）
校正／大武美緒子

［取材協力］
豊和精機製作所
オーエスピー商会
オーエスピー工房
太田製作所
三重県猟友会
鹿肉専門 しかや
罠シェアリング of LIFE DESIGN VILLAGE

［参考資料］
『狩猟入門』（猪鹿庁監修・地球丸）
『狩猟読本』（大日本猟友会）
『狩猟の教科書』（東雲輝之著・秀和システム）
『わな猟の教科書』（東雲輝之著・秀和システム）
『これからはじめる狩猟入門』（原田祐介監修・ナツメ社）
『アニマルトラッキング入門』（外川英樹監修・地球丸）
『野生動物観察事典』（今泉忠明著・東京堂出版）
『哺乳類の足型・足跡ハンドブック』（小宮輝之著・文一総合出版）

はじめての狩猟

免許の取り方から痕跡探しまで、知りたいことを完全網羅！

2019年4月15日 初版第1刷発行
2023年2月25日 初版第3刷発行

監修
東雲輝之＋外川英樹

発行人
川崎深雪

発行所
株式会社 山と溪谷社
〒101-0051 東京都千代田区神田神保町1丁目105番地
https://www.yamakei.co.jp/

■乱丁・落丁、及び内容に関するお問合せ先
山と溪谷社自動応答サービス TEL. 03-6744-1900
受付時間／11：00～16：00（土日、祝日を除く）
メールもご利用ください。
【乱丁・落丁】service@yamakei.co.jp
【内　　容】info@yamakei.co.jp

■書店・取次様からのご注文先
山と溪谷社受注センター
TEL. 048-458-3455 FAX. 048-421-0513

■書店・取次様からのご注文以外のお問合せ先
eigyo@yamakei.co.jp

印刷・製本 株式会社光邦

ISBN 978-4-635-81015-9